Harald Atmanspacher

Die Vernunft der Metis

Theorie und Praxis einer integralen Wirklichkeit

Verlag J. B. Metzler
Stuttgart · Weimar

Die Deutsche Bibliothek – CIP-Einheitsaufnahme

Atmanspacher, Harald:
Die Vernunft der Metis : Theorie und Praxis einer integralen Wirklichkeit /
Harald Atmanspacher. – Stuttgart ; Weimar : Metzler, 1993
ISBN 3-476-00884-3

Gedruckt auf säure- und chlorfreiem, alterungsbeständigem Papier

ISBN 3-476-00884-3

Einbandgestaltung: W. Löffelhardt
Druck: Druck-Partner Rübelmann, Hemsbach
Printed in Germany

Verlag J. B. Metzler Stuttgart · Weimar

EIN VERLAG DER SPEKTRUM FACHVERLAGE GMBH

Inhalt

Vorwort

In der griechischen Mythologie ist die Göttin Metis die Mutter der Zeustochter Athene. Kann sie damit auch als Schöpferin von Vernunft und Weisheit gelten – den Attributen, die der Athene zugeschrieben werden? Das vorliegende Buch versucht, der mythologisch metaphorisierten Frage nach einer »metischen Vernunft« nachzugehen, sowohl was ihre theoretische Grundlage als auch was ihre praktische Relevanz betrifft.

Zentrales Thema ist dabei eine integrale Perspektive im Blick auf Dualismen, die die zeitgenössische Auseinandersetzung mit dem Thema Wirklichkeit prägen. Typische derartige Dualismen sind Geist – Materie, Subjekt – Objekt, Innenwelt – Außenwelt, Zeit – Raum sowie Dynamik – Struktur. Es wird der Ansatz diskutiert, inwieweit die vermeintliche Unauflösbarkeit dieser Gegensatzpaare auf einer einseitigen Stellungnahme im Rahmen eines weiteren Dualismus beruht: nämlich desjenigen von rationalen und irrationalen Bewußtseinsanteilen der menschlichen Psyche. Resultate aus dem Bereich der modernen Naturwissenschaften, aus der Erkenntnis- und Wissenschaftstheorie, aus den kognitiven Wissenschaften sowie aus der empirischen Erfahrung deuten darauf hin, daß Ratio allein wesentliche Probleme der Gegenwart nicht bewältigen kann. Doch auch Wittgensteins Äußerung, daß unsere Lebensprobleme noch gar nicht berührt seien, selbst wenn alle möglichen wissenschaftlichen Fragen beantwortet sind, wird unter diesem Blickwinkel fragwürdig. Sind wissenschaftliche Fragen und Lebensprobleme überhaupt so separierbar, wie es sein Satz aus dem *Tractatus* voraussetzt?

Die eher theoretischen Abschnitte des Buches behandeln, wie durch eine sinnvolle Wechselwirkung von geistes- und naturwissenschaftlichen Ansätzen eine Integration beider Seiten erreichbar sein könnte, und zwar nicht als undifferenzierte Einheitsutopie, sondern mit Hilfe von präzise und detailliert formulierbaren Argumenten. Solche Integration erfordert, wird sie wirklich ernst genommen, zugleich die Aufgabe des psychischen Alleinherrschaftsanspruchs der rationalen Seite menschlichen Bewußtseins. Eine dem entsprechende Betrachtung von rationaler und irrationaler Komponente als arationales Ganzes ist einer der wesentlichen Gedanken im Werk von Jean Gebser, das in diesem Zusammenhang besonders zu würdigen ist. Gebsers ausdrücklicher Forderung nach einer Konkretion theoretischer Ansätze versucht derjenige Teil des Buches gerecht zu werden, der seinen praxisrelevanten Anspruch ausmacht. Dabei werden vor allem aktuelle Themen aus den kognitiven Wissenschaften aufgegriffen: als wichtigstes das der Bedeutung sowie daraus resultierende Optionen in Bezug auf Handlungserfordernisse für den einzelnen Menschen im Umgang mit sich und seiner Umwelt. Die Frage nach dem Wesen metischer Vernunft wird schließlich an die Mythologie zurückverwiesen – und erhält dort eine ebenso konkrete wie vielschichtige Antwort. –

Über diese kompakte Kurzbeschreibung des Inhaltes hinaus (eine ausführlichere Inhaltsangabe befindet sich am Ende des einleitenden ersten Kapitels) möchte ich hier einige Bemerkungen zur Entstehung des vorliegenden Buches anfügen. Die ursprüngliche Anregung dazu, die mythologische Figur der Metis als Metapher für die beschriebene Thematik zu verwenden, stammt aus der Lektüre von Elkanas *Anthropologie der Erkenntnis.* Diesem Buch sind etliche der Ideen und Argumente zu verdanken, die in den Kapiteln 3 und 4 verarbeitet wurden und die damit – methodisch gesehen – der Motivation der darauf folgenden Kapitel dienen. Eine genauere Betrachtung der mythologischen Bedeutung der Metis führt jedoch zu der Einsicht, daß Elkanas Konzept einer Versöhnung von wissenschafstheoretischem Realismus und Relativismus zwar durchaus sehr metische Züge trägt, daß aber der metaphorische Umfang des Mythos der Metis wesentlich weiter reicht. Diese größere Reichweite läßt sich mit dem Gedankengebäude von Jean Gebser in Verbindung bringen, wie er es in seinem Hauptwerk *Ursprung und Gegenwart* beschrieben hat.

Damit sind die beiden Autoren genannt, die für den Rahmen der hier präsentierten Argumentation wohl am einflußreichsten gewesen sind. In Kürze läßt sich ein grundsätzlicher Unterschied zwischen beiden dadurch charakterisieren, daß sich Elkanas Programm durchgehend auf dem Niveau der rationalen Abstraktion bewegt, während bei Gebser zusätzlich das konkrete Element des Irrationalen, wie es sich etwa in Erlebnis und Erfahrung äußert, mit hervorgehoben wird. Elkana orientiert sich im Rahmen des cartesianischen Schnittes zwischen »res extensa« und »res cogitans« und versucht, konzeptuelle Gräben, die jeweils auf beiden Seiten entstanden sind, zu überwinden. Gebser zielt auf eine postcartesianische Auffassung, die den cartesianischen Schnitt selbst hinterfragt und die demzufolge die Problematik eines entsprechenden Bewußtseins an zentraler Stelle enthält. Daß die damit verbundenen Fragestellungen gegenwärtig nicht abschließend beantwortet werden können, liegt auf der Hand.

Auf den folgenden 250 Seiten wird im wesentlichen versucht, wissenschaftstheoretische, erkenntnistheoretische wie auch kognitive Elemente, die teils in den genannten Werken behandelt werden und teils Gegenstand der aktuellen wissenschaftlichen Diskussion sind, mit Vorstellungen in Verbindung zu bringen, die sich aus bestimmten jüngeren Entwicklungen der modernen Physik ergeben. Damit sind insbesondere die Gebiete der Quantentheorie und der Theorie nichtlinearer dynamischer Systeme angesprochen. Sofern es sich dabei um Entwicklungen handelt, die nicht älter als einige Jahre sind, läßt sich auch hier ein gewisser Charakter der Vorläufigkeit kaum völlig ausschließen. In diesem Sinn enthält das Buch etliche programmatische Aspekte, die in der Regel als solche gekennzeichnet sind. Bei der Darstellung wurde einige Mühe darauf verwendet, einen möglichst weitgehenden Kompromiß von allgemeiner Verständlichkeit und präziser Formulierung zu erzielen. Damit verbindet sich die Hoffnung, daß der Gang der Argumentation insbesondere auch für Nichtspezialisten nachvollziehbar sein sollte.

Genau genommen begann die redaktionelle Arbeit vor ungefähr drei Jahren, zu Beginn des Jahres 1990, mit der Niederschrift eines Vortrages über Realismus und Relativismus an der Werner-Heisenberg-Universität in Neubiberg bei München. Der entstandene Text stellte damals eine Rohfassung der jetzigen Kapitel 2 bis 4 dar. Die daran anschließende Zeit wurde zu einem beträchtlichen Teil dazu benutzt, die weiterführenden Gedanken der Kapitel 5 bis 9, die hier erstmals in ihrem Gesamtzusammenhang präsentiert werden, in ihrem jeweiligen fachwissenschaftlichen Kontext zur Diskussion zu stellen. Dies geschah sowohl in Artikeln in Fachzeitschriften und -büchern als auch anläßlich von Vorträgen auf Konferenzen und an Universitäten. Es ist kaum zu vermeiden, daß in der damit verbundenen Form der Darstellung die großen Zusammenhänge mehr oder weniger verlorengehen. Aus diesem Grund mußten die auf bereits veröffentlichtem Material beruhenden Teile des Buches gründlich um- bzw. ausgearbeitet werden. Diejenigen mathematischen und sonstigen formalen Details, die sich für das Verständnis des Gedankenganges im Ganzen als eher abträglich denn förderlich erwiesen, fielen dabei weg. Interessierte Leser finden diesbezügliche Hinweise in den entsprechenden Fußnoten bzw. in der Bibliographie.

Zu meinem eigenen Verständnis und den damit verbundenen Vorstellungen (soweit es zu beidem gekommen ist) haben eine ganze Reihe von Gesprächen, Hinweisen und Anregungen ermunternder wie auch kritischer Natur beigetragen, die ich an dieser Stelle unmöglich alle im einzelnen würdigen kann. Entsprechende Anmerkungen stehen zum Teil in den Fußnoten. Dennoch möchte ich hier die Namen einiger Personen nennen, deren Beiträge ich als besonders maßgeblich empfunden habe. Es handelt sich um Stephan Atmanspacher (München), Jörg Becker (Starnberg), John Casti (Santa Fe), Jim Crutchfield (Berkeley), Gerhard Dalenoort (Groningen), Hinderk Emrich (Hannover), David Finkelstein (Atlanta), Gerhard Grössing (Wien), Franz Krueger (Darmstadt), Jürgen Kurths (Potsdam), Walter von Lucadou (Freiburg), John Nicolis (Patras), Reinhard Olivier (Bonn), Hans Primas (Zürich), Otto Rössler (Tübingen), Christian Thomas (Zürich) und Edward Weinberger (New York).

Meine Bekanntschaft mit Gebsers *opus magnum* entstand aufgrund eines Hinweises von Erika Fischer-Lichte (Bayreuth), wenn ich mich recht erinnere im Jahre 1989. Später bekam ich im personellen Umfeld der Internationalen Jean-Gebser-Gesellschaft

Gelegenheit zu zahlreichen anregenden und aufschlußreichen Gesprächen zu Person und Werk von Jean Gebser. Dadurch ergab sich die Möglichkeit, etliche der in diesem Zusammenhang relevanten Thesen mit einem fachkundigen Forum zu diskutieren. Dies betrifft insbesondere die Thematik von Kapitel 7, dessen Inhalt auf einen Gebser-Vortrag (sowie die dazugehörige schriftliche Ausarbeitung) aus dem Jahre 1991 zurückgeht.

Mein besonderer Dank gilt meinem langjährigen Mitarbeiter Herbert Scheingraber für seine Teilnahme an der Bearbeitung schwieriger und wichtiger Probleme sowie für ungezählte Diskussionen »interdisziplinärsten« Inhaltes sowie »nichtlinearsten« Verlaufes. Darüber hinaus ist es mir ein Bedürfnis zu erwähnen, daß Gregor Morfill, Direktor am Max-Planck-Institut für extraterrestrische Physik und Leiter dessen theoretischer Abteilung, die Arbeiten, über die ich hier berichte, von Anfang an großzügig und mit großem Engagement gefördert hat. Bernd Lutz vom Metzler-Verlag verdanke ich die Möglichkeit, all dies aus dem Dickicht fachwissenschaftlicher Spezialisierung ans publizistische Tageslicht bringen zu können.

Unterstützung von ganz anderer Art erhielt ich schließlich, vor allem während der Zeit der Fertigstellung des Gesamtmanuskriptes im letzten halben Jahr, von Bettina. Sie hat oft mit viel Einsatz und Geduld für jene delikate Balance von Spontaneität und Stabilität, von Präsenz und Distanz gesorgt, die – wenn alles gut geht – zu produktiver, schöpferischer Tätigkeit führen kann. Die Bedeutung einer solchen Balance steht selbst in engem Zusammenhang mit einem der Kernthemen des Buches, bei dessen Lektüre ich Ihnen, werte Leserin und werter Leser, nunmehr viel Vergnügen wünsche.

Santa Fe, Dezember 1992 Harald Atmanspacher

1. Vernunft

Der Begriff der Vernunft gehört seit jeher zu den philosophischen Grundbegriffen. Als solcher ist er keineswegs unumstritten, sondern bis in die jüngste Gegenwart ein Brennpunkt der diskursiven Auseinandersetzung. Vernunft wurde und wird in vielen verschiedenartigen Wendungen, Zusammenhängen und Bedeutungen gebraucht. So heißt es beispielsweise in den Ausführungen eines einschlägigen Fachlexikons[1]:

> Es gibt keine Definition »der Vernunft«. Die Bedeutung, die dem Begriff Vernunft jeweils zukommt, dokumentiert das geschichtlich sich wandelnde Selbstverständnis des Menschen als Intelligenz.

In der Geschichte der Philosophie findet sich der Vernunftbegriff am häufigsten im Vergleich zum Begriff des Verstandes diskutiert.[2] Eine wesentliche Rolle spielen dabei der »intellectus« und die »ratio«, die (zum Teil in munterer Abwechslung bzw. Vermischung) zur Charakterisierung verwendet werden. In der deutschen Sprache wird seit Meister Eckhart bis ins 19. Jahrhundert »intellectus« mit dem Verstand und »ratio« mit der Vernunft in Beziehung gesetzt. In diesem Verständnis ist Vernunft, so verschieden ihre Inhalte im Lauf der Geschichte gewesen sein mögen, jeweils dem Verstand übergeordnet. Dies trifft insofern zu, als Verstandestätigkeit als eine vorzugsweise formale Tätigkeit aufgefaßt wird, die sich mit Relationen zwischen begrifflichen Kategorien beschäftigt. Die Zuordnung der Begriffe zu faktischen Sinnesdaten wird davon nicht berührt – sie wird vorausgesetzt. Verstand ist in diesem Sinn als ein rein syntaktisches Unternehmen gekennzeichnet.

---

[1]Hermann Krings, Vernunft (Art.), in *Staatslexikon der Görresgesellschaft, Band 5*, Alber, Freiburg, 1989, Sp. 699f.

[2]Hans Michael Baumgartner, Wandlungen des Vernunftbegriffes in der Geschichte des europäischen Denkens, in *Rationalität. Ihre Entwicklung und ihre Grenzen.* Grenzfragen Bd. 16, Hrsg. L. Scheffczyk, Alber, Freiburg, 1989, S. 167–203; Hans Poser (Hrsg.), *Wandel des Vernunftbegriffs*, Alber, Freiburg, 1981.

Insoweit Vernunft formal nicht faßbare, zum Beispiel spekulative Elemente enthalten kann, überschreitet sie die Grenzen der Syntax. Indem sie zum Beispiel Beziehungen zwischen (internen) Modellen und (externen) Fakten schafft, tritt sie in die Thematik der semantischen Zuordnung, der Bedeutung, ein, die schließlich auch den pragmatischen Aspekt der Verwendung von Begriffen in ihrer jeweiligen Zuordnung ansteuert. Indem Vernunft Gründe, Prinzipien, Ideen und wahres Sein zu ihrem Gegenstand macht[3], geht sie sogar wesentlich über die Gebundenheit an eine externe Außenwelt hinaus.

Worin sich Vernunft und Verstand nach allgemeiner Übereinkunft nicht unterscheiden, ist ihre Bindung an ein »rationales Prinzip«. Im Rahmen ihrer Forderung nach Reflexion über Prinzipien im allgemeinen ist Vernunft somit grundsätzlich aufgerufen, auch ihre rationale Basis im speziellen zu hinterfragen. Das ist, soweit ich sehe, bislang vorwiegend als Selbstkonsistenzforderung verstanden worden. Zum Beispiel wird in Descartes' *cogito ergo sum* das rationale Prinzip auf der existentiellen Evidenz des Individuums sich selbst gegenüber begründet. Solche Selbstevidenz ist durch rationale Abstraktion möglich, also – so die konsistente Schlußfolgerung – ist die »ratio« die Basis für die Gewißheit des Seins, die wiederum Gegenstand der Vernunft ist.

In dieser Auffassung spiegelt sich die philosophische Tendenz des Rationalismus, einer Domäne der Abstraktion, die von Spinoza und Leibniz weiterentwickelt wurde. Ihr stehen im Ansatz des Empirismus die konkreten Sinneswahrnehmungen gegenüber, wie sie, ausgehend von Francis Bacon, von Hobbes, Locke, Berkeley und Hume besonders betont wurden. Man kann vereinfachend sagen, daß der ursprüngliche Rationalismus tendentiell einen Versuch darstellte, vor allem Vernunft und Verstand zu kombinieren, während im Empirismus die Vernunft primär zusammen mit den Sinneswahrnehmungen zur Geltung kommen sollte.

[3]Hans Michael Baumgartner, Wandlungen des Vernunftbegriffes in der Geschichte des europäischen Denkens, in *Rationalität. Ihre Entwicklung und ihre Grenzen.* Grenzfragen Bd. 16, Hrsg. L. Scheffczyk, Alber, Freiburg, 1989, S. 177.

Rationalismus
Empirismus

Durch eine so geartete Unterscheidung wird besonders deutlich klar, welch herausragende Rolle in der Philosophiegeschichte dem Königsberger Philosophen Immanuel Kant zukommt. Kant ist Autor der womöglich bekanntesten, jedenfalls für die Neuzeit einflußreichsten Abhandlungen, die über Vernunft existieren. Es sind dies die Kritiken der reinen und der praktischen Vernunft, eine Gliederung, die auf die Themen »Wissen« und »Handeln« hinweist.

Die Kritik der reinen Vernunft ist Kants Beitrag zur Erkenntnistheorie. In ihr geht es um Verstand (intellektuelles Denken) und Sinneswahrnehmungen sowie deren Beziehungen zueinander (heute würde man vielleicht in einer Mischung aus kognitivem und psychologischem Jargon sagen: um die Grundfunktionen des mentalen Bewußtseins). Kant versucht damit, den Vernunftbegriff in einer Weise zu fassen, die Rationalismus und Empirismus als bis dahin konkurrierende Strömungen versöhnt. Seine revolutionierende Einsicht bestand darin, für die menschliche Erkenntnisfähigkeit den subjektiven Kontext des erkennenden Menschen, sozusagen seine Innenperspektive, als wesentlich zu finden, nicht den objektiven Charakter des zu Erkennenden (des »Dinges an sich«). So wird statt der Frage: »Was ist?«, also der Frage nach der Beschaffenheit einer gegebenen objektiven Außenwelt, die Frage: »Was können wir wissen?« zur zentralen Frage in der Kritik der reinen Vernunft. Im Sinne dieser Frage *beschränkt* reine Vernunft den Umfang möglichen Wissens durch das Erkennen von Irrtümern, statt ihn durch die Entdeckung von Wahrheiten zu *erweitern.*

Ähnlich gelagert ist die Problemstellung in der Kritik der praktischen Vernunft, Kants moralphilosophischem Hauptwerk. Auch hier kann es nicht um absolute, vorgegebene moralische Wertvorstellungen wie »Gut« und »Böse« gehen, sondern die Frage »Wie sollen wir handeln?« erhält ihre Antwort aus dem Selbstverständnis des Menschen. Begreift und verhält er sich als vernünftiges, freies, autonomes Wesen (im Sinne von Kants Begriff von Aufgeklärtheit: frei von selbstverschuldeter Unmündigkeit), so bestimmt er aus sich – von innen – heraus, was als moralisch richtig gelten kann. (Ebenso wie hinsichtlich der reinen Vernunft gibt es hier hochinteressante Parallelen zu Vorstellungen der modernen Psychologie, auf die erst später im Lauf der Erörterungen dieses Buches eingegangen werden kann.) Praktische Vernunft in Kants Verständnis kann dies allein *nicht* leisten. Wie die reine Vernunft fungiert auch sie im wesentlichen einschränkend. Dies geschieht, indem sie sich auf das Prinzip der Allgemeinverbindlichkeit zurückzieht, und äußert sich in der Aufstellung eines Katalogs von Maximen, deren grundlegendes Prinzip der sogenannte kategorische Imperativ ist: »Handle so, daß die Maxime deines Willens jederzeit zugleich als Prinzip einer allgemeinen Gesetzgebung gelten könne.«[4][5]

Kants Versuch, einen Weg in Richtung auf die Einheit von Wissen und Handeln zu beschreiten, besteht in der Kritik der Urteilskraft. In der Beurteilung sowohl des Wissens als auch des Handelns geschieht Selbstreflexion, die man in modernerer wissenschaftlicher Terminologie auch als Selbstbezug oder Rückbezug bezeichnet hat. Urteilskraft hat zwei psychische Quellen: den Intellekt und das Gefühl. Erst durch die »konzertierte« Anwendung *beider* wird eine Einheit bzw. Ganzheit (diese Begriffe sind in ihren unterschiedlichen Bedeutungen noch näher zu spezifizieren) des Menschen möglich, die abstraktes Wissen und konkretes Handeln, Natur und Freiheit, umgreift. Im Bereich dieses Umgreifenden werden solche Themen wie Bedeutung (Semantik), Schönheit (Ästhetik) und Schöpfungskraft (Kreativität) relevant – durchweg Themen, die sich sowohl der reinen wie auch der praktischen Vernunft entziehen, solange beide jeweils für sich allein betrachtet werden.

---

[4] Immanuel Kant, *Kritik der praktischen Vernunft*, Hrsg. Karl Vorländer, Meiner, Hamburg, 1985, S. 36.

[5] Der beschränkende Vernunft-Entwurf Kants wurde im Rahmen des von Charles Sanders Pierce begründeten Pragmatismus entscheidend erweitert, hier insbesondere von George Herbert Mead und, auf seinen Arbeiten aufbauend, von Jürgen Habermas. Siehe hierzu Ulrich Anacker, Vernunft (Art.), in *Handbuch philosophischer Grundbegriffe*, Kösel, München, 1974, S. 1597–1612.

In neuerer Zeit ist eine Fülle von Vernunft-Kritiken in Anlehnung an das Kantsche Titelvorbild erschienen.[6] Unter ihnen sei hier näher auf Hübners »Kritik der wissenschaftlichen Vernunft« eingegangen, die sich mit der Tragweite des Ansatzes »objektiver« Wissenschaftlichkeit beschäftigt. Die Grundannahme solcher Wissenschaftlichkeit ist die rationale Rekonstruierbarkeit allen Geschehens der Vergangenheit bzw. der rationale Zugang zum Geschehen der Zukunft. Beliebig exakte, eindeutige Erklärungen und Vorhersagen sind in diesem Rahmen theoretisch möglich, werden allenfalls als unpraktikabel eingestuft. Aus einer solchen Geisteshaltung hatte sich zunächst – insbesondere im Zuge der industriellen Revolution – eine euphorische Wissenschaftsgläubigkeit als sozialpsychologische Erscheinung herausgebildet, die Hand in Hand mit einer zunehmenden Abhängigkeit von den technischen Errungenschaften ging, welche durch die Wissenschaften möglich wurden.

Heute, wo man – spät genug – die negativen Folgen dieser Entwicklung zumindest teilweise zu sehen beginnt, ist die Wissenschafts- und Technikbegeisterung vielfach in mehr oder weniger deutliche Ablehnung umgeschlagen. Geblieben ist jedoch die Abhängigkeit. Auf diese Weise ist die Situation unserer technikabhängigen und zugleich -ablehnenden Gesellschaft vergleichbar mit der eines Drogensüchtigen geworden, der unter den Folgen seines zweifelhaften Genusses leidet. Was diese Situation erfordert, ist eine bewußte Aufklärung und somit Auflösung des entstandenen inneren Widerspruches von Abhängigkeit und Ablehnung, der sich durch alle Bereiche des Lebens zieht, letztlich auch die Ambivalenz von Wissen und Handeln selbst einschließend.

---

[6]Einige Beispiele in ungeordneter Reihenfolge: Max Horkheimer, *Kritik der instrumentellen Vernunft*, Fischer, Frankfurt, 1967; Peter Sloterdijk, *Kritik der zynischen Vernunft*, Suhrkamp, Frankfurt, 1983; Jean Paul Sartre, *Kritik der dialektischen Vernunft*; Rowohlt, Hamburg, 1967; Stephen Toulmin, *Kritik der kollektiven Vernunft*, Suhrkamp, Frankfurt, 1978; Kurt Hübner, *Kritik der wissenschaftlichen Vernunft*, Alber, Freiburg, 1986. Dazu kommen – ohne Titelfunktion – Kritiken der *subjektiven Vernunft* (Sloterdijk), der *funktionalistischen Vernunft* (Habermas), der *korrupten Vernunft* (Schopenhauer), der *individuellen Vernunft* (Toulmin).

Wissenschaftliche Vernunft ist zur Verfahrensvernunft, zur methodischen Leitfigur, degeneriert und hat ihre dem Verstand übergeordnete Funktion weitgehend eingebüßt.[7] Damit ist auch die Bedeutung der Differenzierung von »ratio« und »intellectus« verschwommen. Ratio-bestimmtes, intellektuelles Denken wird heutzutage in den westlichen Zivilisationen vielfach als grundlegendes Vernunftprinzip angesehen. So wird zum Beispiel in der englischen Sprache *reason*, französisch *raison*, italienisch *ragione* (durchweg Worte, die vom lateinischen *ratio* abstammen) mehr oder weniger gleichbedeutend als Vernunft oder Verstand übersetzt. Was damit im allgemeinen gemeint ist, ist die intellektuelle Urteilsfunktion der Psyche, gemeinhin das Denken genannt.

Bleibt man jedoch bei der historischen Unterscheidung von Verstand und Vernunft, so stellt sich umgehend die Frage nach der Position der Vernunft im Gefüge psychischer Funktionen. Dabei ergibt sich ein hilfreicher Ausgangspunkt aus dem etymologischen Zusammenhang des Substantivs »Vernunft« mit dem Verb »vernehmen«, das ganz gezielt auf akustische Wahrnehmung Bezug nimmt. Martin Heidegger hat sich in seinem *Satz vom Grund* sehr intensiv mit dem Zusammenhang zwischen Vernunft und Hören beschäftigt.[8] Was Heidegger offensichtlich mit Vernunft meint, enthält Elemente, die über die klassische Diskussion von Vernunft, Verstand und Sinneswahrnehmungen hinausreichen. Ihm geht es neben der intellektuellen Urteilsfunktion um eine Wahrnehmungsfunktion (»vernehmen«), die – zusätzlich zur Außenwahrnehmung mittels der üblichen fünf Sinnesorgane – auf die psychische Innenwelt gerichtet ist. Es gibt in den oben angeführten Sprachen auch Idiome, die diese Bedeutung von Ver-

[7] Hans Michael Baumgartner, Wandlungen des Vernunftbegriffes in der Geschichte des europäischen Denkens, in *Rationalität. Ihre Entwicklung und ihre Grenzen*. Grenzfragen Bd. 16, Hrsg. L. Scheffczyk, Alber, Freiburg, 1989, S. 197.

[8] Martin Heidegger, *Der Satz vom Grund*, Neske, Pfullingen, 1978. Zum Zusammenhang mit akustischer Wahrnehmung siehe auch die Einträge unter dem Stichwort »Vernunft« in Joachim-Ernst Berendt, *Das dritte Ohr*, Rowohlt, Hamburg, 1985.

nunft enthalten – allerdings in einer Form, die semantisch etwas schwieriger zu erkennen ist. Im Englischen hat man beispielsweise den *common sense*, den »gesunden Menschenverstand« (französisch: *bon sens*, italienisch: *buon senso*), der verbal geradewegs auf (sensuale) Sinneswahrnehmung hinweist. Damit ist aber zweifelsohne *nicht* die gewöhnliche reine »Außen«wahrnehmung gemeint, sondern es scheint vielmehr um eine nicht so leicht differenzierbare Mixtur der Wahrnehmung von Außenwelt *und* Innenwelt zu gehen. Darüber hinaus schließt der »gesunde Menschenverstand« zusätzlich zur Wahrnehmung auch Komponenten der Beurteilung wahrgenommener Fakten ein. Dazu gehört neben dem Verstand, dem Intellekt, auch das Gefühl: »Anzunehmen, es gäbe Gefühlsbewegungen, die ohne Vernunft wären, hieße, unter Vernunft etwas Falsches zu verstehen.«[9]

Hat die Evolution der Sprache hier etwas geleistet, was sozusagen durch die Maschen der rational-intellektuellen Kontrolle geschlüpft ist? Eine Art Vernunft, die zwar die urteilenden und wahrnehmenden Fähigkeiten der menschlichen Psyche enthält, jedoch »mehr als die Summe ihrer Teile« ist? Ein solcher »integraler« Modus von Vernunft könnte, ließe er sich präzise demonstrieren, eine konstruktive Hinterfragung der rationalen Basis des klassischen Vernunftbegriffes ermöglichen. Darum wird es in den Überlegungen und Erörterungen dieses Buches gehen. –

Sogenannte »objektive« wissenschaftliche Vernunft ist – als Spitze des rationalen »Vernunft-Eisberges« – das Resultat einer historischen Entwicklung, die sich in erster Linie in Europa abgespielt hat. Ihre Wurzeln reichen ins antike Griechenland. Nun enthält die Berücksichtigung eines historischen Verlaufes bereits *per se* ein subjektives Element, da in jeder historischen Entwicklung immer auch persönliche, subjektive, kontextuelle Gegebenheiten ausschlaggebend sind. Bedient man sich also in der Wissenschaftstheorie (und -geschichte) wissenschaftlicher Vernunft in

[9] Bertolt Brecht, *Gesammelte Werke, Band 12*, Suhrkamp, Frankfurt, 1967, S. 516. Wie bereits mehrfach angedeutet, gelten in der zeitgenössischen Psychologie Intellekt *und* Gefühl als die beiden elementaren psychischen Urteilsfunktionen.

ihrem rein objektiven Verständnis, so wird man notwendigerweise einseitige, wenn nicht sogar inkonsistente Vorstellungen produzieren.

Der historische Ursprung wissenschaftlicher Vernunft bei den Griechen gibt Hinweise, wo nach möglicher Ergänzung gesucht werden kann. Hübner widmet dieser Suche das Schlußkapitel seiner Kritik der wissenschaftlichen Vernunft, in der er die »Bedeutung des griechischen Mythos für das Zeitalter von Wissenschaft und Technik« beleuchtet. Mythisch-subjektive Erfahrung und wissenschaftlich-objektives Denken bezeichnen verschiedene, historisch aufeinander folgende Schwerpunkte in der Auseinandersetzung des Menschen mit der Natur, damit auch mit sich selbst.

Jean Gebser, der mit seinem Hauptwerk »Ursprung und Gegenwart«[10] in diesem Zusammenhang wesentliche Impulse gegeben hat, hat diese Schwerpunkte in den Kontext einer Geschichte des Bewußtseins gestellt, die meines Erachtens weit mehr Beachtung verdient als sie gegenwärtig erfährt.[11] Gebser unterscheidet archaische, magische, mythische und mentale Bewußtseinsstrukturen, die während der stammesgeschichtlichen Entwicklung der menschlichen Psyche in dieser Reihenfolge aufgetreten sind. Die Substanz und die Relevanz dieser Differenzierung wird im ersten Teil des Werkes anhand einer immensen Fülle von kulturhistorischem Material beschrieben.

Aus psychologischer Sicht spezifizieren die Bereiche des archaischen, magischen und mythischen Bewußtseins die oft so bezeichnete »unbewußte« Ebene der Psyche, während der mentale Bereich mit ihrem bewußten Anteil korrespondiert. Intellekt

[10]Jean Gebser, *Ursprung und Gegenwart*, dtv, München, 1988.

[11]So ist die Anbindung der zentralen Konzepte von Gebsers Werk an den gegenwärtigen Stand der Wissenschaft noch bei weitem nicht geleistet. Die betroffenen Wissensbereiche liegen dabei vor allem in den Kognitionswissenschaften, in denen gerade das Thema des Bewußtseins eine zunehmend herausragende Rolle spielt. (Siehe zum Beispiel den einführenden und allgemein verständlichen Artikel von Peter Bieri, »Was macht Bewußtsein zu einem Rätsel?« im *Spektrum der Wissenschaft* vom Oktober 1992, S. 48–56, samt dort angegebener weiterer Referenzen.)

Erkennen und Ratio sind auf der Ebene des Mentalen angesiedelt, Erfahren und Erleben wirken im mythischen und magischen Bewußtsein. Das mentale Bewußtsein, das – nach Gebser – sowohl Erkenntnisfähigkeit als auch Anschauungsvermögen der menschlichen Psyche in ihrem derzeitigen Entwicklungszustand dominiert, stellt sich vorzugsweise dem »unbewußten« Rest in dichotomer Weise gegenüber. Aus der Sicht der mythischen Struktur, die unserem Bewußtsein nicht ohne weiteres verfügbar ist, könnten dagegen beide als einander ergänzend erfahren werden.[12]

Nun ist es kaum wünschenswert, einen rein mythischen Ausweg aus der facettenreichen Gesamtproblematik des Bewußtseins zu suchen. Ein solcher Ausweg würde nämlich die sinnvollen Errungenschaften der »ratio«, die zweifellos existieren und bewahrenswert sind, verlieren. Ebenso wenig ist, wie oben angedeutet, eine rein mental-rationale Lösung in Sichtweite. Weder das Herz als Ort des mythischen Bewußtseins noch das Gehirn als Ort des mentalen Bewußtseins scheinen, für sich allein genommen, konstruktive Perspektiven zu bieten. Eine positive Umkehrung dieses zweifachen Dilemmas findet sich in den tiefsinnigen und beziehungsreichen Worten des kürzlich verstorbenen Philosophen Vilém Flusser[13], nach denen

> es zwar wahr ist, daß das Herz eine Vernunft hat, von der die Vernunft keine Ahnung hat, jedoch stellt sich heute heraus, daß die Vernunft ebenfalls ein Herz hat, von dem das Herz keine Ahnung hat.

Es ist die programmatische Kernidee Gebsers, eine sinnvolle Entwicklung in einer Integration der erwähnten vier Bewußtseinsstrukturen (archaisch, magisch, mythisch, mental) zu einer fünften zu finden, die er dementsprechend mit »integral« bezeichnet. Auch hier taucht also, wie bereits zuvor, der Gedanke eines integralen Modus auf – diesmal in einer Variante, die ihren Schwerpunkt explizit auf das menschliche Bewußtsein legt.

---

[12] Jean Gebser, *Ursprung und Gegenwart*, dtv, München, 1988, Kapitel III/4 und III/5 auf den Seiten 106–164.

[13] Vilém Flusser, in *Philosophen – Gespräche zur Kunst*, Hrsg. Florian Rötzer, Klaus Boer Verlag, 1991, S. 165.

Die folgenden Kapitel sind als Streifzug durch verschiedene Gebiete konzipiert, in denen sich diverse Möglichkeiten zu einem solchen Modus andeuten, sei es als integrale Vernunft, als integrales Bewußtsein oder als integrale Wirklichkeit. Die Darstellung wird (konsistent mit ihrem Gegenstand) daher nicht immer dem Anspruch auf »wissenschaftliche Vernunft« gerecht werden können. Sie wird aber genau so wenig in diffusen, unspezifischen Andeutungen steckenbleiben. Eines ihrer Ziele ist die Diskussion von Gegenwartsströmungen in den Wissenschaften und in der Wissenschaftstheorie. Gerade auf Grund der integral-ganzheitlichen Tendenzen, die sich in diesen Strömungen deutlich abzeichnen, können und dürfen dabei rationale Differenzierung und Präzision nicht einfach unter den Tisch fallen.

Angesichts dieses paradoxen Doppelanspruches von Integration *und* Differenzierung ist der angesprochene Streifzug alles andere als trivial. Die Hauptschwierigkeiten für das Verständnis liegen dabei nicht im Bereich der formalen Argumentation, sondern in deren adäquater Bewertung: der Bedeutung. So ist es sicherlich hilfreich und nützlich, sich bei der Lektüre vor Augen zu halten, daß das Element der internen Widersprüchlichkeit, des Paradoxen, immer wieder auftauchen *muß*: es ist methodische Grundfigur, nicht etwa logischer Mangel. Der Kern dieser Grundfigur ist – selbst paradox – der *rational* durchkonstruierte Hinweis auf die Grenzen der *ratio*. Was jenseits dieser Grenzen liegen mag, darüber kann die rationale Methode keine präzise Auskunft geben. Genauso, wie jedoch der Mythos als Metapher für die *ratio* fungieren kann, ist es vorstellbar, daß die *ratio* als metaphorischer Hinweis auf dieses »Jenseitige« dienen könnte: auf einen existentiellen Modus der *Integration* der von Gebser aufgeführten unterschiedlichen Bewußtseinsstrukturen, der – wiederum paradox – sein explizites Gegenstück, die *Differenzierung* dieser Strukturen, mitenthält.

Im Rahmen des vorliegenden Buches ist es nicht möglich, auf alle vier Bewußtseinsstrukturen im einzelnen einzugehen. Diejenigen unter ihnen, die in den folgenden Ausführungen im wesentlichen behandelt werden, sind die mythische und die mentale.[14] Sie spiegeln sich sowohl im Titel als auch in der inhaltlichen Grobstruktur des Buches. »Metische Vernunft« verbindet die Figur der Metis aus der griechischen Mythologie mit dem mentalen Vernunftbegriff. Sie tut dies aber nicht etwa nur auf rein mentale Weise durch die begriffliche Konstruktion, sondern eben auch im Mythos selbst: Metis ist die Mutter der Zeustochter Athene, deren mythologische Substanz gerade in Vernunft und Weisheit besteht. Der Ablauf des Buches beginnt dementsprechend mit einer detaillierten Diskussion des Mythos der Metis und bewegt sich dann durch etliche davon angesprochene Bereiche der modernen Wissenschaft, über die ich gleich nähere Auskunft geben werde. An ihrem Ende wird die Frage nach dem Wesen metischer Vernunft an die Mythologie zurückgegeben und erhält dort eine, wie ich hoffe, ebenso überraschende wie aufschlußreiche Wendung.

Innerhalb des mythischen Rahmens liegt der harte, mentale Kern des Buches. Er behandelt Fragen aus den Gebieten der Wissenschaftstheorie, Wissenschaftsgeschichte, Physik, Mathematik, Psychologie und der Kognitionsforschung. Es ist eines der zentralen Ziele der gesamten Ausführungen, zu zeigen, wie eng diese Gebiete an entscheidenden Knotenpunkten zusammenhängen. Man kann die damit verbundene Vernetzung von Problemstellungen wissenschaftlicher Einzeldisziplinen kaum besser zum Ausdruck bringen, als dies seinerzeit der Kopenhagener Physiker Niels Bohr getan hat. Heisenberg berichtet von einem Gespräch, das er mit Bohr im Jahre 1922 in Göttingen führte[15]:

> Ich fragte Bohr daher: »Wenn die innere Struktur der Atome einer anschaulichen Beschreibung wenig zugänglich ist, wie Sie sagen, wenn

[14] Mit dieser Aussage nehme ich bewußt den Konflikt mit Gebsers Betonung der Bedeutung aller *vier* Bewußtseinsstrukturen in Kauf. Ich tue dies unter anderem auch deshalb, weil ein Schwerpunkt meiner Ausführungen im Bereich des Mental-Rationalen angesiedelt sein wird, um von dort aus die Grenzen des dort fundamentalen Konzepts der Dualität zu zeigen. Die Dualität »mythisch – mental« ist unter diesem Aspekt als exemplarisch zu betrachten, nicht als unzureichende Vereinfachung.

[15] Werner Heisenberg, *Der Teil und das Ganze*, Piper, München, 1969, S. 64.

> wir eigentlich keine Sprache besitzen, mit der wir über diese Struktur reden können, werden wir dann die Atome überhaupt jemals verstehen?« Bohr zögerte einen Moment und sagte dann: »Doch. Aber wir werden dabei gleichzeitig erst lernen, was das Wort ›verstehen‹ bedeutet.«

Die Kapitel 3 bis 9 können, recht besehen, als ausführlicher Kommentar zu dieser Bemerkung Bohrs aus heutiger Sicht gelesen werden.

Kapitel 3, *Metis und Episteme*, dient der Überleitung vom Mythos zur Ratio sowie der andeutungsweisen Formulierung einiger wissenschaftstheoretischer Grundprobleme, die im weiteren Ablauf immer wieder auftauchen werden. Zunächst wird vorgestellt, in welchen Zusammenhängen die mythische Figur der Metis im Reich epistemischen Wissens metaphorische Bedeutung behalten bzw. erlangt hat. In wissenschaftstheoretischem Kontext führt dies zum Thema »Theorienbildung«, zur Antinomie von induktiv-konstruktivistischer und deduktiv-rekonstruierender Vorgehensweise. Im Konzept der »Abduktion« wird die explizite Vorstellung einer integrierten Form beider diskutiert, die den schöpferischen Prozeß durch ihre Nähe zur Kunst zu berücksichtigen sucht.

Ein rein künstlerisches, spielerisches Verständnis der Art und Weise, wie Wissenschaft betrieben wird, wäre sicher höchst problematisch im Hinblick auf deren tatsächlich vorhandenen Erkenntniswert. Umgekehrt läßt ein rigide schematisierter, ausgetrockneter, übernüchterter Wissenschaftsbetrieb die so notwendige schöpferische Komponente der wissenschaftlichen Arbeit allzu leicht zum Erliegen kommen. Dieser Zwiespalt taucht im Gewand der zeitgenössischen Relativismus-Realismus-Debatte auf, die Kapitel 4 beleuchtet. Erneut wird dabei ein Ansatz zur Integration beider Blickwinkel vorgestellt, diesmal unter dem Titel *Zweistufigkeit.* Es wird angedeutet, wie ein Bezugsrahmen »zweiter Stufe« aussehen könnte, innerhalb dessen beide – vordergründig unvereinbar erscheinenden – Konzepte in einen verbindlichen Zusammenhang gestellt werden können. Die Schranken eines solchen mental-rationalen Unternehmens, die etwa bei einer Kritik der rationalen Methode selbst (bzw. beim Versuch einer Integration von mythischem und mental-rationalem Bewußtsein) unvermeidlich auftreten, werden am Beispiel des Mythos der Metis in historischer Perspektive skizziert.

In Kapitel 5, dem formalen Kernstück des Buches, wird dargestellt, wie eine präzise Formulierung eines Bezugsrahmens für Relativismus und Realismus konstruierbar ist. Die Existenz eines derartigen Rahmens wird durch die Zuordnung der genannten wissenschaftstheoretischen Konzepte zu zwei theoretischen Gedankengebäuden der Physik möglich: der Quantentheorie und der Theorie nichtlinearer dynamischer Systeme. Diese Zuordnung beruht wesentlich auf der Unterscheidung einer Faktenebene (die für die Auffassung des Realismus relevant ist) und einer Modellebene (die für die Auffassung des Relativismus im Vordergrund steht). *Fakten und Modelle* – so der Titel dieses Kapitels – weisen sehr allgemeine, formale Gesetzmäßigkeiten auf, die unter dem Begriff der Inkommensurabilität bekannt sind und deren Bedeutung in den Abschnitten 5.1 und 5.2 ausführlich dargestellt wird. Abschnitt 5.3 beschäftigt sich schließlich damit, wie Inkommensurabilitäten von Fakten und Modellen sich innerhalb eines beiden gemeinsamen mathematischen Rahmens interpretieren lassen, ohne dabei ihre charakteristischen Unterschiede einzubüßen. Dieses Resultat ist von entscheidender Bedeutung für das Thema »Integration *und* Differenzierung«, indem es auf der Basis fundamentaler physikalischer Betrachtungen einen präzise formulierbaren Ansatz liefert, der Bedingungen für die Koexistenz beider angibt. Es lohnt sich, trotz der formalen Ansprüche dieses Kapitels einige Mühe auf ein möglichst weitgehendes Verständnis der dargelegten Argumente zu verwenden.

Die mathematische Darstellung in Kapitel 5 bewegt sich auf dem abstrakten, unanschaulichen Gebiet der Algebra. Die dort vorgefundene Dualität bzw. Einheit von Fakten und Modellen läßt sich jedoch in einer Art und Weise deuten, die dem Anschauungsvermögen um einiges näher entgegenkommt: nämlich als Dualität bzw. Einheit entsprechender geometrischer Räume. Eine solche Deutung wird mittels der Thematik von *Innen und Außen* in Kapitel 6 vorgeschlagen. Sie ist – soviel sei bereits hier bemerkt

– nicht mehr ohne Zuhilfenahme physik- bzw. mathematikfremder Argumente möglich. Was die Innen/Außen-Dichotomie als interpretatives Instrument empfehlenswert macht, ergibt sich aus einem wissenschaftshistorischen Rückblick (6.1) auf die Entwicklung etlicher zentraler konzeptueller Grundannahmen der Naturwissenschaften. Entschließt man sich dazu, diese Grundannahmen um ihre traditionell vernachlässigten Gegenstücke zu ergänzen, so gelangt man geraden Wegs zum Konzept zweier dualer Raumzeiten, einer »inneren« und einer »äußeren«, die zudem die Dichotomie von konkreten und abstrakten Raum- und Zeitvariablen mitenthalten (6.2). Diese Vorstellung ist mit dem Raumzeitbegriff, wie er in der Physik benutzt wird, verträglich; sie erweitert ihn jedoch in einer Weise, die in ihren Konsequenzen gegenwärtig noch nicht überschaubar ist.

In Kapitel 7 wird einer der durch die in Kapitel 6 vorgeschlagene Deutung entstandenen Zeitbegriffe näher beleuchtet: die konkrete, *interne Zeit*. Dieser Zeitbegriff wird zunächst unter zwei Blickwinkeln untersucht. Erstens geht es um seine Ankopplung an denjenigen der zeitgenössischen Physik, womit eine exemplarische Spezifizierung der allgemeinen Überlegungen aus Abschnitt 6.2 versucht wird. Zweitens ist ein Zeitkonzept, das die Elemente der Konkretion und der Internalität enthält, von prinzipieller Bedeutung für den Ansatz Gebsers in Richtung auf ein integrales Bewußtsein. Aus den physikalischen Erwägungen zur Thematik einer internen Zeit lassen sich somit Hinweise auf die Tragweite von Gebsers Ideen erhoffen (7.1). Es zeigt sich dabei, daß einige sehr enge Beziehungen der Physik zu den kognitiven Wissenschaften zu erwarten sind, die – wiederum exemplarisch – im Rahmen grundlegender Elemente Jungscher Psychologie diskutiert werden (7.2). Das Moment der Konkretheit weist in diesem Zusammenhang darauf hin, daß der psychische Prozeß als solcher von zentraler Bedeutung ist – es geht um das Erlebnis selbst, nicht nur um dessen gedankliche, abstrakte Bewältigung. Hier taucht erstmals der Aspekt der Praxisrelevanz auf, die in jeder konkreten Handlung liegt. Den Abschluß von Kapitel 7 bildet ein kursorischer Überblick über Gebsers Versuch, im optimistischen Hinblick auf eine interdisziplinäre Forschung im Grenzbereich von Physik und Psychologie eine dazu geeignete fachneutrale Terminologie zu entwerfen.

Diese Terminologie ist deswegen bemerkenswert, weil sie ein wesentliches Thema moderner Kognitionsforschung berührt: *Wissensdarstellung* und die verschiedenen Möglichkeiten ihrer Realisierung. Um sie geht es in Kapitel 8. Wie geschieht es, daß Wissen über eine externe Realität intern dargestellt wird? Wie beeinflußt vorhandenes Wissen die Wahrnehmung der Außenwelt? In Abschnitt 8.1 wird zunächst ein traditionell favorisiertes Modell von Wissensdarstellung vorgestellt, das sich in der Forschungsrichtung des Kognitivismus herausgebildet hat. Bei diesem Modell handelt es sich um kategoriale Wissensdarstellung. Es weist zwei grundsätzliche Schwachpunkte auf, die sich durch die Themenbereiche von »Ganzheit« und »Bedeutung« umreißen lassen. Während das erste dieser beiden Themen bereits in Kapitel 5, also unter physikalischem Blickwinkel, wiederholt zur Diskussion stehen wird, enthält der Begriff der Bedeutung deutliche psychologische Komponenten. Das strukturell-denotative Verstehen von Bedeutung ist ein Prozeß, der dynamisch erlebt werden muß, um zu seinem Ziel führen zu können. Dieses Wechselspiel von Verständnis und Erlebnis ist im Modell einer kategorialen Wissensdarstellung nicht enthalten. Erst ein akategorialer Modus, der in Abschnitt 8.2 eingehend beschrieben wird, kann dies leisten. Akategorialität, wie sie im übrigen bereits von Gebser gefordert wird, ist ohne Konkretion unmöglich. In ihr zeigt sich damit besonders klar, welche Signifikanz die Elemente der Praxis und der Handlung besitzen. Es zeigt sich damit ebenso, wie groß der Verlust ist, der aus dem Verzicht auf sie entsteht. Durch den konkreten Nachvollzug der in Abschnitt 8.2 skizzierten Möglichkeiten (der, soweit möglich, durch instruktive Beispiele und Hinweise unterstützt wird) kann solcher Verzicht minimiert werden.

akategorial

Damit ist der von Bohr angesprochene Bogen von der Quantenphysik zum Begriff der *Bedeutung* gespannt. Der Gehalt dieses Begriffes greift indessen weit über seine bisher diskutierten Aspekte hinaus. In Kapitel 9 werden einige weitere dieser Aspekte angerissen, die seine interdisziplinäre Spannweite andeuten. Zunächst geht es – gewissermaßen im Schnelldurchgang – zurück zur Physik, nämlich zu ihrem modernen Teilgebiet der Erforschung komplexer Systeme. Hier können wichtige Zusammenhänge zwischen verschiedenen Definitionen von Bedeutung und Komplexität dazu verwendet werden, um das Entstehen von Bedeutung aus der Dynamik selbstorganisierender Systeme zu verstehen. Dadurch eröffnet sich eine Perspektive, den Bedeutungsbegriff in eine allgemeine Beziehung zum Verhalten komplexer Systeme zu setzen (9.1). Ein ganz anderer Anwendungsbereich des Themas Bedeutung wird im Kontext der Begriffspaare »Intellekt – Intelligenz« sowie »Dialektik – Dialog« angesprochen (9.2). Die diesbezügliche Diskussion betont einmal mehr die Begrenzungen, die durch übertrieben einseitigen Gebrauch kategorialer kognitiver Verfahren auf der Ebene der reinen Abstraktion entstehen. Akategorialität ist dagegen als ein kognitiver Modus denkbar *und* erlebbar, der in der Lage ist, die Konkretion unter all ihren verschiedenen dargestellten Gesichtspunkten ausdrücklich mitzuberücksichtigen. Akategorialität darf somit als ein hochinteressanter Kandidat dafür betrachtet werden, wie Gebsers Vision eines integralen Bewußtseins mit Leben erfüllt werden könnte – jenseits der Alleinherrschaft sowohl seiner rational-mentalen als auch seiner mythischen Komponenten.

Auf die Frage, inwieweit *metische Vernunft* damit zu tun hat, geht das zusammenfassende Kapitel 10 in einem abschließenden Rekurs zur Mythologie ein.

2. Der Mythos der Metis

Die Gestalt der Metis ist eine mythologische Figur, und als solche zugleich Metapher. Um zunächst die mythologische Seite näher zu beleuchten, ist es zweckmäßig, auf Überlieferungen zurückzugreifen, die über die Herkunft der griechischen Götter berichten, darunter insbesondere die Theogonie von Hesiod.[16] Die folgende Wiedergabe beruht im wesentlichen auf Übersetzungen und Kommentaren in Kerényis »Mythologie der Griechen«.[17]

Nach der Darstellung Hesiods war Metis eine Tochter der Titanin Tethys und des Titanen Okeanos, die ihrerseits aus der Verbindung der Gaia (Mutter Erde) mit dem von ihr hervorgebrachten Himmelsgott Uranos entstanden waren. Ihr Name bedeutet so viel wie »der kluge Rat«, und Metis verkörperte in der griechischen Mythologie die Tugenden *Vernunft* und *Intelligenz*. Um welche Art von Vernunft bzw. Intelligenz es hierbei geht, wird zu erläutern sein.

Kronos[18], ebenfalls ein Sohn der Gaia und des Uranos, war – verwendet man zeitgenössische Terminologie – ein Onkel der Metis. (In Abbildung 2.1 sind die Verwandtschaftsverhältnisse innerhalb der ersten Göttergenerationen auszugsweise dargestellt.) Er ehelichte Rhea, seine Schwester, die ihm die Töchter Hestia, Demeter und Hera sowie die Söhne Hades, Poseidon und Zeus gebar. Aus Angst davor, daß einer seiner Söhne einer Weissagung gemäß seine Herrschaft (er hatte ja zuvor Uranos entmachtet) beenden

[16] Hesiod war ein griechischer Bauer, der die Theogonie um 700 v. Chr. in Askra (Böotien) gestaltet hat.

[17] Karl Kerényi, *Mythologie der Griechen* (Band I), dtv, München, 1988. Siehe auch Robert von Ranke-Graves, *Griechische Mythologie. Quellen und Deutung, 2 Bände.* Rowohlt, Hamburg, 1960.

[18] Die römische Version des Kronos ist Saturn. Das griechische Wort »Chronos«, die Zeit, ist zwar vom Wortstamm her eng mit Kronos verwandt, hat jedoch mit der Figur des Kronos zunächst nichts zu tun. Chronos ist in der orphischen Theogonie der Ursprung von Chaos und Äther. Siehe hierzu auch Damaskios, Von den Prinzipien, in *Die Vorsokratiker*, Hrsg. Wilhelm Capelle, Kröner, Stuttgart, 1968, S. 37.

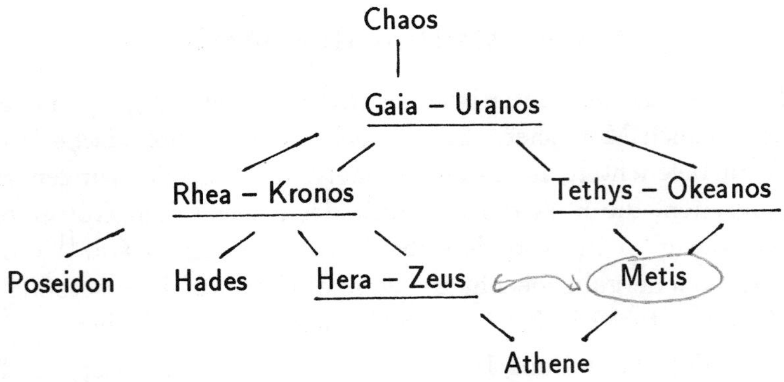

Abbildung 2.1: Genealogie der griechischen Titanen und Götter, soweit sie zur »Ahnentafel« der Athene zählen (nach Hesiods Theogonie).

würde, pflegte Kronos alle seine Kinder sofort nach der Geburt zu verschlingen.[19] Als schließlich die Geburt des Zeus anstand, reiste Rhea nach Kreta und versteckte den Neugeborenen in einer Höhle des bewaldeten Berges Aigaion bei Lyktos. Statt seiner gab sie Kronos einen in Windeln gewickelten Stein, den er alsbald verschlang.

Durch diese List gelang es natürlich nicht, Kronos dauerhaft zu täuschen: er merkte, daß er hintergangen worden war, doch gerade dadurch erhielt sein Machtbewußtsein eine sehr konkrete Komponente der Unsicherheit. Er wußte ja nun, daß ein Sohn existierte, der die Weissagung erfüllen könnte, und das bedeutete nach allem, was wir aus der Tradition der griechischen Tragödie über die Gedankenwelt der frühen Griechen wissen, daß er diese Konsequenz als schicksalhaft annehmen mußte. So geschah es dann auch: vor allem durch den Einfluß der Urmutter Gaia, ihrer Tochter Tethys und deren Tochter Metis konnte die Herrschaft des

[19] Eine faszinierende Darstellung des Kronos bei dieser Tätigkeit stammt von Francisco de Goya (1746-1828). Sie gehört zur Serie seiner sogenannten schwarzen Bilder, die 1816 im Anschluß an Goyas berühmtes Selbstbildnis entstanden. Ein anderes, erstaunlich ähnliches Bild existiert von Peter Paul Rubens aus den Jahren 1636/37.

Kronos-Sohnes Zeus begründet werden. Insbesondere war Metis diejenige, die Kronos den Trank reichte, welcher ihn einschläferte und dazu zwang, die verschlungenen Kinder wieder von sich zu geben. Nach dem Ende der langandauernden Kämpfe zwischen den Titanen um Kronos und deren Kindern, den späteren griechischen Göttern um Zeus, wurde Kronos schließlich von Zeus zur »Schatteninsel der Seligen«, am äußersten Rand der Welt, in die Verbannung gebracht.

In der nun beginnenden Herrschaftszeit des Zeus nennt Hesiod unter seinen Gattinnen (entgegen ihrem heutigen Bekanntheitsgrad) als erste ausdrücklich Metis (»die erste unter seinen Gattinnen«), dann natürlich – nach etlichen anderen – schließlich Hera. Metis war, nachdem Gaia, Uranos und die Titanen zur Vorzeit zählten, zur »Meistwissenden unter allen Göttern und Menschen« avanciert. Es ist daher leicht zu verstehen, daß Metis vorsehungshalber dem Zeus überaus kluge Kinder gebären sollte. Wiederum aus Angst davor, von einem Sohn gestürzt zu werden (wie es auch hier geweissagt war), verschlang Zeus die Metis, »auf daß die Göttin für ihn das Gute und das Böse denke«. Im selben Augenblick wurde Metis mit einer Tochter schwanger, der späteren Pallas Athene. Sie wurde aus dem Haupt des Zeus geboren, während Metis, die Mutter der Athene und »Bewirkerin aller rechten Dinge«, in seinem Inneren verborgen saß.[20]

Die Geburt der Athene aus dem Haupt des Zeus ist Gegenstand zweier Bilddarstellungen geworden, die in den Abbildungen

[20] Detailliertere Informationen hierzu sind zu finden in Sigrid Kauer, *Die Geburt der Athena im altgriechischen Epos*, Triltsch Verlag, Würzburg 1959. Die Autorin vergleicht die Hesiod-Version von Athenes Geburt mit einer möglicherweise auf ältere Quellen zurückgehenden Version, die der Stoiker Chrysipp aufgezeichnet hat. Ein Hauptunterschied besteht darin, daß im Chrysipp-Fragment Metis von Zeus geschwängert wurde, bevor er sie verschlang.
Es sei an dieser Stelle bemerkt, daß sich bei Platon auch ein Sohn der Metis namens Poros (»der, der Mittel und Wege kennt«) erwähnt findet (Platon, Das Gastmahl, in *Hauptwerke*, Hrsg. Wilhelm Nestle, Kröner, Stuttgart, 1973, S. 122). Weitere Details hierzu sind mir nicht zugänglich geworden.

Abbildung 2.2: Darstellung der Geburt der Athene nach M. Maier, Atalanta Fugiens, Oppenheim 1618. (Ein Nachdruck wurde unter dem gleichen Titel herausgegeben von Joscelyn Godwin, Grand Rapids, USA, 1989.)

2.2[21] und 2.3[22] reproduziert sind. Sie findet ihre eindrucksvollste Berichterstattung bei Pindar[23]:

> ... Hephaistos (oder Prometheus oder Hermes) spaltete mit einem Beil den Scheitel des Zeus. Hervor sprang (!) Athene, mit weitschallendem Schlachtruf, daß der Himmel (Uranos) davon erschauerte und die Mutter Erde (Gaia). In Kriegswaffen von schimmerndem Gold wurde sie

[21] Wolfgang Bauer, Irmtraud Dümotz und Sergius Golowin, *Lexikon der Symbole*, Fourier, Wiesbaden, 1991, S. 157.

[22] Friedrich Creuzer, *Symbolik und Mythologie der alten Völker* (Abbildungen, Tafel XXXIX, Nr.5), Leske, Darmstadt, 1819.

[23] Pindar, *Olympia*, Übersetzung nach Kerényi (Fußnote 17); Bemerkungen in Klammern vom Verfasser.

Abbildung 2.3: Darstellung der Geburt der Athene nach einer *patera* aus dem Museum Romanum (nähere Angaben in Fußnote 22).

aus dem heiligen Kopf des Vaters geboren. Es erschraken und staunten vor ihrem Anblick all die Unsterblichen, als sie hinsprang vor den aigis- (Ziegenfell-) haltenden Zeus aus seinem unsterblichen Haupt, den spitzen Wurfspeer schwingend. Gewaltig erbebte der Olymp unter der Wucht der Eulenäugigen (die Eule als Symbol der Weisheit der Athene). Tief dröhnte rings die Erde (wieder der olympische Himmel und die Erde als polare Gegenstücke), und tobend schwoll das Meer (symbolisch die Seele, das Herz) im Aufruhr der purpurnen Wogen. Über die Ufer stürzte die Salzflut, und lange ließ Hyperions herrlicher Sohn (Helios, die Sonne) die schnellen Sonnenrosse stillstehen, bis endlich die Jungfrau Pallas Athene die göttliche Waffe von den unsterblichen Schultern nahm. Und es freute sich Zeus, der Gott des klugen Rates.

Man beachte, daß Metis, der kluge Rat, nun gewissermaßen als Attribut des Zeus beschrieben wird. Die extern personifizierte Vernunft (Metis) wird fortan nur mehr in interner Weise, als eine der göttlichen Eigenschaften des Zeus, wirken.[24] Dies legt nahe, warum die Figur der Metis bereits den »späteren« Griechen und erst recht uns kaum mehr geläufig war bzw. ist. Doch warum besaß sie bei den »frühen« Griechen (zum Beispiel bei Hesiod) einen so hohen Stellenwert, daß sie unter den Gattinnen des Zeus sogar als die erste rangierte? Um einer Antwort auf diese Frage näherzukommen, lohnt es sich, diejenigen überlieferten Episoden, in denen Metis in Erscheinung tritt, etwas genauer zu betrachten. Es gibt davon allerdings nicht mehr als die beiden bereits beschriebenen:

— Metis verabreicht dem Kronos den Trank, der ihn dazu veranlaßt, die verschlungenen Kinder wieder auszuspeien.

— Selbst von Zeus verschlungen, bewirkt sie, daß beider Tochter Athene aus dem Haupt des Zeus entspringt.

Im Rahmen dieses spärlichen Umfangs an vorhandenem Material weist das Auftreten der Metis in beiden Punkten einige auffallende Gemeinsamkeiten auf:

1. Sowohl im Fall Kronos als auch im Fall Zeus wird jeweils ein Hervorgehendes, Entspringendes beschrieben, zu dem Metis als notwendige Voraussetzungen den einschläfernden Trank bzw. ihre Schwangerschaft beiträgt. Es handelt sich um *emergente*[25] (hervorgehende, aber nicht vorhersagbare,

[24]Man beachte ebenso, daß Metis fortan als ein weibliches Element im Innern des Zeus betrachtet werden kann, etwa im Sinne der Jungschen Anima, soweit die Psychologie betroffen ist. Damit verbundene psychologische Verdrängungs- bzw. Projektionskonsequenzen werden in Abschnitt 7.2 angesprochen.

[25]Verschiedene Gegenwartsströmungen der Naturwissenschaften bringen das Phänomen der Emergenz mit komplexen, selbstbezüglichen Systemen in Zusammenhang, deren Verhalten oft als »Selbstorganisation« bezeichnet wird. Eine lesenswerte und gut verständliche Einführung in diese Thematik hat Erich Jantsch geschrieben: *Die Selbstorganisation des Universums*, Hanser, München, 1979. Abschnitt 9.1 des vorliegenden Buches wird sich mit den entsprechenden naturwissenschaftlichen Fragen näher beschäftigen.

sondern vielmehr überraschende) Geschehnisse, deren teleonomer Zweck das Entstandene ist.

2. Die erwähnten Voraussetzungen sind (in formalem Sinn) zwar notwendig, aber nicht hinreichend für das, was tatsächlich als Ereignis resultiert, nämlich das Ausspeien der verschlungenen Kinder bzw. die Geburt der Athene aus dem Kopf des Zeus. Dieser Sachverhalt unterstreicht den *nicht-determinierbaren*[26] Charakter der Ereignisse und verleiht ihnen eine gewissermaßen *autonome* Komponente der Unvorhersagbarkeit.

3. Metis wirkt »ganzheitlich«, und zwar in mehrfacher Hinsicht. Zum Beispiel ist ihr eine Separierung der aristotelischen *causae*[27] wie die in *causa efficiens* und *causa finalis* ähnlich fremd wie die Äquivalenz aller vier *causae* heute wiedererkannt wird.[28] Ganzheitlich ist auch die Aufhebung der Innen/Außen-Dichotomie im Fall Zeus zu sehen. Etwas allgemeiner kann von Ganzheitlichkeit gesprochen werden, wenn sich der damit bezeichnete Sachverhalt in prinzipieller Weise der Reduktion auf einzelne Bestandteile entzieht.

4. Beide Episoden zeichnen sich durch eine Distanz zu den Ereignissen aus, die sich darin äußert, daß Metis nicht *direkt* am jeweiligen Prozeß des Entspringens beteiligt ist. (Die direkt Beteiligten sind Kronos und seine Kinder bzw. Zeus und Pallas Athene). Dessenungeachtet ist sie höchstpersönlich in diese Ereignisse involviert, sei es als diejenige, die Kronos

[26]»Nicht-determinierbar« ist nicht identisch mit »nicht-deterministisch«. Die Begriffsbildung »deterministisches Chaos« für Prozesse mit eingeschränkter Vorhersagbarkeit macht dies zum Beispiel deutlich. In diesem Zusammenhang sei auf die Kapitel 5 und 8 verwiesen.

[27]Gemeint sind Form, Stoff, Grund und Ziel. Aristoteles, *Hauptwerke*, Hrsg. Wilhelm Nestle, Kröner, Stuttgart, 1977, S. 59, 118ff; siehe hierzu auch die Ausführungen von Carl Friedrich von Weizsäcker, *Aufbau der Physik*, Hanser, München, 1985, Kapitel 14, S. 628ff.

[28]Siehe hierzu beispielsweise Franz R. Krueger, *Physik und Evolution*, Parey, Berlin 1984. In Kapitel 4.3 dieses Buches werden die aristotelischen *causae* und ihr paarweises Zusammenfallen ausführlich beschrieben.

den einschläfernden Trank reicht, sei es als selbst Verschlungene im Innern des Zeus.

In allen diesen Punkten finden sich Aspekte, die auf schöpferische Tätigkeit hinweisen. Gewiß ist hier noch nicht der geeignete Ort, um dem angesichts der bisherigen Darstellung im Einzelnen nachgehen zu können. Dies wird erst im weiteren Verlauf der Ausführungen möglich werden. Doch die *Emergenz*, die *Nicht-Determinierbarkeit*, die *Ganzheitlichkeit* und die *distanzierte Involviertheit* sind Erfahrungen, die jeder nachempfinden können wird, der sich von Zeit zu Zeit kreativer Tätigkeit aussetzt.

Eine besonders herausragende Rolle spielt bei der Beschäftigung mit den aufgeführten Stichworten das Thema »Zeit« . Obwohl darauf im weiteren Verlauf noch sehr viel detaillierter eingegangen werden wird, sei bereits an dieser Stelle darauf hingewiesen, daß zum Beispiel eine Ursache im Sinne der *causa efficiens* immer in der Vergangenheit eines Ereignisses zu suchen ist. Demgegenüber wird der Zweck eines Ereignisses, der immer auch als seine *Bedeutung* verstanden werden kann, im Sinne seiner *causa finalis* in dessen Zukunft liegen. Ganzheitlichkeit bezüglich beider *causae* erfordert demnach eine simultane Berücksichtigung von Vergangenheit und Zukunft im Jetzt: der ganzheitliche Moment, in dem der kreative »Sprung« stattfindet, signalisiert eine Gegenwartsauffassung, die von diversen zeitgenössischen Forschungsrichtungen zunehmende Aufmerksamkeit erhält.[29]

Vor diesem Hintergrund werden Kronos und Zeus zu ausführenden Organen einer schöpferisch tätigen Metis. Der Schöpfungsakt selbst ist ein ephemerer Sprung, eine Diskontinuität im Ablauf des Geschehens. Das Resultat der Schöpfung ist im ersten Fall die Errichtung der Herrschaft der Götter um Zeus aus der Titanenherrschaft des Kronos. Im zweiten Fall liegt (in Überein-

[29] Eine ganze Reihe sehr relevanter Aufsätze zu dieser Thematik ist in dem von Christian Thomas herausgegebenen Band *Auf der Suche nach dem ganzheitlichen Augenblick* (Verlag der Fachvereine, Zürich, 1992) zusammengestellt. Es handelt sich dabei um eine Sammlung aktueller Forschungsberichte quer durch verschiedenste Wissenschaftsbereiche, denen zahlreiche weitere Referenzen entnommen werden können.

stimmung mit dem weitaus höheren Grad an persönlicher Betroffenheit der Metis) womöglich ein noch wesentlicherer Schritt vor: Athene übernimmt die Förderung der Weisheit als menschlicher Eigenschaft, sowohl was ihre individuelle Verkörperung betrifft (bekanntlich war Odysseus *polymetis* – der durch Vernunft Erfindungsreiche[30] – ihr besonderer Schützling) als auch im Hinblick auf ihre kollektive Funktion als Schutzgöttin kultureller Metropolen (allen voran Athens – man denke nur an Sokrates, Euklid, Platon und Aristoteles). In diesem Sinne kann die Geburt der Pallas Athene als Symbol für den Transfer göttlichen Wissens in menschliche Weisheit gewertet werden.

Der Bekanntheitsgrad der Metis selbst nahm indessen, wie schon angedeutet, bereits in der Zeit der Vorsokratiker langsam, aber stetig ab. Noch in der orphischen Theogonie wurde Metis immerhin explizit als konkrete Verkörperung des Geistes aufgefaßt. So berichtet der Neuplatoniker Damaskios in den doxographischen Quellen[31]:

> Als die dritte (Generation, nach Äther und Chaos sowie dem befruchteten orphischen Ei) setzen sie (die Orphiker) Metis als den Geist, den Erikepaios als die Kraft, den Phanes selbst aber als Vater ...

Auch die Theogonie des orphischen Philosophen Akusilaos von Argos enthielt (wieder nach Damaskios[32]) die Metis, wenn auch in etwas verändertem Zusammenhang:

> Akusilaos scheint mir als ersten Urgrund das Chaos anzunehmen, in der Meinung, daß er in jeder Hinsicht unerkennbar sei; nach diesem aber die zwei: Erebos als das männliche, die Nacht als das weibliche Prinzip. Aus der Vereinigung dieser beiden sei der Äther entstanden und Eros und Metis.

Später, nämlich bereits bei Anaxagoras von Klazomenai, wird Metis in ihrer Funktion als konkretes Geist-Prinzip vom abstrak-

[30] Jean Gebser, *Ursprung und Gegenwart*, dtv, München, 1988, S. 122.

[31] Damaskios, Von den Prinzipien, in *Die Vorsokratiker*, Hrsg. Wilhelm Capelle, Kröner, Stuttgart, 1968, S. 37. Erläuterungen in Klammern vom Verfasser.

[32] Damaskios, Von den Prinzipien, in *Die Vorsokratiker*, Hrsg. Wilhelm Capelle, Kröner, Stuttgart, 1968, S. 54.

ten *Nous* abgelöst.[33] Der Nous wird bei Anaxagoras als bewegendes *und* erkennendes Geistprinzip, zuweilen sogar schon im Sinne der Fähigkeit des abstrakten Denkens, also des Intellektes, gebraucht. Noch bemerkenswerter ist die Tatsache, daß bei Anaxagoras zum ersten Male (lange vor Descartes) eine grundsätzliche Unterscheidung von Geist und Materie getroffen wird – ein klarer Abschied vom ganzheitlich-konkreten Gehalt des metischen Geistes in Richtung auf dessen analytische Differenzierung.

Unter den wenigen Autoren, die sich in (verglichen mit der Antike) neuerer Zeit mit dem Mythos der Metis näher auseinandergesetzt haben, ist kein geringerer als der britische Philosoph Francis Bacon. Seine Interpretation ist zwar im gegenwärtigen Zusammenhang nicht übermäßig ertragreich, sie ist aber angesichts der bedeutenden Rolle Bacons in der Entwicklung der Wissenschaftstheorie, die später eingehender behandelt werden wird[34], erwähnenswert. In seinem wenig bekannten Werk *De Sapientia Veterum*, in dem er um die dreißig antike mythische Erzählungen untersucht, geht es Bacon hauptsächlich um moralisch-soziale Lehren, die aus den Mythen gezogen werden können. Im speziellen Fall der Metis deutet er deren Verhältnis zu Zeus als das eines Ratgebers (»kluger Rat«) zu seinem Herrscher im Moment der Entscheidung[35]:

> ... wenn die Zeit reif ist für eine Entscheidung (was der Geburt gleichkommt), begrenzen und beschränken sie die Freiheit ihrer Ratgeber, damit es nicht den Anschein hat, als seien ihre Entscheidungen vom Willen der Berater abhängig. Nunmehr ... ziehen Könige alles, was die Ratgeber für sie ausgearbeitet oder gleichsam in ihrem Schoß ausgeformt haben, an sich, so daß die Entscheidung oder Durchführung scheinbar von ihnen selbst ausgeht (und da diese mit Macht und Notwendigkeit ins Leben tritt, ist es sehr schön, sie in der Gestalt der Pallas darzustellen).

[33]Damaskios, Von den Prinzipien, in *Die Vorsokratiker*, Hrsg. Wilhelm Capelle, Kröner, Stuttgart, 1968, S. 250ff, 268ff.

[34]Siehe dazu vor allem Abschnitt 6.1.

[35]Francis Bacon, *Weisheit der Alten*, Hrsg. Philipp Rippel, Fischer, Frankfurt, 1990, S. 79.

Der Mythos von Metis und der Geburt der Athene ist schließlich von Jean Gebser[36] ausführlich analysiert worden, was seine Bedeutung für die »Phylogenese des Bewußtseins« betrifft. Ohne hier auf Details einzugehen, sei bemerkt, daß Gebser diesem Mythologem (wie er es nennt) den Inhalt eines Bewußtseins*sprunges* zuordnet, der von einer mythisch dominierten Bewußtseinsstruktur in eine mental dominierte Struktur führt. Die Dominanz der Seele (deren mythischer Ort das Herz ist) als Sitz des mythischen Bewußtseins wird abgelöst durch das Gehirn, den Kopf, der Sitz des messenden (*mens* – mental), gerichteten Denkens ist. Der Sprung der Athene aus dem Kopf des Zeus symbolisiert den Übergang vom seelisch-psychischen Fühlen und Erfahren, also von der Dominanz der Gefühlsfunktion, zum mental-rationalen Denken und Vorstellen: dem Intellekt.

Gebsers Konzept einer Evolution des Bewußtseins als Zentrum von Anschauungsvermögen und Erkenntnisfähigkeit trägt vermutlich sehr weit und verdient weit mehr Beachtung, als ihm bisher zugekommen ist. Insbesondere antizipiert dieses Konzept eine Entwicklung über die mentale Struktur hinaus, für die Gebser bereits in den 40er und 50er Jahren dieses Jahrhunderts eine erstaunliche Vielzahl bemerkenswerter Hinweise vorlegt. In der zweiten Hälfte des vorliegenden Buches wird Gebsers Ansatz mit Betrachtungsweisen in Zusammenhang gebracht werden, die aus Bereichen der Naturwissenschaften entstanden und durch interdisziplinäre Anstrengungen (Systemtheorie, Kognitionsforschung) weiterentwickelt worden sind. Es geht dabei um nicht weniger als ein durchgängiges Konzept von Evolution, von den einfachsten bis zu den komplexesten Organisationsformen der Materie und im umgekehrten Sinn von den disparatesten bis zu den universalsten Organisationsformen des Geistes. Dabei werden Begriffe wie Selbstorganisation, Komplexität, Information und Zeit zu besprechen sein. Die Frage der Bedeutung dieser Begriffe und letzten Endes der Bedeutung von Evolution überhaupt wird schließlich zum Ausgangspunkt zurückführen: zur Metis.

[36]Jean Gebser, *Ursprung und Gegenwart*, dtv, München, 1988, S.124ff, 243ff.

Bevor diese Themen im Detail angegangen werden, ist es nützlich, noch einige weitere Bemerkungen zur Metis anzufügen, die den rein mythologischen Kontext überschreiten – etwa so, wie es Yehuda Elkana in seinem Entwurf einer »Anthropologie der Erkenntnis«[37] unternommen hat. Schon im Titel dieses Buches wird deutlich, wie eng sein Zusammenhang mit den bisher angedeuteten Fragestellungen ist. Der Untertitel, »Die Entwicklung des Wissens als episches Theater einer listigen Vernunft«[38], deutet auf die Schwerpunkte des folgenden Abschnitts hin.

[37] Yehuda Elkana, *Anthropologie der Erkenntnis*, Suhrkamp, Frankfurt 1986.

[38] »Die List der Vernunft« heißt auch das Schlußkapitel in Toulmins *Kritik der kollektiven Vernunft*, Suhrkamp, Frankfurt, 1983. Auf den Seiten 579/580 wird der Urheber dieser Formulierung aufgedeckt: »Was Epikur Notwendigkeit nannte, das nannte Vico Vorsehung; was Kant den Plan der Natur nannte, das nannte Hegel die List der Vernunft.«

3. Metis und Episteme

Nach der vorangegangenen Betonung auf dem Mythos der Metis geht es nun in der Hauptsache um die Metapher Metis. Die Begriffe des Mythos und der Metapher, so wie sie hier verwendet werden, hängen eng mit denjenigen zusammen, die den Titel dieses Abschnittes bilden: Metis und Episteme. Man könnte zum Beispiel im Rückgriff auf die Geschichte des Geist-Begriffes in der Vorsokratik sagen, daß die personifizierte konkrete Form des Geistes metischer Natur ist, während der Nous dessen abstrakt-epistemisches Gegenstück darstellt. Metis schließt gewissermaßen den konkreten Erlebnisaspekt des Geschehens ein, während Episteme dessen abstrakte Vorstellung, also eine Rekonstruktion anspricht. Durch das Symbol bzw. die Metapher wird der metische Inhalt des Mythos abstrahiert.[39] Der Begriff der Metapher beleuchtet spezielle Elemente der mythischen Ebene aus der Sicht der Episteme, während der Mythos selbst auf der konkreten Erlebnissphäre angesiedelt ist. Aus dieser Sicht ist der »Mythos der Metis« eine höchst verwickelte, rückbezügliche begriffliche Konstruktion, die Konkretes und Abstraktes, Mythisches und Mentales in Beziehung zueinander setzt.

Während Metis den Aspekt des ungeteilten Ganzen betont, meint Episteme im wesentlichen den analytischen, zergliedernden Aspekt kategorisierenden Wissens. Metis steht damit aus der Sicht der Episteme dieser im Sinne eines dialektischen Gegensatzes gegenüber. Episteme dagegen ist aus metischer Sicht in dieser eingeschlossen, da aus dieser Sicht separierende Kategorien gerade *nicht* relevant sind. Das Verhältnis zwischen beiden Perspektiven ist also nicht symmetrisch: aus epistemischer Perspektive erscheint es zunächst sogar paradox. Die damit verbundene Problematik wird im Verlauf der weiteren Diskussion noch des

[39]Eine intensive Auseinandersetzung mit dem Begriff des Symbols, so wie sie den Rahmen der vorliegenden Arbeit bei weitem sprengen würde, stammt von Ernst Cassirer, *Philosophie der symbolischen Formen, 3 Bände*, Darmstadt, 1953-1954. Siehe insbesondere Band 2: *Das mythische Denken.*

öfteren auftauchen. Sie wird in den Kapiteln 5 und 6 einen akzeptablen formalen Rahmen finden, der im Anschluß daran im Hinblick auf seine praktische Relevanz diskutiert werden wird. (Als Beispiel sei bereits hier angedeutet, daß auch das Verhältnis der Konzepte »Selbst« und »Ego«, wie sie die Jungsche Psychologie verwendet, eng mit dem Verhältnis von Metis und Episteme zusammenhängt.)

Zunächst jedoch zurück zu einigen ausgewählten Beispielen zur Metis als Metapher, also aus der epistemischen Sicht des zeitgenössischen Wissenschaftlichkeitsbegriffes. Insbesondere in der astronomischen Nomenklatur der Bestandteile unseres Planetensystems sind ja bekanntermaßen die verschiedensten Figuren der griechischen Mythologie vertreten: so auch Metis – sie sogar in zwei verschiedenen Fällen.

Zum einen gibt es einen Asteroiden namens Metis, der als neuntes Objekt in der Entdeckungsgeschichte der Kleinplaneten bereits im Jahre 1848 (am 25. April) von A. Graham, einem Außenseiter unter den damaligen Asteroidensuchern, am Markree Observatory in England gefunden wurde.[40] In den ersten Auflagen von Littrows *Wunder des Himmels*[41] ist diese Entdeckung folgendermaßen kommentiert worden:

> Die zunächst aufgefundene Metis erhielt das Zeichen Auge und Stern,
>
> 
>
> später die Nummer 9, sowie den Namen, bekanntlich so zu sagen der Mutter Minervens, vom Entdecker Graham zu Ehren des klugen Rathes des Besitzers Cooper der Sternwarte zu Markree Castle, an welcher Herr Graham als Observator beschäftigt war; dieser Rath hatte den Entdecker nämlich nach wenigen Wochen auf den neuen Himmelskörper geführt.

[40]Die Entdeckung wurde am 15. Mai in den *Astronom. Nachr.* 27, 191B (1848) von H.C. Schumacher publiziert. Der Asteroid Metis hat einen Durchmesser von ca. 160 km, sein größter (kleinster) Sonnenabstand beträgt 2.39 AE (1.94 AE); Metis zählt damit zu den inneren (sonnennäheren) Asteroiden. Sie rotiert einmal in 5 Stunden um ihre eigene Achse, ihre Umlaufszeit um die Sonne ist ca. 6 Jahre. Ihre Helligkeit ist ungefähr neunter Größenklasse. Sie ist damit mit bloßem Auge nicht beobachtbar.

[41]J.J. von Littrow, *Die Wunder des Himmels*, Berlin, 6. Auflage 1878, S. 417.

Angesichts der notorischen Vergessenheit, in die die mythologische Metis geraten ist, scheint es geradezu frappierend, daß bei einer Durchmusterung von weit mehr als den 3000 hellsten Asteroiden mit dem Satelliten IRAS in den 80er Jahren allein die Nummer 9, Metis, unauffindbar blieb.[42]

Viel später, nämlich erst 1979, wurde der Name der Metis zum zweiten Mal vergeben – diesmal an einen der von dem amerikanischen Satelliten Voyager 1 neuentdeckten Jupitermonde[43] (siehe Abbildung 3.1). Zunächst mit der phantasielosen Bezeichnung 1979J3 versehen, wurde der sechzehnte und bislang innerste der bekannten Jupitermonde dann als Metis benannt. Auch hier ist der Bezug zur Mythologie (Metis im Inneren von Zeus) klar erkennbar.

Bekanntlich stammt die Idee, Himmelskörper mit mythologischen Figuren in Zusammenhang zu bringen, nicht erst aus der modernen Astronomie, sondern aus den viel früheren Epochen der babylonischen, indischen und arabischen Astrologie. In der Astrologie wurden die Gestalten der Mythen ins Sichtbare, an den Himmel, projiziert, wo sie der direkten Anschauung näher standen als in den mündlichen Überlieferungen. Trotzdem wurden sie dadurch nicht »wegabstrahiert«, sondern behielten ihren konkreten Erlebniswert: im Blick auf den Himmel wurden die Mythen auf lebendige Weise gegenwärtig.

Astrologie und Astronomie lassen sich, so betrachtet, in ein Verhältnis zueinander setzen, das demjenigen von Metis und Episteme, wie es oben diskutiert wurde, nicht unähnlich ist: Aus der Sicht der Astronomie ist die Astrologie deren unwissenschaftli-

---

[42]Dennis L. Matson, Glenn J. Veeder, Edward F. Tedesco, and Larry A. Lebofsky, The IRAS Asteroid and Comet Survey. In *Asteroids II*, Hrsg. R.P. Binzel, T. Gehrels, and M.S. Matthews, University of Arizona Press, Tucson, 1989, S. 269–281 (hier: S. 275).

[43]S.P. Synnott, 1979J3: Discovery of a previously unknown satellite of Jupiter, *Science* 212, 1392 (1981). Der Jupitermond Metis hat einen Durchmesser von etwa 40 km, einen Abstand von ca. 13.000 km von Jupiter, eine Umlaufszeit von etwa 7 Stunden, und seine Helligkeit ist mit 17.5 Größenklassen angegeben.

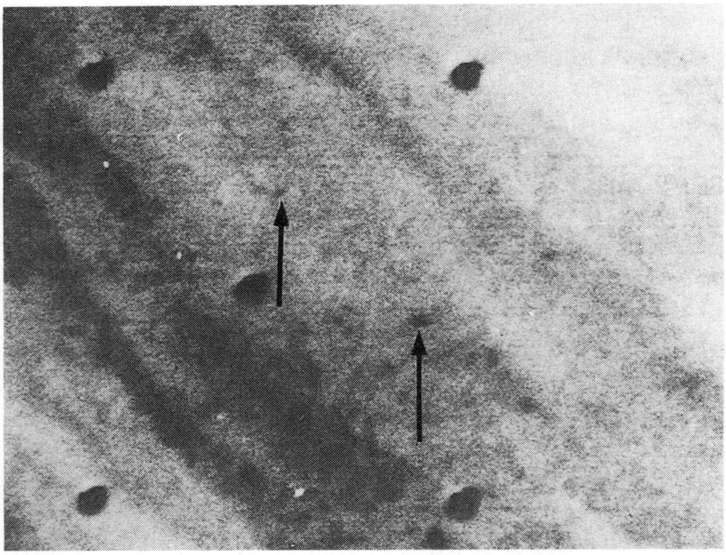

Abbildung 3.1: Voyager-Photographie des Jupitermondes Metis (1979J3), publiziert in Synnott 1981 (Fußnote 43). Der linke Pfeil markiert das Objekt selbst, der rechte dessen Schatten. (Bei den anderen dunklen Punkten handelt es sich um Eichmarken bzw. Kamerafehler.) Im Hintergrund sind Details der Jupiteratmosphäre zu sehen.

ches Gegenstück, bestenfalls als historischer Vorläufer einzustufen, während aus der Sicht der Astrologie die Astronomie als Teilbereich gewertet werden wird, der zum Gesamtverständnis notwendig, aber keineswegs hinreichend ist.[44] Die Notwendigkeit würde sich in dieser Betrachtungsweise daran zeigen, daß zur Berechnung diverser astrologischer Konfigurationen (Horoskope etc.) die astronomischen Daten der relevanten Himmelskörper erforderlich sind. Ohne geeignete Interpretations- und Anwendungsregeln sind

[44]Man kann im übrigen unter dem gleichen Blickwinkel das Verhältnis von Alchemie und Chemie sehen. Ich habe eine ausführliche Studie hierzu unter dem Titel »Wolfgang Pauli und die Alchemie« in drei aufeinanderfolgenden Teilen in der *Zeitschr. Grenzgeb. Psych.* 34, 35 (1992, 1993) veröffentlicht. Zwischen Metaphysik und Physik könnten ähnliche Bezüge konstruierbar sein.

sie jedoch unter astrologischem Blickwinkel wertlos (was natürlich keineswegs heißt, daß Interpretation und Anwendung der Astronomie auf die Astrologie beschränkt seien). Die astrologische Bedeutung einer astronomischen Konjunktion des Asteroiden Metis mit dem Planeten Jupiter (Zeus) wäre beispielsweise genau im Mythos der Geburt der Athene zu finden, wie auch immer man diesen seinerseits interpretieren mag. (Zum letzten Mal fand eine solche Konjunktion übrigens in den Monaten Januar und Februar 1991 statt.[45] Sie wiederholt sich ungefähr alle 12 Jahre, der Umlaufsperiode Jupiters.) Die astrologische Bedeutung der Metis als innerstem Jupitermond ist ganz offensichtlich sehr ähnlich gelagert.

Soviel zur metaphorischen Verwendung der Metis in der Astronomie als epistemischer Wissenschaft und in ihrem metische Elemente enthaltenden Gegenstück, der Astrologie. Unter ganz anderem, überraschendem Vorzeichen taucht Metis neuerdings als Metapher für eine Reihe von Charakteristika wissenschafts-»methodischer« Vorgehensweise auf[46]:

> Metis schließt einen komplexen, aber sehr kohärenten Fundus an Geisteshaltungen und intellektuellem Verhalten ein, der Spürsinn, Weisheit, Vorausschau, Scharfsinnigkeit, Täuschungsvermögen, Einfallsgabe, Wachsamkeit, Opportunismus, verschiedene Fertigkeiten und über die Jahre erworbene Erfahrung verbindet. Sie wird auf Situationen angewandt, die vorübergehend, veränderlich, beunruhigend und mehrdeutig sind, Situationen, die sich nicht mit genauen Messungen, exakten Berechnungen oder strenger Logik angehen lassen.

Das also gilt heute als kluger Rat, möchte man – etwas ironisch – einwenden. Obwohl hier Mißverständnisse naheliegen könnten, was etwaige polemische Nebenbedeutungen dieses Zitats betrifft, ist unbestritten, daß bereits in den Heldenepen Homers, vor allem aber in den Lehren der Sophisten, entsprechende Eigenschaften bei der Bewältigung entsprechender Situationen eine zentrale

[45]Genauere Daten sind in der Zeitschrift *Sky & Telescope* 81, 183 (Feb. 1991) veröffentlicht.

[46]Marcel Detienne and Jean-Pierre Vernant, *Cunning Intelligence in Greek Culture and Society*, Harvester Press, Sussex 1978, Seite 3. Zitat nach Yehuda Elkana, *Anthropologie der Erkenntnis*, S. 97.

Rolle spielten.[47] Wer ehrlich sich selbst gegenüber ist, wird eingestehen, daß eine derartige »Vernunft« im Alltag, auch und gerade dann, wenn dieser Alltag sogenannter wissenschaftlicher Natur ist, von wesentlicher Bedeutung ist.[48]

Diese Aussage mag vor allem bei denen auf starke Vorbehalte stoßen, die darin speziell angesprochen sind: nämlich die große Anzahl derjenigen Wissenschaftler, die der Meinung anhängen, es

---

[47] Details hierzu sind bei Yehuda Elkana, *Die Entstehung des Denkens zweiter Ordnung im klassischen Griechenland*, in: *Anthropologie der Erkenntnis*, Suhrkamp, Frankfurt 1986, zu finden. Neben der griechischen Sophistik mit ihren bekanntesten Vertretern Protagoras und Gorgias, die im 6. und 5. Jhd. v. Chr. den Weg für Sokrates, Platon und Aristoteles bereitete, ist auch in der chinesischen Philosophie eine sophistische Richtung, etwa aus der gleichen Zeit(!), bekannt. Ihr Inhalt wird heute als eines der sieben Hauptthemen des Konfuzianismus angesehen (Chan Wing-Tsit, The Story of Chinese Philosophy, in: C.A. Moore (Hrsg.), *Philosophy – East and West*, Princeton, 1946). Die chinesische Sophistik wurde von Konfuzius ebenso energisch bekämpft wie ihr griechisches Pendant von Platon. In beiden Fällen mag der Hauptgrund hierfür gewesen sein, daß die Sophisten immer Freigeister waren, denen jegliche willkürliche Begrenzung als diskussionsfähig (bis zur »sophistischen Haarspalterei«) galten. Die damit verbundene Lockerung der Bindungen an Regierung, Religion, Moralvorstellungen, etc. mußte denjenigen, denen es um geistige und gesellschaftliche Ordnungsprinzipien ging, als durchaus schädliche Tendenz erscheinen. Dessen ungeachtet gehört es zu den großen Leistungen der Sophisten, daß sie den einzelnen Menschen in das Zentrum der Philosophie stellten, und daß im Zusammenhang damit das Denken zu seinem eigenen Gegenstand wurde. Diese beiden Punkte sind gerade heute in Anthropologie und Kognitionswissenschaften besonders aktuell.
Die Sophistik trägt deutlich metische Züge, ja sie kann womöglich als historische Entsprechung der mythologischen Geburt der Athene interpretiert werden. So wäre ihre vergleichsweise Vernachlässigung bzw. Verketzerung in der retrospektiven Beschäftigung ebenso verständlich wie die Tatsache, daß sie eine Übergangserscheinung in der Geschichte der griechischen (wie auch der chinesischen) Philosophie darstellt.

[48] Bei vielen wissenschaftlichen Diskussionen und Vorträgen wird man bei kritischer und unvoreingenommener Betrachtung feststellen, daß – abgesehen von erschreckenden Mängeln, was Grundregeln der Syntax betrifft – ein beachtlicher Teil der zu übermittelnden »Information« nichtverbal transferiert wird. Wesentliche Bestandteile dieser nicht-verbalen Kommunikation sind affektiven Ursprungs, z.B. Dominanzgestik, Einschüchterungsgehabe, bis hin zu mehr oder weniger subtilen Versuchen, die Gegner eigener Überzeugungen (um solche geht es natürlich auch in den Naturwissenschaften) in den Bereich der Lächerlichkeit zu ziehen.

gäbe keine Probleme, die nicht mit Hilfe »exakter Verfahren«, »rationaler Inferenz« etc. »in den Griff zu bekommen« wären. Es scheint indessen so zu sein, daß diese Mehrheit schrumpft. Seit mehreren Jahrzehnten beschäftigt man sich (ausgehend von typischen Grenzbereichen zwischen Natur- und Geisteswissenschaften, nämlich den Gebieten der biologischen Evolutionstheorie und den Kognitionswissenschaften) mit der Frage, wie das Wissen über die Natur selbst wächst. Es hat sich dabei gezeigt, daß die Evolution des Wissens und das Wissen über die Evolution durchaus nicht voneinander unabhängig sind.[49] Ganz im Gegenteil: viel spricht heute dafür, daß beide untrennbar miteinander verbunden sind, und daß jegliche einseitige Sicht notwendig unvollständig sein wird.

Methoden, die ausschließlich auf rationaler Inferenz beruhen, sind genau in diesem Sinn unvollständig. Dies liegt daran, daß sie von einem fest umrissenen (abgeschlossenen) konzeptuellen Gedankengefüge ausgehen, von wo aus versucht wird, mit streng logischen (darauf wird noch zurückzukommen sein) Folgerungen Erklärungen und/oder Vorhersagen für Ereignisse zu produzieren. Operational wird dabei von ersten Prinzipien (Axiomen, deren Ursprung zunächst nicht hinterfragt wird) ausgegangen, deren Konsequenzen deduktiv ausgelotet werden können. Diese Verfah-

[49] Wesentliche Beiträge zu dieser Problematik wurden inzwischen unter den Schlagworten *Evolutionäre Erkenntnistheorie* (Lorenz, Riedl etc.) und *Konstruktivismus* (Watzlawick etc.) subsumiert. (Konrad Lorenz war übrigens während seiner Zeit an der Königsberger Universität der letzte Inhaber des Lehrstuhles von Kant.) Die Evolutionstheoretiker schlugen dabei einen Weg ein, der den absoluten Objektivitätsanspruch der sogenannten »harten« Wissenschaften relativierte, während die Konstruktivisten (gemeint ist nicht der »radikale« Konstruktivismus) eine rein subjektive Sicht relativierten.
Ein neuerer Ansatz zum Thema Evolution und Bewußtsein, der auf Elementen der *philosophia perennis* (insbesondere ihren östlichen Ausprägungen) aufbaut und eng an Gebser anschließt, wird von Wilber verfolgt, siehe z.B. Ken Wilber, *The Atman Project*, Wheaton, Illinois, 1980. Auch in Sloterdijks Aufklärungskritik (*Kritik der zynischen Vernunft*, Suhrkamp, Frankfurt, 1983, Kapitel 4 des ersten Teils, vor allem S. 134ff) finden sich diesbezügliche Andeutungen im Zusammenhang mit dem Begriff der »rationalen Mystik«, einer reflexiven Innerlichkeit, auf die später zurückzukommen sein wird.

rensweise wird im allgemeinen als *rationale Rekonstruktion* bezeichnet[50], da durch die Verwendung streng logischer Deduktion nur Konsequenzen erschließbar sind, die implizit bereits in den Axiomen enthalten sind. Rationale Rekonstruktion schließt eine Konstruktion von Konsequenzen über das vorgegebene abgeschlossene konzeptuelle Gedankengebäude hinaus aus. Sie ist somit ihrem Wesen nach epistemisch, nachvollziehend.

Das Vorgehen sowie die Einstellung gerade großer Wissenschaftler enthält demgegenüber deutlich metische Aspekte. Als bekannte Paradebeispiele sind in diesem Zusammenhang Einsteins Äußerungen zu nennen, man müsse der Natur »ihre Geheimnisse ablauschen«, oder: »Raffiniert ist der Herrgott, doch boshaft ist er nicht«.[51] Raffinesse ist in der Tat eng verwandt mit ei-

[50] Diese Bezeichnung ist aus der Epistemologie Popperscher Prägung entlehnt. Im Gegensatz zu Carnaps statischem Begriff einer rationalen Rekonstruktion, die sich um historische Entwicklung nicht kümmert, enthält die Sicht von Popper (und Lakatos) den Aspekt einer Theoriendynamik in Form einer vergleichenden Betrachtung der Endprodukte verschiedener (wissenschaftlicher) Epochen. Dieser Ansatz übergeht jedoch noch immer den Entstehungskontext einer Theorie, der im Problem der Induktion zutage tritt. – Die unterschiedlichen Konzeptionen von Carnap, Popper, Lakatos und anderen sind zusammengestellt in P.A. Schilpp (Hrsg.), *The Philosophy of Karl Popper*, Open Court, LaSalle, Illinois, 1974; insbesondere die Kapitel 2.5 (Lakatos), 2.6 (Medawar), 2.8 (Levison), 2.9 (Bar-Hillel) und 3.III (Poppers Entgegenungen).

[51] Auch bei Francis Bacon, in seinen Ansichten oft ähnlich vulgarisiert und folglich mißdeutet wie Darwin, lassen sich außergewöhnlich metische Züge feststellen. Wie Elkana nachgewiesen hat, hatte Bacon den Positivismus, der ihm von Comte in Frankreich und von Spencer in England nachträglich angehängt wurde, längst überwunden (Yehuda Elkana, Wandlungen in der realistischen Wissenschaftsphilosophie vom viktorianischen Baconismus bis heute, in: *Anthropologie der Erkenntnis*, Suhrkamp, Frankfurt, 1986). Er war Realist im Sinne einer empirisch erfahrbaren Realität, die jedoch durch ihre Kontextabhängigkeit immer auch relativ ist.
Ähnlich liegt der Fall bei Darwin, dessen aus heutiger Sicht sehr fortschrittliches Pangenesis-Konzept von seinen Kommentatoren unbeachtet blieb, so daß als Darwinismus schließlich so etwas wie der kleinste gemeinsame Nenner seiner Interpreten (im wesentlichen Wallace und – erneut – Spencer) überlebte: Selektion à la »survival of the fittest«, was zu allem Überfluß nicht einmal als Textstelle bei Darwin vorkommt, sondern Spencerschem Simplizismus entsprungen ist.

ner Metis, wie sie Detienne und Vernant[52] beschrieben haben. Was Einstein meint, wenn er vom Ablauschen der Geheimnisse der Natur spricht, geht vielleicht am besten aus seinem Brief an Maurice Solovine, einen Freund aus Berner Zeiten, vom 7. 5. 1952 hervor[53] (Hervorhebungen wie im Original, siehe Abbildung 3.2):

> 1. Die Ereignisse $\mathcal{E}$ sind uns gegeben.
> 2. $\mathcal{A}$ sind die Axiome, aus denen wir Folgerungen ziehen. Psychologisch beruhen die $\mathcal{A}$ auf $\mathcal{E}$. Es gibt aber keinen logischen Weg von den $\mathcal{E}$ zu den $\mathcal{A}$, sondern nur einen intuitiven (psychologischen) Zusammenhang, der immer »auf Widerruf« ist.
> 3. Aus $\mathcal{A}$ werden auf logischem Wege Einzel – Aussagen $\mathcal{S}$ abgeleitet, welche Ableitungen den Anspruch auf Richtigkeit erheben können.
> 4. Die $\mathcal{S}$ werden mit den $\mathcal{E}$ in Beziehung gebracht (Prüfung an der Erfahrung). Diese Prozedur gehört genau betrachtet ebenfalls der extra-logischen (intuitiven) Sphäre an, weil die Beziehungen der in den $\mathcal{S}$ auftretenden Begriffe zu den Erlebnissen $\mathcal{E}$ nicht logischer Natur sind.

Einsteins Beschreibung stellt einen in Wirklichkeit rückgekoppelten, zirkularen Prozeß seriell dar. Es ist wichtig, sich dies vor Augen zu halten, denn die serielle Darstellung trägt unserer mentalen (gerichteten) Bewußtseinsstruktur Rechnung, und erleichtert uns so den verständnismäßigen Zugang. Sie birgt jedoch auch die Gefahr des Mißverständnisses, übersieht man ihre »vereinfachende« Intention.

Der erste Punkt in der obigen Liste koinzidiert mit dem Kantschen Primat der Anschauungen: Alle Erkenntnis fängt mit der Erfahrung an. Einstein bezeichnet $\mathcal{E}$ als »Mannigfaltigkeit der unmittelbaren (Sinnes-) Erlebnisse«, also als Objekte unseres Anschauungsvermögens. Hierbei ist es wichtig zu bemerken, daß mit Objekten nicht notwendig externe Objekte im Sinne objektivier-

---

[52] Siehe Fußnote 46.

[53] Albert Einstein, *Lettres à Maurice Solovine*, Gauthier-Villars, Paris, 1956, S. 120. Dieser Brief und sein Inhalt sind weit ausführlicher als hier diskutiert in Gerald Holton, *The Advancement of Science, and Its Burdens*, Chap.I.2, Cambridge University Press, Cambridge, 1986. Einstein hat sich zur Problematik des Erkenntnisgewinns wiederholt geäußert, zum Beispiel in seiner Autobiographie in *Albert Einstein, Philosopher – Scientist*, Hrsg. P.A. Schilpp, Open Court, LaSalle, Illinois, 1970; siehe auch seine Aufsatzsammlung *Mein Weltbild*, Hrsg. C. Seelig, Ullstein, Berlin, 1977.

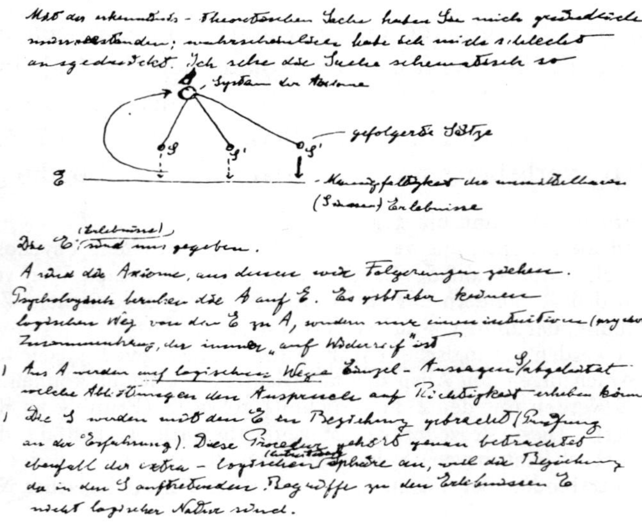
Mit der erkenntnis-theoretischen Sache haben Sie mich gründlich missverstanden; wahrscheinlich habe ich mich schlecht ausgedrückt. Ich sehe die Sache schematisch so

(1) Die E (Erlebnisse) sind uns gegeben.
(2) A sind die Axiome, aus denen wir Folgerungen ziehen. Psychologisch beruhen die A auf E. Es gibt aber keinen logischen Weg von den E zu A, sondern nur einen intuitiven (psychologischen) Zusammenhang, der immer „auf Widerruf" ist.
(3) Aus A werden auf logischem Wege Einzel-Aussagen S abgeleitet, welche Ableitungen den Anspruch auf Richtigkeit erheben können.
(4) Die S werden mit den E in Beziehung gebracht (Prüfung an der Erfahrung). Diese Prozedur gehört genau betrachtet ebenfalls der extra-logischen (intuitiven) Sphäre an, weil die Beziehung der in den S auftretenden Begriffe zu den Erlebnissen E nicht logischer Natur sind.

Abbildung 3.2: Auszug aus Einsteins Brief an Maurice Solovine vom 7. 5. 1952. (Quellennachweis: siehe Fußnote 53.)

barer Eigenschaften gemeint sind. Auch Erlebnisse subjektiver Natur lassen sich als Objekte des Anschauungsvermögens fassen.

Der Weg von $\mathcal{E}$ zu den Axiomen eines konzeptuellen Gedankengebäudes (Punkt 2), zum Beispiel einer Theorie oder eines Modells, ist im Rahmen rein logischen Denkens nicht möglich. Im Lichte der vorangegangenen Bemerkungen ist daher dieser Weg mit Hilfe deduktiver Folgerungen, also durch rationale (epistemische) Rekonstruktion, nicht gangbar. Er ist im Gegenteil induktiv und konstruktiv, und er erfordert solche Qualitäten wie Intuition, Inspiration, Kreativität. Wir begegnen in diesem Bereich Wendungen wie »einen Riecher haben«, »erraten«, »ein Licht aufgehen«, »der Groschen ist gefallen«, lauter Formulierungen, die von einer Beteiligung strenger Logik eher wegweisen.

Dieser Modus des Erkenntnisgewinnens darf jedoch dennoch nicht einfach von der im dritten Punkt angesprochenen logischen

Deduktion separiert werden. In gewissem Maße erfordert das Erraten den unterschwelligen Einbezug der rationalen Komponente. Ohne deren gliedernde, kanalisierende Wirkung würde die induktive Seite allein nicht aus der ungegliederten Vielfalt der Sinnes-Erlebnisse hinausführen können: der Groschen würde in diesem Fall nicht fallen. Kreativität enthält somit beides, die richtende Kraft der Episteme wie auch die ungeordnete, Chaos stiftende Erfahrung. Erst die Integration beider führt zu schöpferischer Kraft.[54] Eine solche Integration verdeutlicht auch, wie die Serialität einer punktuellen Aufzählung aufgehoben wird. Das Konzept einer zeitlichen Abfolge Induktion – Deduktion usw. wird dem eigentlichen schöpferischen Vorgang nicht gerecht.

Von Charles Sanders Pierce[55], einem der Stammväter der modernen Semiotik, stammt das in diesem Zusammenhang wichtige Konzept der *Abduktion*, in dem die klare Gliederung in Induktion und Deduktion aufgelöst wird. Abduktion stellt gewissermaßen einen Modus dar, in dem Induktion und Deduktion integriert arbeiten. Pierce geht soweit anzunehmen, daß »revolutionärer« wissenschaftlicher Fortschritt typischerweise durch abduk-

[54]Eine ganze Reihe von hochinteressanten Beispielen (Einstein einschließend) zu Intuition und Kreativität im Leben herausragender Wissenschaftler hat der Mathematiker Hadamard in einem inzwischen klassischen Büchlein zusammengestellt (J. Hadamard, *The Psychology of Invention in the Mathematical Field*, Dover, New York, 1954). Kürzlich hat sich der Physiker und Mathematiker Roger Penrose dazu geäußert, ob der Begriff der Erfindung (*invention*) überhaupt adäquat ist, oder ob nicht vielmehr von einer Entdeckung (*discovery*) permanent vorhandener »platonischer« Wahrheiten gesprochen werden sollte (Roger Penrose, *The Emperor's New Mind*, Vintage, London, 1990, S. 126). Auch in dieser Antinomie steckt der oben angesprochene Gegensatz von konstruktivistisch-induktivem und rekonstruktiv-deduktivem Schwerpunkt. Eine kompakte Aufarbeitung dieser Antinomie mit zahlreichen Referenzen befindet sich in James F. Woodward, Logic of Discovery or Psychology of Invention?, *Found. Phys.* 22, 187–203 (1992). Weitere bemerkenswerte Zeugnisse zu diesem Thema: Henri Poincaré, *Science and Hypothesis*, Dover, New York, 1952; P. Février (Hrsg.), *Emile Borel, Philosophe et Homme d'Action*, in: *Les Grandes Problèmes des Sciences (Vol.XIX)*, Gauthier-Villars, Paris, 1967).

[55]Charles S. Pierce, *Collected Papers*, Harvard University Press, Cambridge Ma., 1931-1958.

tive Arbeitsweise erzielt wird. Umberto Eco meint dazu[56], vielleicht sogar ein wenig zu kategorisch:

> Es gibt keinen Unterschied ... zwischen der kühl-spekulativen Intelligenz und der Intuition des Künstlers. Es gibt etwas Künstlerisches in der wissenschaftlichen Entdeckung und etwas Wissenschaftliches in dem, was die Naiven »geniale Intuition des Künstlers« nennen. Das beiden Gemeinsame ist die glücklich gelungene Abduktion.

Gregory Bateson sieht in der Abduktion eine Art logischer Rückbezüglichkeit, wie sie zum Beispiel für selbstorganisierende Systeme charakteristisch ist. Pauschal gesagt handelt es sich dabei um alle Arten von wechselseitigen Abhängigkeiten, die interne Kohärenz bzw. Konsistenz erzeugen. Ein klassisches Beispiel ist das von Henne und Ei, in dem sich die Frage nach der *causa efficiens* deswegen als ungenügend herausstellen muß, weil sie die Abhängigkeit einseitig auffaßt. Erst die komplementäre Berücksichtigung der *causa finalis* macht die Fragestellung komplett, indem sie der Ursache der Henne den Zweck des Eis gegenüberstellt. Dem zeitgenössischen Wissenschaftlichkeitsbegriff ist solche Verschränktheit noch weitgehend fremd, wenn sie ihm nicht gänzlich unakzeptabel erscheint. Spätestens im folgenden Zitat wird jedoch deutlich, wie eng eine metische Wissenschaftsmethodik à la Detienne und Vernant[57] mit abduktiver Arbeitsweise korrespondiert[58]:

> Metapher, Traum, Gleichnis, Allegorie, die gesamte Kunst, Wissenschaft, Religion, Dichtung, der Totemismus, die Organisation der Tatsachen in der vergleichenden Anatomie – all dies sind Fälle oder Ansammlungen von Fällen der Abduktion innerhalb der Sphäre des menschlichen Geistes.

---

[56] Umberto Eco, Nachwort zur deutschen Ausgabe von J.L. Borges und A. Bioy-Casares, *Gemeinsame Werke Band 1: Sechs Aufgaben für Don Isidro Parodi und andere Erzählungen.* Hanser, München, 1983 (nachgedruckt in Umberto Eco, *Über Spiegel*, Hanser, München, 1988, S. 200–213). Hier findet sich eine Reihe interessanter literarischer Beispiele zum Thema Abduktion.

[57] Siehe Fußnote 46.

[58] Gregory Bateson, *Geist und Natur*, Suhrkamp, Frankfurt, 1982, Kapitel V.3.

Erst, wenn – auf abduktivem Wege – eine Idee entstanden ist, wenn sich also aus den $\mathcal{E}$ eine konzeptuelle Grundlage in Form von $\mathcal{A}$ entwickelt hat, kann die deduktive Komponente greifen, um Sätze zu folgern. Ihr Inhalt ist schließlich (gemäß Punkt 4 des obigen Zitats nach Einstein) an der Erfahrung zu prüfen, was wiederum nicht-logische Aspekte einschließt.

Die Bereiche der epistemischen Deduktion und der erlebenden Erfahrung stehen sich als Ausprägungen des mental-rationalen und mythisch-irrationalen Bewußtseins gegenüber. Wie schon mehrfach angedeutet zeigt sich auch hier wieder, daß weder das eine noch das andere für sich genommen vollständig ist. Vielmehr scheint es so zu sein, daß in der Integration beider der Schlüssel liegt, der uns (der) Kreativität zugänglich macht. Näher besehen bedeutet dies eine Integration von Intellekt und Affekt, von Denken und Gefühl: eine Aufgabe, die man auf den ersten Blick als nahezu unlösbar ansehen mag. Zu zeigen, daß dem nicht so sein muß, wird ein Hauptziel der weiteren Ausführungen sein.

Zunächst impliziert die angedeutete Integration, daß beide Bewußtseinsbereiche offenbar hinter ein »Integrierendes« zurücktreten müssen, oder anders ausgedrückt, daß es einen Standpunkt geben sollte, von dem aus die Dichotomie beider Sphären aufgelöst ist. Die rationale und die irrationale Welt eines Individuums werden gewissermaßen durchscheinend (diaphan) vor einem Hintergrund, der zugleich intellektuelle Distanz und affektive Präsenz ist. Das Entstehende, also das Geschöpfte, geht in einem solchen Zustand nicht aus einer Einzelursache hervor: es emergiert. Hier sind die gleichen Merkmale wiederzuerkennen, die im Zusammenhang mit den mythologischen Überlieferungen der Metis beschrieben worden sind. Metis »wirkt« auf einer Ebene, die zusätzlich zu den psychischen Funktionen des Intellektes und der *Außen*wahrnehmung auch die Intuition (*Innen*wahrnehmung) und das Gefühl enthält. Ihr ganzheitlicher Einfluß metaphorisiert das Schöpferische. Metische Vernunft charakterisiert unter diesem Gesichtspunkt die Abwendung von (irrationaler) Erfahrung und (rationaler) Konzeptualisierung als Manifestationen *separater* Bewußtseinsstrukturen und die Hinwendung zu ihrer *Integra-*

tion. Metis und Episteme sind aus dieser Sicht nicht Gegensätze, sondern Metis vereinigt rationale Episteme mit ihrer irrationalen Gegenseite zu einem arationalen Ganzen. Zu Gegensätzen werden beide erst aus epistemischer Sicht.

Integration im Sinne metischer Vernunft geht über die populären Vorstellungen von dialektischer Synthese hinaus, indem sie aus dem Rahmen der Konzeptualisierung befreit. Im Rahmen des dialektischen Denkschemas steht ja jede Synthese auf der nächsthöheren Betrachtungsebene wieder als These oder Antithese zur Verfügung, so daß keine Möglichkeit vorgesehen ist, den gegebenen konzeptuellen Rahmen zu verlassen. Die dialektische Methode bleibt daher in der mentalen Struktur gefangen und kann allenfalls in ihrem Bereich tragfähig sein.[59]

Ebenso wie der dialektische Ansatz sind die hier vorliegenden Erörterungen (sieht man einmal von ihrem mythologischen Teil ab) im Grunde nicht von einer mentalen Konzeptionalisierung gelöst. Da eine integrale Lösung den Aspekt gelebter Erfahrung einzuschließen hätte, ist klar, daß eine rationale, epistemische Darstellung, die dies gerade bewußt vermeidet, dazu nicht in der Lage sein kann. Stellt man die Frage, welche Form schriftlicher Kommunikation derartiges zu leisten imstande wäre, so wird man unter dem Sammelbegriff »Dichtung« wohl am ehesten fündig werden. (Im allgemeinen werden es – wie etwa im Zitat von Eco angedeutet – Formen von Kunst in weiterem Sinne sein, die bewußtseinsintegrierende Funktion besitzen können.) Um dies zum Abschluß dieses Kapitels zu illustrieren, sei das Beispiel des epischen Theaters aufgegriffen, wie es von Elkana zur Diskussion gestellt worden ist[60]:

[59] Es wird allerdings im allgemeinen davon ausgegangen, daß Hegel – als Protagonist der Dialektik – sich dieses potentiellen Defektes sehr bewußt war und Dialektik letztlich als sich selbst transzendierend verstanden hat. Dieses Verständnis ist später zum Teil verlorengegangen. Mehr dazu in Roland Simon-Schaefer, *Dialektik. Kritik eines Wortgebrauchs*, Frommann-Holzboog, Stuttgart, 1973, bzw. in Abschnitt 9.2 des vorliegenden Buches.

[60] Yehuda Elkana, *Anthropologie der Erkenntnis*, Suhrkamp, Frankfurt, 1986, Seite 118ff.

> Die Idee des epischen Theaters ist von Walter Benjamin und Bertolt Brecht – unabhängig voneinander – entwickelt worden, und seine wichtigste historische These besagt ...: »Es kann so kommen, aber es kann auch ganz anders kommen.«[61] Die historische Frage lautet somit nicht »Welches waren die notwendigen und hinreichenden Voraussetzungen für ein eingetretenes Ereignis?«, sondern »Welches waren die notwendigen Voraussetzungen dafür, daß die Dinge so geschehen sind, wo sie doch auch anders hätten geschehen können?«

Für die klassische Form des Dramas, entstanden aus der griechischen Tragödie, ist die erste der beiden Fragen kennzeichnend. (Die griechische Tragödie selbst trug allerdings überaus deutliche Charakteristika dessen, was heute zu epischem Theater zählt. Zum Beipiel kann man sehr leicht den Chor als »verfremdendes« Element in der Handlung erkennen.) Sie wird grundsätzlich mit Variationen zum Thema Schicksal, dem »Ernst des unerbittlichen Wirkens der Dinge«, beantwortet. Im dramatischen Theater entsteht Spannung durch die Ungewißheit über die Durchführung hin zu einem unvermeidlichen Ausgang. Im epischen Theater ist der Ausgang selbst ungewiß, was die Handlung entspannt und die sogenannte epische Distanz schafft (möglicherweise unterstrichen durch Brechts Technik des Verfremdens). Trotz dieser Distanz ist episches Theater keinesfalls unpersönlich: es erfordert vielmehr zum adäquaten Verständnis einen höheren Grad an innerer Bereitschaft zur aktiven Teilnahme an der Handlung, als es im dramatischen Theater der Fall sein mag. Episches Theater will die Problematik des Entstehens und Verstehens von Neuem (also die Problematik von Induktion und Deduktion) zugleich – gewissermaßen abduktiv – fühlbar und betrachtbar machen, während im Drama ein Leidensweg mit vorgegebenem Ziel dargestellt (rekonstruiert) wird.

Diese Ausführungen legen es nahe, episches und dramatisches Theater in einem Verhältnis zu sehen, das dem von Metis und Episteme ähnelt. In der Tat steht im Drama der konkrete schöpferische Prozeß eher im Hintergrund, während er – wie anhand der beschriebenen Merkmale (Abwesenheit hinreichender Bedingun-

[61] Walter Benjamin, Was ist episches Theater?(I), in: *Gesammelte Schriften*, Bd.II/2, Suhrkamp, Frankfurt, 1977, S. 525.

gen, Emergenz, Distanz und Präsenz etc.) deutlich wird – die Quintessenz epischen Theaters ist.

Eine Auffassung von wissenschaftlicher Beschäftigung, die den schöpferischen Prozeß seiner Bedeutung entsprechend berücksichtigt, die also in diesem Punkt eine einseitige, unsachgemäße Überbetonung der Methode rationaler Rekonstruktion überwindet, ist demnach mit einer Auffassung von Wissenschaft als Form von epischem Theater durchaus verträglich. Dies bedeutet jedoch, daß es keine unvermeidbare, vorgezeichnete Entwicklung der Wissenschaft geben kann. Es bedeutet ebenso, daß episch betriebene Wissenschaft (was dies auch im einzelnen heißen möge), indem sie ihren schöpferischen Aspekt bewußt als »Dichtung« ausagiert, potentiell integral ist.

Von niemand anderem als Brecht stammt ein Zitat, das in treffender Weise den epischen (und metischen) Charakter einer so verstandenen Wissenschaft hervorhebt[62]:

> Jemand warf Me-ti sein Mißtrauen und seine Zweifelsucht vor. Er verantwortete sich so: Nur eines berechtigt mich zu sagen, daß ich wirklich ein Anhänger der *Großen Ordnung* bin: Ich habe sie oft genug angezweifelt.

[62] Bertolt Brecht, *Me-ti. Buch der Wendungen*, in *Gesammelte Werke Band 12*, Suhrkamp, Frankfurt, 1967, S. 527. Brechts Konnotation zu Me-ti liegt im Bereich der Sozialethik des chinesischen »Sophisten« MoDi oder MeTi, die er in seinem *Buch der Wendungen* verarbeitete.
Das griechische »Metis« ist bedeutungsgleich mit dem indoeuropäischen »me-ti« und dem Sanskritwort »mati-h«. Beide stammen aus der etymologischen Wurzel »ma:me« (Jean Gebser, *Ursprung und Gegenwart*, dtv, München, 1988, Anmerkungen S. 202).

4. Zweistufigkeit

Wissenschaft als episches Theater mutet aus der Sicht herrschender wissenschaftsmethodischer Lehrmeinung ohne Zweifel häretisch an, würde eine solche Auffassung doch beinhalten, daß die Entwicklung der Wissenschaft grundsätzlich offen ist. Wenn (was streng zu folgern wäre) andere Entdecker andere Naturgesetze hätten entdecken können, so würde dem heutigen Wissensstatus nicht viel mehr als das Prädikat der Beliebigkeit bleiben. Die Entwicklung der Wissenschaften mit epischem Theater zu vergleichen, legt in der Tat die Vermutung anarchistischer Richtungslosigkeit verdächtig nahe. Trifft eine solche Vermutung wirklich zu?

Diese Frage führt auf eine wissenschaftstheoretische Problematik, die sich in der Kontroverse von Realismus und Relativismus bzw. deren Vertretern widerspiegelt. Beide Richtungen gelten weithin als unvereinbare Gegensätze. Es wird allgemein von einem tiefen Graben gesprochen, der sie trennt und hinreichend breit ist, um bisher unüberbrückt geblieben zu sein.

Im Relativismus wird die Auffassung vertreten, daß »Wahrheit und Logik stets im Rahmen und in Bezug auf eine bestimmte Denkwelt mit je eigener Sprache formuliert seien«.[63] Sein zentrales Merkmal ist die Kontextualität aller Erkenntnis, die sich in der Relativierung auf historische und strukturelle Randbedingungen bemerkbar macht. Solche Relativierung enthält den anarchistischen Grenzfall: je nach Kontext »geht alles« (Feyerabends »anything goes«), und sogar die »Wahrheiten der Mathematik – von anderen ganz zu schweigen – werden im Rahmen eines sozialen Prozesses aufgestellt und durch Konvention geschützt«.[64]

Die älteste bekannte Version des Relativismus geht auf den Sophisten Protagoras zurück und läßt sich etwa fassen als: »Es gibt

[63] Yehuda Elkana, *Anthropologie der Erkenntnis*, Suhrkamp, Frankfurt, 1986, Seite 29.

[64] Mary Douglas, *Implicit Meanings*, Routledge and Kegan Paul, London, 1975.

immer mindestens zwei einander widersprechende wahre Aussagen (Argumente) in Bezug auf einen gegebenen Sachverhalt.«[65] Im Hinblick auf den Wahrheitswert der betreffenden Aussage bedeutet dies aber, daß sie zugleich »wahr« und »falsch« ist. Dies illustriert zum einen die Notwendigkeit einer Logik, die zusätzlich andere als diese beiden Werte enthält, also mehr als zweiwertig ist. Zum zweiten wird *protagoreischer Relativismus* durch sich selbst relativiert, wenn man ihn im Rahmen einer zweiwertigen Logik auf sich selbst anwendet: die zitierte Aussage ist dann selbst zugleich wahr und falsch, so daß sie gerade *nicht* immer gültig sein kann. Ungeachtet dieses Defektes hat interessanterweise auch Kant die Erkenntnis eines protagoreischen Relativismus offenbar als ungemein erleuchtend empfunden[66]:

> Ich versuchte es ganz ernstlich, Sätze zu beweisen und ihr Gegenteil, nicht um eine Zweifelslehre zu erweisen, sondern weil ich eine Illusion des Verstandes vermutete, zu entdecken, worin sie stecke. Das Jahr 1769 gab mir großes Licht.

Die vorherrschende moderne Form des Relativismus, der sogenannte *Inkommensurabilismus*, behandelt Aussagen, die sich in Bezug auf einen gegebenen Sachverhalt widersprechen, als inkommensurabel. Als Hauptvertreter dieser Version gelten Paul Feyerabend und Thomas Kuhn.[67] Es werden hierbei nicht mehr die Werte »wahr« und »falsch« ohne weitere Differenzierung vergeben, sondern es werden Kontexte definiert, in Bezug auf welche eine Aussage »wahr« oder »falsch« sein kann. Führen unterschiedliche Kontexte zu widersprüchlichen Aussagen, so werden diese Aussagen als inkommensurabel bezeichnet. Dadurch ist das Problem auf die Ebene des Kontextes verlagert. Mögliche Kontexte sind zum Beispiel historische Epochen, etablierte Traditionen, gewachsene Vorurteile, bis hin zu individuellen Mei-

---

[65] Kathleen Freeman, *Ancilla to the Pre-Socratic Philosophers*, Blackwell, Oxford, 1948, S. 126.

[66] Karl Jaspers, *Die großen Philosophen*, Piper, München, S. 410.

[67] Paul K. Feyerabend, *Wider den Methodenzwang*, Suhrkamp, Frankfurt, 1986; Thomas S. Kuhn, *The Structure of Scientific Revolutions*, University Press, Chicago, 1970.

nungen. So ist es kein Wunder, daß als Einwände gegen den Inkommensurabilismus die Stichworte Historizismus, Skeptizismus, Nihilismus, Subjektivismus auftauchen, die in Anti-Relativismus-Kreisen sämtlich mit ausgeprägt negativem Unterton verwendet werden. Wichtigere, da konstruktivere Kritik bezieht sich auf die Existenz von Übersetzungsregeln zwischen verschiedenen Kontexten, zum Beispiel zwischen verschiedenen konzeptuellen Rahmen.[68] Solche Übersetzungsregeln sind sowohl in der protagoreischen als auch in der Inkommensurabilismus-Version des Relativismus nicht vorhanden. Hier liegt, neben einer präzisen Formulierung der notwendigen Erweiterung einer zweiwertigen Logik, die zweite Forderung, der eine akzeptablere und überzeugendere Form des Relativismus gerecht zu werden hätte.

Joseph Margolis hat in den vergangenen Jahren in einem umfangreichen und bemerkenswerten Werk[69] ein Programm vorgelegt, das in eine solche Richtung tendiert. Seine Version von Relativismus nennt sich *interner Relativismus*, während sich deren historische Vorläufer bei Margolis unter der Bezeichnung des *externen Relativismus* einordnen. Während Vertreter eines externen Relativismus sich gegenüber jeglicher Art von Realismus möglichst strikt abgegrenzt haben, dürfte es kaum überraschend sein, daß die interne Version im Sinne von Margolis realistischen Elementen in vermehrter Weise Rechnung zu tragen versucht, also auf eine Versöhnung mit dem Realismus zielt. Ob und wie dies möglich sein kann, wird weiter unten angedeutet und im folgenden Kapitel präzisiert werden. Was im Moment noch aussteht, sind einige Bemerkungen zum Realismus, die es ermöglichen werden, seine konstruktiven Elemente mit denen des Relativismus in Verbindung zu bringen.

---

[68] Donald Davidson, On the Very Idea of a Conceptual Scheme, in *Inquiries into Truth and Interpretation*, Clarendon, Oxford, 1984, S. 197f.

[69] Joseph Margolis, *The Persistence of Reality*, Blackwell, Oxford, 1986 - 1989. *I. Pragmatism Without Foundations; II. Science Without Unity; III. Texts Without Referents.* Im vorliegenden Zusammenhang ist insbesondere der Untertitel des ersten Bandes von Interesse: »Reconciling Realism and Relativism«.

In einem bestimmten (minimalen) Sinn ist jeder Mensch Realist, ob er will oder nicht. Dies gilt in besonderem Maße für Naturwissenschaftler, denen im allgemeinen – sehr zu Recht – viel an der empirischen Bestätigung theoretischer Vorhersagen liegt. Es gibt also eine Version des Realismus, einen *minimalen Realismus*, der nicht mehr behauptet als die Möglichkeit, daß zwischen den Eigenschaften der erkennbaren Außenwelt und den erkennenden kognitiven Fähigkeiten des menschlichen Gehirns (im Sinne einer »Innenwelt«) eine Kohärenz herstellbar sei, mit deren Hilfe die Außenwelt (oder Teile davon) kognitiv durchdrungen (transparent gemacht) werden kann. Diese Version beinhaltet weder die generelle Existenz einer solchen Kohärenz bezüglich *aller* äußeren Gegebenheiten noch deren Eindeutigkeit.[70] Sie drückt im Grunde nicht mehr aus als die triviale Tatsache, daß es möglich ist, Gegebenheiten der Außenwelt überhaupt wahrzunehmen. Es ist in ihrem Rahmen durchaus nicht ausgeschlossen, daß die spezifische Art und Weise der Wahrnehmung individuell unterschiedlich sein kann.

Nimmt man zusätzlich in die obige Hypothese auf, daß die genannten Kohärenzen sich auf *eindeutige* Zusammenhänge beschränken sollen, und daß *jede* Gegebenheit der Außenwelt durch eine solche Kohärenz kognitiv zugänglich werden kann, so liegt eine Form des Realismus vor, die vielfach *externer* oder *metaphysischer Realismus* genannt wird. Die bevorzugte Perspektive dieser Version ist das allwissende Auge Gottes. Nach ihr gibt es genau eine wahre Beschreibung der Welt, und überdies gibt es einen Zugang zu dieser Beschreibung. Unter ihrem Titel wird die Existenz »einer permanenten ahistorischen Matrix oder eines solchen Rahmens« postuliert, »auf den wir letztlich zurückgreifen können, um die Natur von Rationalität, Wissen, Wahrheit, Realität, Schönheit zu bestimmen«.[71] Im Rahmen eines solchen

[70] Sie stellt damit eine abgeschwächte Form der von Margolis diskutierten Transparenz-Hypothese dar. Siehe Joseph Margolis, *Pragmatism Without Foundations*, Blackwell, Oxford, 1986, S. XVI.

[71] Richard Bernstein, *Beyond Objectivism and Relativism*, University of Pennsylvania Press, Philadelphia, 1983, S. 8, Übersetzung vom Verfasser.

Realismus ist man dazu aufgerufen, nach platonischen Wahrheiten zu suchen, und hier gilt, daß solche Wahrheiten ausschließlich entdeckt (»discovered«) und nicht erfunden (»invented«) werden.[72] Externer (metaphysischer) Realismus im Sinn der starken Transparenz-Hypothese ist eng verwandt mit Rationalismus, Objektivismus, Positivismus, Universalismus usw. (Interessant ist in diesem Zusammenhang die Auffassung, nach der sich unter bestimmten Gesichtspunkten Idealismus und externer Realismus weit näher stehen als es philosophisches Lehrbuchwissen in vielen Fällen dokumentiert.[73])

Zwischen minimalem und externem Realismus liegt eine dritte Variante, die von Hilary Putnam als *interner Realismus* eingeführt worden ist.[74] Grob gesagt, wird hier das Eindeutigkeitskriterium aufgegeben, die Existenz von Kohärenzen (Korrespondenzen) zwischen kognitivem Apparat und Außenwelt aber nach wie vor angenommen. Sie wird in der Form beibehalten, daß es möglich sein soll, im Rahmen des internen Realismus Wahrheitswerte von Aussagen über die Realität festzulegen, sofern dafür ein konzeptueller Rahmen definiert worden ist. Definite Wahrheitswerte (»wahr« und »falsch«) werden als »Idealisierung der rationalen Akzeptierbarkeit aufgefaßt, und überdies ist rationale Akzeptierbarkeit

---

[72]Siehe Fußnote 54.

[73]Joseph Margolis, *Pragmatism Without Foundations*, Blackwell, Oxford, 1986, Kapitel 9. Auch Sloterdijks provokative Formulierung, es handle sich *in puncto* Idealismus in Wirklichkeit um einen »frechen«, antischizoiden Realismus (Peter Sloterdijk, *Kritik der zynischen Vernunft*, Suhrkamp, Frankfurt, 1983, S. 170), paßt in diesen Kontext.

[74]Hilary Putnam, *Vernunft, Wahrheit und Geschichte*, Suhrkamp, Frankfurt, 1990. Ersterscheinung unter dem Titel *Reason, Truth, and History*, Harvard University Press, Cambridge, 1981. Es ist aufschlußreich, die Entwicklung von Putnams Position in der Realismus-Relativismus-Debatte im Detail zu verfolgen. Sie gipfelt in seinem autobiographischen Hinweis, es gebe (zumindest) zwei Putnams: Putnam, den überzeugten externen (wissenschaftlichen) Realisten von früher, und Putnam, den internen Realisten der Gegenwart. In *Repräsentation und Realität* (Suhrkamp, Frankfurt, 1991) schreibt er (S. 15): »Die Hauptzielscheibe des vorliegenden Buches ist ein gewisser H. Putnam (eines meiner früheren Ichs) sowie diejenigen, die sich seine Ansichten zu eigen gemacht haben.«

eine graduelle Sache«.[75] Kontingente Wahrheitswerte sind damit implizit zugelassen, wenn nicht sogar erforderlich.

Interessanterweise deutet Putnam Kants Auffassung des Begriffes »Wahrheit« historisch als erstes Auftreten eines »internen Realismus« in der Philosophie. Zur Frage nach dem Begriff der Wahrheit schreibt Putnam[76]:

> Die einzige Antwort, die sich aus Kants Schriften herausklauben läßt, ist folgende: Eine Erkenntnis (d.h. eine »wahre Aussage«) ist eine Aussage, die ein rationales Wesen akzeptieren würde, sofern es über hinlängliche Erfahrung der Art verfügt, wie sie für Wesen mit unserer Natur tatsächlich möglich ist. »Wahrheit« in jedem anderen Sinne ist uns unzugänglich und unbegreiflich. *Wahrheit ist die letztliche Güte des Zusammenpassens.*

Aus dem Blickwinkel der Relativisten enthält externer Realismus die ungerechtfertigte Annahme eines absoluten Bezugsrahmens (der als Kontext aller Kontexte – wie für Allaussagen typisch – ohnehin prinzipielle logische Probleme aufwirft). Aus der Sicht von Realisten stellt sich externer Relativismus dagegen als Flucht ins Unspezifische und Spekulative dar, wo präzise Bezugnahme auf die Außenwelt möglich und nützlich ist. Externe Realisten nehmen an, wissenschaftlichen Aussagen lasse sich ein definiter Wahrheitswert zuordnen (sie seien entweder wahr oder falsch), welcher durch experimentelle Befunde bestimmbar sei.

Die jeweiligen internen Standpunkte, als deren Vertreter hier Margolis und Putnam exemplarisch herausgegriffen worden sind, scheinen sich ungleich weniger kompromißlos gegenüberzustehen. Zwei Punkte sind besonders vielversprechend im Hinblick auf eine konstruktive Verständigung:

— Der interne Realismus verzichtet auf das Eindeutigkeitskriterium der starken Transparenz-Hypothese, das in allen Formen des Relativismus ohnehin irrelevant ist. Dafür begibt sich der interne Relativismus auf die Suche nach Regeln,

[75] Hilary Putnam, *Vernunft, Wahrheit und Geschichte*, Suhrkamp, Frankfurt, S. 83.

[76] Hilary Putnam, *Vernunft, Wahrheit und Geschichte*, Suhrkamp, Frankfurt, S. 93f.

um zwischen verschiedenen Kontexten formale und präzise Beziehungen bzw. Übersetzungen zu finden.

— In der Frage der Wahrheitswerte läßt sich aus der Sicht des internen Relativismus über eine Beteiligung definiter Wahrheitswerte (»wahr« und »falsch«) reden, sofern die zugrundeliegende Logik darüber hinaus mehr als zweiwertig ist. Interner Realismus fordert die Existenz definiter Wahrheitswerte, erlaubt jedoch zusätzlich nicht-definite, kontingente Wahrheitswerte (»möglich«, »plausibel«, »akzeptabel« etc.), so daß eine mehrwertige Logik entsteht.

Die präzise Struktur der gegenseitigen »Zugeständnisse« ist zum gegenwärtigen Stand der Diskussion noch nicht ableitbar. Im Vorgriff sei jedoch schon hier bemerkt, daß es auf der Seite des Realismus in erster Linie um Aussagen über Gegebenheiten (Daten, Fakten) der Außenwelt geht, für die »Objektivität« (besser: Universalität) reklamiert wird, während auf der Seite des Relativismus die »Subjektivität« (besser: Kontextualität) aller (notwendigerweise) kontextbezogenen Konzepte, Modelle oder Theorien der zentrale Punkt ist. Genau betrachtet, beziehen sich also die unterschiedlichen Perspektiven von Relativisten und Realisten auf unterschiedliche Gegenstände: hier die »subjektiven« Konzepte, dort die »objektiven« Sachverhalte. Daß es trotzdem Anlaß zu Auseinandersetzungen gibt, kann demnach nur daran liegen, daß beide, Konzepte und Sachverhalte, nicht voneinander unabhängig sind. Wenn dies jedoch der Fall ist[77], so ergibt sich geradezu die Notwendigkeit einer Interaktion und entsprechenden

[77]Dies kann man heute beinahe schon als eine Binsenwahrheit betrachten. Dennoch ist es entscheidend dem Einfluß des Relativismus zu verdanken, daß es dazu kam, denn in der traditionell dominanten Perspektive eines wissenschaftlichen Realismus ging es hauptsächlich um das Primat der Sachverhalte (Fakten) vor den Konzepten (Theorien). Erst durch die umfangreichen wissenschaftshistorischen Studien von Kuhn, Feyerabend u.a. wurde klar, daß Fakten im allgemeinen immer auch theoriegeladen sind. Besonders eindrucksvoll zu lesen ist – exemplarisch – die Darstellung von Galileis wissenschaftlicher Vorgehensweise in Paul Feyerabend, *Wider den Methodenzwang*, Suhrkamp, Frankfurt, 1986, Anhänge 1 und 2. (Die deutsche Erstausgabe bei Suhrkamp zeigt übrigens – als provokative Untermalung des Titels – Feyerabends astrologisches Horoskop auf dem Einband.)

Zusammenführung der verhärteten Positionen. Dieser Notwendigkeit Rechnung tragend, schreibt Elkana[78]:

> Die Lösung für diese scheinbare Unvereinbarkeit liegt einfach darin, ... die beiden folgenden Ansichten zugleich zu vertreten: die eine besagt, daß es unmöglich sei, verschiedene Begriffsrahmen objektiv nach ihrem Maß an Rationalität oder dem Maß ihrer Annäherung an eine kontextunabhängige Wahrheit zu ordnen; die andere meint, daß wir, sobald ein Rahmen vorgegeben ist, Kriterien für Rationalität und Wahrheit in Bezug auf diesen festlegen und die Welt innerhalb dieses Rahmens nach jenen Kriterien ordnen könnten. (Auf dieser Basis) läßt sich das Problem der Übersetzung von einem Rahmen in einen anderen ins Auge fassen... Es wird ein dritter allgemeiner Rahmen bestimmt, in dem die beiden vorherigen ganz oder teilweise enthalten sind oder in den die beiden Rahmen, zwischen denen die Übersetzung stattfinden soll, nach unserem besten Wissen beide hineinpassen. Nach den Kriterien dieses dritten umfassenden Rahmens können die Bestandteile der ersten beiden Rahmen geordnet werden... Dies verstehe ich unter *zweistufigem Denken.*

Zweistufigkeit[79] im Sinne von zweistufigem Denken ist implizit in jeder Metaanalyse vorhanden. Beispielsweise ist jegliche geistige Auseinandersetzung mit Kognition oder sonstigen Fähigkeiten des menschlichen Gehirns als zweistufiges Denken zu bezeichnen, ebenso wie die bereits erwähnte Fähigkeit von Trägern einer Kultur, dieselbe einer kritischen Betrachtung zu unterwerfen. Die beiden Stufen, die zweistufiges Denken beinhaltet, werden durch die beiden Ausgangsrahmen (Stufe 1) und den verallgemeinernden Metarahmen (Stufe 2) konstituiert. Dabei braucht

---

[78] Yehuda Elkana, *Anthropologie der Erkenntnis*, Suhrkamp, Frankfurt, 1986, Seite 30; die betreffende Textstelle wurde den Erfordernissen der Argumentation entsprechend umarrangiert, aber nicht inhaltlich verändert.

[79] Die Begriffsbildung der Zweistufigkeit stammt von Elkana (*Anthropologie der Erkenntnis*) und ist an den Titel einer Zeitschrift angelehnt, die von dem Anthropologen Robin Horton an der Universität von Ife, Nigeria, herausgegeben wird. Der englische Originaltitel lautet *Second Order.* Horton umreißt in diesem Begriff die Fähigkeit einer Kultur, sich selbst einer Metaanalyse zu unterziehen, sich also selbst von einer Metaebene aus zu betrachten. Auch in der Sozialpsychologie konstruktivistischer Prägung hat sich das Konzept der Zweistufigkeit Geltung verschafft. Lösungen zweiter Ordnung werden dort verwendet, um Konfliktlösungsstrategien (erster Ordnung) zu überwinden, die in die Sackgasse geführt haben (Paul Watzlawick, John H. Weakland, and Richard Fisch, *Lösungen*, Huber, Bern, 1988, insbesondere Kap.III.7).

die Möglichkeit eines seinerseits hierarchischen Verhältnisses zwischen den Ausgangsrahmen keineswegs ausgeschlossen zu werden, sofern es sich in Bezug auf Stufe 2 als irrelevant erweist.

Nehmen wir als Beispiel Realismus und Relativismus selbst als Begriffsrahmen auf Stufe 1 an. Der zugehörige Metarahmen auf Stufe 2 enthält dann das relativierende Element eben durch die Anerkennung *beider* Begriffsrahmen auf Stufe 1, unter Berücksichtigung nicht-definiter, kontingenter Wahrheitswerte. Dem realistischen Element wird durch die Forderung nach Transformierbarkeit (Übersetzung) sowie die Anerkennung von definiten Wahrheitswerten Rechnung getragen. Das Wissen über beides – es handelt sich dabei wohlgemerkt um epistemisches Wissen – wäre dann als Metawissen auf Stufe 2 angesiedelt.

Eine *grundsätzlich* andere Art von Zweistufigkeit, bei der man auf Stufe 2 von metischem Wissen sprechen könnte, wird indessen weder in Elkanas Ansatz noch bei Putnam oder Margolis greifbar. Sie bezieht sich auf die Ambivalenz von rationaler Episteme und mythischer Erfahrung, die im vorangegangenen Kapitel ausführlicher diskutiert wurde, als denjenigen »Begriffs«rahmen, die auf Stufe 1 relevant sind. Da es folglich auf Stufe 2 um die Integration *mental-rationaler und mythisch-irrationaler* Strukturen des Bewußtseins geht, ist es allerdings irreführend, hier noch von zweistufigem »Denken« (als rein rationaler Tätigkeit des Intellektes) zu sprechen. Rationalität bzw. rationale Akzeptierbarkeit sind hier, der Natur der Sache gemäß, keine ausreichenden Kriterien mehr. Vielmehr muß solche Integration als Transzendierung beider verstanden werden[80]: aus diesem Grunde kann Zweistufigkeit in diesem Kontext nicht länger epistemisch sein, sondern verweist auf das, was mit metischer Vernunft gemeint sein könnte. In ihr

[80] Vermutlich ist es angemessen, diesen Unterschied in analoger Form zur Charakterisierung der Diskrepanz zwischen logischer Dialektik und »sich selbst transzendierender« Dialektik (siehe Fußnote 275) in Anspruch zu nehmen. Auch die Metapher von Wittgensteins Leiter (»... er muß sozusagen die Leiter wegwerfen, nachdem er auf ihr hinaufgestiegen ist«; Ludwig Wittgenstein, *Tractatus logico-philosophicus*, Suhrkamp, Frankfurt, 1963, Ziffer 6.54) paßt sehr gut in diesen Kontext.

findet rationale Reflexion des Irrationalen ebenso statt wie emotionales Erleben des Rationalen. In Gebsers Worten hört sich dies folgendermaßen an[81]:

> Einer der »Wege« zu dieser Integrierung ist, die bisherigen Strukturen, so wie sie uns konstituieren, zu konkretisieren: das aber heißt gleichzeitig auch, daß sie uns in ihrem jeweiligen Bewußtheitsgrade bewußt und gegenwärtig werden. Denn nur das Gegenwärtige ist wahrnehmbar, so wie jedes Wahrnehmen ein wahrgebendes Gegenwärtigen ist. Das Wahrnehmen oder Wahren ist nicht an das Sehen gebunden, das (als Vorstellen) vornehmlich die mentale Struktur prägt, sondern es ist, durchaus nicht übersinnlich, *ein Gegenwärtigen aller Erscheinungs- und Äußerungsformen* und deshalb fähig, das Diaphane wahrzunehmen, das weder durch ein bloßes Sehen (Vorstellen) ... noch Fühlen (Erfahren) realisiert werden kann. ... Mit anderen Worten: durch das Wahrnehmen wird ... die nur schaubare (erfahrbare) und die nur sehbare (vorstellbare) Welt als Ganzheit gegenwärtig (transparent).

Die zweite Stufe, auf der solche Transparenz stattfinden könnte, wurde im vorigen Kapitel mit Metis in Verbindung gebracht. Gebsers Begriff der Diaphanie wäre demnach eng mit der Wirkung metischer Vernunft verknüpft. Daß metische Vernunft Zweistufigkeit erfordert, ist bereits in der Diskussion des Verhältnisses von Metis zu Episteme klar geworden. Doch wie steht es umgekehrt: unter welchen Bedingungen läßt Zweistufigkeit auch den Schluß auf die Wirkung metischer Vernunft zu? Die eine Voraussetzung hierzu besteht (dem Vorschlag Elkanas folgend) in der offensichtlichen Relativierung rationaler und irrationaler Bewußtseinskomponenten als Begriffsrahmen erster Stufe aus der Sicht der zweiten Stufe. Die zudem erforderliche Übersetzungsanleitung zwischen rationalem und irrationalem Rahmen steht indessen noch aus. Im folgenden Kapitel wird skizziert werden, daß, wie und wann eine solche Anleitung als formale mathematische Transformation verstanden werden kann. Die Existenz einer solchen Transformation ist, soviel ist klar, allein aus epistemischer Sicht möglich, kann also bestenfalls auf das Niveau metischer Vernunft *hinweisen*. Daß ein solcher Hinweis allerdings tatsächlich

[81] Jean Gebser, *Ursprung und Gegenwart*, dtv, München, 1988, Seite 366, Hervorhebungen wie im Original. In Klammer gesetzte erläuternde Zusätze stammen vom Verfasser.

formulierbar ist, ist keineswegs selbstverständlich und darf meines Erachtens als eine der bedeutsamsten Errungenschaften der modernen Naturwissenschaft betrachtet werden. – Wie die Integration aus metischer Sicht aussieht, entzieht sich naturgemäß der epistemischen Darstellung und kann daher erst später aufgegriffen werden.

Es ist eine wichtige und interessante Konsequenz dieses Gedankengangs, daß in einer Phase menschlicher Entwicklung, die das Potential zu zweistufigem Denken noch nicht enthält, das Auftreten metischer Vernunft mit der Errungenschaft zweistufigen Denkens (allgemeiner: mit der Errungenschaft der Zweistufigkeit) zusammentreffen muß. Verwendet man dieses Argument historisch in Bezug auf die Entstehung des rationalen Denkens im abendländischen Kulturkreis, so erscheint der Mythos der Metis erneut als Schlüsselmetapher. In ihm wird mit Hilfe metischer Vernunft als menschlicher Fähigkeit metische Vernunft als Eigenschaft der Götter erkannt. Zweistufigkeit führt hier zu einem gedanklichen Zirkel: Metis als menschliches Attribut wird erst durch die Götter möglich, und zugleich entspringt Metis als göttliches Attribut einer geistigen Leistung (eben Zweistufigkeit) des Menschen.[82] Diese Formulierung ist zugleich mythologisch (irrational) und epistemisch (rational) und kann damit metisch (arational) erlebt *und* verstanden werden. Sie stützt und erhellt zugleich, was Gebser in einem ganz anderen, historischen Zusammenhang vermutet hat[83]:

[82]Dieser Zirkel ist aus mentaler (rationaler) Sicht ein logischer, der durch die Vorstellung einer gerichteten Kausalkette zum Paradoxon wird. Aus mythischer (irrationaler) Sicht handelt es sich um einen hermeneutischen Zirkel, der in die Erfahrung einer ergänzenden Polarität mündet. Dieser unterschiedlichen Blickwinkel ungeachtet, sind beide Zirkeltypen Produkte mentaler Tätigkeit. Sowohl Hermeneutik (in ihrem allgemeinen Verständnis als Bedeutungslehre, wie sie – wenn auch mit unterschiedlichen Detailauffassungen – bei Heidegger, Gadamer und Habermas vorkommt) als auch die Paradoxie radikaler Dialektik (von Nagarjuna bis Adorno) verlassen nicht den Boden der Ratio. Erst die zweite Stufe, auf die durch die Bedeutung bzw. durch das Paradoxon hingewiesen wird, kann dies leisten.

[83]Jean Gebser, *Ursprung und Gegenwart*, dtv, München, 1988, Seite 32.

> Die Diaphanie unserer Existenz wird sich besonders deutlich in allen Übergangsperioden zeigen; und aus den Erfahrungen der Übergangsmenschen, die sie mit dem Verborgenen der aufdämmernden Zukunft machten, als sie ihrer gewahr wurden, werden wir unsere Gegenwartserfahrung klären.

Gebsers Begriff der Übergangsperiode befindet sich hierbei in deutlicher Übereinstimmung mit der Auffassung einer Achsenzeit zwischen dem 8. und dem 2. Jahrhundert vor Christus, wie sie der Philosoph Karl Jaspers vertreten hat.[84] Jaspers vermutete ebenso wie Gebser, daß die gegenwärtige Epoche erneut eine derartige Achsenzeit darstellen könnte, die nun das mentale Bewußtsein transzendiert, indem sie es mit seiner mythischen Vorstufe integriert.[85]

Die besondere Schwierigkeit, eine solche Auffassung zu würdigen, besteht darin, daß sie sich auf weit grundsätzlichere Weise einer Behandlung in Begriffen des zeitgenössischen Wissenskorpus widersetzt als dies historisch nachgewiesene wissenschaftliche Paradigmenwechsel tun. Zum Beispiel kann im Rahmen wissenschaftlicher Theorienbildung auf das Kriterium der Rationalität, das in Gebsers Vorstellung des »Arationalen« zur Debatte steht, kaum ohne weiteres verzichtet werden.

Im weiteren Verlauf möchte ich versuchen vorzuführen, wie eine gedankliche Annäherung an das Konzept einer Achsenzeit im Sinne von Gebser und Jaspers dennoch möglich sein könnte. Es wird sich dabei – so hoffe ich – zeigen, daß und auf welche Weise ein adäquates Verständnis dieses Konzeptes durchaus wissenschaftliche Paradigmenwechsel mitenthalten kann. (Allerdings sind diese Paradigmenwechsel bei weitem nicht so oberflächlich und leichtgewichtig zu verstehen, wie sie manchmal genommen

[84]In ihr sind somit auch die Sophisten angesiedelt, was in Verbindung mit dem Kommentar in Fußnote 47 interessant ist.

[85]Karl Jaspers, *Vom Ursprung und Ziel der Geschichte*, Piper, München, 1966. Im gleichen Kontext sei auch auf Dane Rudhyars historische Studien hingewiesen, die im Unterschied zu denen von Jaspers und Gebser stärker im philosophischen Umfeld östlicher Kulturkreise verankert sind (Dane Rudhyar, *Culture, Crisis, and Creativity*, Quest Books, Wheaton, Illinois, 1977).

werden.[86]) Die Kernproblematik, um die es gehen wird, besteht jedoch darin, zu untersuchen, wie ein wissenschaftlicher Paradigmenwechsel mit einer Gebserschen Transzendierung des mentalen Bewußtseins (das ja zugleich Träger dieses Wechsels ist) zusammenhängen kann. Gewissermaßen geht es also um die Beziehungen zwischen »epistemischer« und »metischer« Zweistufigkeit. Zunächst muß ich mich dabei auf die epistemische Seite beschränken, um zu demonstrieren, wo die Anknüpfungspunkte an den gegenwärtigen Status naturwissenschaftlicher Forschung (insbesondere auf dem Gebiet der Physik) liegen und wie sich daraus eine eventuelle Neubewertung traditioneller Kriterien von Wissenschaftlichkeit ableiten läßt. Erst im Anschluß daran wird es möglich sein, eine qualifizierte Diskussion zur »metischen« Bedeutung von Zweistufigkeit zu beginnen.

[86]... und wie sie in zahlreichen trivialisierenden bis irreführenden Schriften im Umfeld der sogenannten »New Age« -Szene nahegelegt werden. In diesem Zusammenhang sei auf eine ausgezeichnete Kritik derartiger Tendenzen hingewiesen: Hansjörg Hemminger, Das New Age in den Naturwissenschaften, in: *Die Rückkehr der Zauberer*, Hrsg. Hansjörg Hemminger, Rowohlt, Hamburg, 1987, S. 115–185. Hemminger untersucht Publikationen einzelner besonders populärer Autoren und stellt fest, daß dort statt wissenschaftlicher Paradigmen häufig Weltanschauungen vorgestellt werden, die »ungeeignete Lösungen für nichtexistente Probleme« (S. 135) anbieten.

5. Fakten und Modelle

Das Hauptanliegen dieses Abschnittes ist die Diskussion der Transformierbarkeit von Begriffen zwischen unterschiedlichen Begriffsrahmen, die in Beziehung zu den vorher angesprochenen Ambivalenzen stehen. Die in Frage stehenden Gegensatzpaare sind also etwa Realismus – Relativismus, Externalität – Internalität, Objektivität – Subjektivität, Rationalität – Irrationalität, und die Liste ließe sich noch um einiges verlängern. Es handelt sich dabei durchweg um Problemstellungen, die in der geschichtlichen Entwicklung immer wieder für Unbehagen gesorgt und eigentlich nie eine endgültige Lösung erfahren haben. Die Diskussion gegen Ende des letzten Abschnittes hat gezeigt, daß darüber hinaus mit einiger Wahrscheinlichkeit die Suche nach einem Begriffsrahmen zweiter Stufe, zumindest für einige der aufgezählten Gegensatzpaare, in grundsätzlicher Weise auf besondere Schwierigkeiten stoßen wird.[87] Dies ist so, weil eine solche Suche üblicherweise auf rationalem Boden stattfindet, wodurch ein gemeinsamer Blickwinkel in Bezug auf – zum Beispiel – Rationalität und Irrationalität schon ausgeschlossen ist. Es wird sich im Lauf der weiteren Untersuchungen zeigen, daß viele der anderen bisher angeklungenen Dichotomien in die gleiche Problemsparte fallen.

Eine wesentliche Schwierigkeit besteht allem Anschein nach darin, daß der gesuchte dritte »Rahmen« auf der zweiten Stufe eine Modifikation des bewußten Zugangs erfordert und zugleich auch charakterisiert. In der Terminologie Gebsers geht es um eine Veränderung des Bewußtseins hin zu integrierender, arationaler Transparenz. Die in Erfordernis und Charakterisierung enthaltene Doppeldeutigkeit zielt darauf, klarzustellen, daß der integrierende Rahmen nicht einfach im mental-rationalen Bewußtsein *abstrakt* geleistet werden kann, sondern daß er nur durch einen integralen Modus *konkret*isierbar ist. Sofern diese Annahme richtig

[87] Allein schon die Forderung nach Begrifflichkeit stellt eine – in vieler Hinsicht notwendige – Einschränkung dar, die oft unterschätzt oder sogar schlichtweg nicht realisiert wird, siehe dazu Kapitel 8.

konkretisierbar
Die Konkretion der QUANTEN ist ....
Als solche nehmen wir sie wahr.

ist, ist es nicht möglich, auf rein abstraktem Wege zu einem gemeinsamen »Rahmen« für die angesprochenen Dichotomien zu kommen. Dessenungeachtet wird im vorliegenden Kapitel 5 ein formaler abstrakter Rahmen entwickelt werden, der mit diesem Anspruch beginnt. Das heißt: der Gedankengang, der sich im übrigen von hier bis zu Kapitel 8 erstreckt, wird zunächst davon ausgehen, daß ein integraler Modus auf abstrakter, mental-rationaler Ebene möglich sei. Es wird sich dann jedoch herausstellen, daß die Interpretation des entstandenen Modells das Element der Konkretion *benötigt*, um überhaupt Sinn zu haben. Das Modell enthält damit explizit ein Element, das es – als abstraktes Modell – nicht abdecken kann. (Die Kapitel 6 und 7 werden dies im Detail vorführen.) Auf diese Weise führt die Diskussion in eine paradoxe Situation, die sich *nur konkret, nicht abstrakt* auflösen läßt (Kapitel 8).

Bevor eine Transformation für die oben aufgezählten Beispiele entwickelt werden wird, ist es sinnvoll, die Beispiele in geeigneter Weise zu generalisieren. Die gewünschte Transformation soll ja nicht in jedem Spezialfall neu gesucht werden müssen, sondern möglichst allgemein verwendbar sein. Mit »objektiven« Eigenschaften eines Systems (seiner Struktur) im Sinne des Realismus bezeichnen wir die Resultate von Beobachtungen: sie werden als *Fakten* (Daten, Gegebenheiten etc.) bezeichnet. Dual dazu haben wir »subjektive« Vorstellungen über das Verhalten von Systemen (ihre Dynamik) im Sinne des Relativismus: sie werden als *Modelle* (Konzepte, Theorien etc.) bezeichnet.[88] Hier geht es in erster Linie um die Aussagen, die das Modell über das Verhalten eines Systems macht, und die dann – zweitens – durch Beobachtung zu überprüfen sind.

---

[88]In der modernen formalen Logik werden diese Begriffe vielfach verschieden belegt. Ein Unterschied zwischen Modell und Theorie wird oft dadurch gemacht, daß man mit einer Theorie einen nicht interpretierten (semantikfreien) Formalismus meint, während das Modell eine semantische Interpretation einschließt. Im weiteren Verlauf der Erörterungen wird diese Unterscheidung nicht strikt verwendet, sondern es wird generell der Begriff des Modells benutzt werden. Später (Kapitel 8 und 9) wird sich ohnehin zeigen, daß die Trennung von Semantik und Syntax eher artifiziell ist.

Sowohl Fakten als auch Modelle werden hier, wie gesagt, zunächst aus der Sicht des mental-rationalen Bewußtseins betrachtet. Die Dichotomie von rationaler und irrationaler Bewußtseinsstruktur scheint sich also auf diese Weise zunächst nicht behandeln zu lassen. Wir werden jedoch zu zeigen versuchen, wie sich diese Dichotomie quasi von selbst zum Gegenstand der Diskussion macht, wenn nur eine hinreichend allgemeine Beschreibung von Fakten und Modellen vorliegt. Von einer solchen Beschreibung wird man dann sprechen können, wenn eine Ebene gefunden ist, die als »Metaebene« (über den Ebenen von Fakten und Modellen) derjenigen »Metaebene« des Bewußtseins entspricht, die über der Ebene der separierten rationalen und irrationalen Strukturen liegt. Letztendlich ist also eine Metaanalyse des Bewußtseins zu leisten, die von seinem mental-rationalen Bereich aus durchgeführt wird, aber über sich selbst hinausweist.[89] Wenn dies gelingt, so wird es notwendig sein, mit Wittgenstein die Leiter fortzuwerfen, bis zu deren oberster Sprosse man gestiegen ist, um dort festzustellen, daß sie nicht mehr weiter trägt.

Die Sprache, in der die zu erstellende Transformation formuliert wird, ist die der Mathematik. Dies wird den in mathematischer Denk- und Sprechweise ungeübten Leser womöglich stellenweise abschrecken. Es wäre jedoch nicht angebracht, jegliche Mathematik auszusparen, da erst mit ihrer Hilfe etliche wesentliche Details, sowohl im Verhältnis von Fakten zu Modellen als auch im Verständnis ihrer Dualität bzw. Einheit, erkennbar werden. Zudem handelt es sich ausschließlich um elementare Überlegungen und nicht um komplizierte Rechnungen.

Ein wichtiger Grund für die Leistungskraft mathematischer Sprache besteht darin, daß sie aus formalen Gründen zu Präzision zwingt. Darüber hinaus ist ihre sinnvolle Verwendung, gerade im Rahmen der hier angestrebten Erörterungen, jedoch daran ge-

[89]Der Bereich, wohin sie weist, wird bei Gebser der arationale Bereich genannt (siehe Gebser, *Ursprung und Gegenwart*, dtv, München, 1988, z.B. S. 219f). Er liegt auf der Ebene eines integralen Bewußtseins, das sowohl rationale wie auch irrationale Elemente enthält, ohne indessen deren Unterschiede in einem kritiklosen »Einheitsbrei« zu verwässern.

bunden, daß die jeweiligen mathematischen Schritte kommentiert werden, was ihre *Bedeutung* betrifft, und nicht etwa in einer rein *formalen* Darstellung stecken bleiben. Nur, wenn beiden Faktoren Rechnung getragen wird, *formaler Präzision und semantischer Relevanz*, läßt sich die Annahme rechtfertigen, daß Mathematik als Kommunikationsform weiter reicht als gewöhnliche sprachliche Kommunikation.

Der ästhetische Wert dieser Kombination von äußerlich eher unsensationell erscheinendem formalen Charakter der Mathematik mit ihrer andererseits immensen inneren Aussagekraft auf der Bedeutungsebene ist von Ludwig Boltzmann mit großer Vehemenz gewürdigt worden[90]:

> Schönheit, höre ich Sie da fragen; entfliehen nicht die Grazien, wo Integrale ihre Hälse recken, kann etwas schön sein, wo dem Autor auch zur kleinsten äußeren Ausschmückung die Zeit fehlt? – Doch –; gerade durch diese Einfachheit, durch diese Unentbehrlichkeit jedes Wortes, jedes Buchstaben, jedes Strichelchens kommt der Mathematiker unter allen Künstlern dem Weltenschöpfer am nächsten.

Diese Worte lassen eine erstaunliche Parallele zum epischen Theater, wie es in Kapitel 3 angesprochen und charakterisiert wurde, deutlich werden. Provokativ könnte man fragen, ob Wissenschaft als episches Theater nicht sogar notwendig in Mathematik einmündet? Versteht man – wie es das obige Zitat nahelegt – Mathematik auch als dichterische Sprache und somit als ästhetische Form, so wäre es tatsächlich naheliegend, sie zum Zwecke einer Beschreibung zweiter Stufe zu verwenden, die auf die Grenzen eines mental-rationalen Rahmens hinzuweisen in der Lage ist. In diesem Fall darf man hoffen, durch eine mathematische Behandlung auf eine zweite Stufe zu stoßen, die den Geltungsbereich der Episteme überschreitet und den Blick auf denjenigen der Metis lenkt.

Naturwissenschaftliche Forschung hat sich traditionell vorrangig mit der Erforschung der Faktenseite von Systemen beschäftigt. Modelle wurden zwar zu allen Zeiten als Mittel der Beschrei-

---

[90] Ludwig Boltzmann, Gedenkrede für Gustav Robert Kirchhoff, in *Populäre Schriften*, Vieweg, Braunschweig, 1979, S. 72–74.

bung verwendet, aber sie wurden kaum selbst zum Gegenstand der Forschung. Wie sich später (siehe Kapitel 6) in größerem Detail zeigen wird, ist dies mit dem selbstauferlegten Anspruch der Wissenschaften auf Objektivität konsistent und spiegelt die Tatsache, daß die *abstrakte* und *externe* Seite der Natur überbetont wurde. Im soziokulturellen Kontext Europas steuerte diese Entwicklung im Anschluß an Francis Bacon und René Descartes ihrem Höhepunkt zu, der sich heute in einem ausgesprochen physikalisierten, von Quantentheorie und Relativitätstheorie bestimmten Weltbild äußert. Bekanntermaßen ist es bisher nicht gelungen, diese beiden zentralen Theoriekomponenten in einen umfassenden verträglichen Zusammenhang miteinander zu bringen. Etliche Kernprobleme (vielleicht am klarsten das vieldiskutierte Beobachterproblem in der Quantentheorie) weisen darauf hin, daß auch hier eine gemeinsame Darstellung beider Blickwinkel dadurch erreichbar werden könnte, daß die »subjektive« Komponente der Modelle von Systemen zusammen mit ihrer »objektiven« Faktenkomponente gleichberechtigt betrachtet wird.

Ein solcher Weg zur »Emanzipation der Subjektivität im Kontext der Physik«[91] wird im folgenden vorgeschlagen. Ausgangspunkt der Diskussion ist die Heisenbergsche Unschärferelation, einer der Eckpfeiler der Quantentheorie. Mathematisch gesehen liegt dieser Startpunkt im Bereich der Algebra, denn der gesamte quantentheoretische Formalismus beruht im wesentlichen auf einer Algebra von Operatoren. Eine entsprechende Operatoralgebra wird anschließend verwendet werden, um der »objektiven« Faktenseite der Quantentheorie deren »subjektive«, konzeptuelle Ergänzung gegenüberzustellen (Abschnitt 5.2). Die konsequente Untersuchung des Verhältnisses beider Ansätze zueinander führt auf eine sehr allgemeine algebraische Struktur, die man einen Ver-

[91]An dieser Stelle möchte ich gleich darauf hinweisen, daß der Begriff der »Subjektivität« eigentlich zu unspezifisch und zudem umgangssprachlich zu kontaminiert ist, um für die hier geplante Diskussion eine gute Charakterisierung zu liefern. Im Moment dient er gewissermaßen als Platzhalter solange, bis später das, was damit gemeint ist, mit dem Begriff der *Kontextualität* präzisiert werden wird.

band nennt. In ihm sind beide Seiten als duale Formulierungen bestimmter Gesetze gültig. Zugleich fallen sie jedoch im Verband als solchem zusammen. Auf diese Weise ergibt sich eine simultane Relevanz von Dualität und Einheit, die wichtige Konsequenzen hat. Ihre Diskussion wird in Abschnitt 5.3 begonnen, und zwar ausgehend von ihrer algebraischen, verbandstheoretischen Formalisierung. Ihr steht eine geometrische Darstellung gegenüber, die formal äquivalent ist, aber hinsichtlich ihrer Deutung entscheidende neue Gesichtspunkte ins Spiel bringt. Deren Diskussion wird in den anschließenden Kapiteln weitergeführt werden.

5.1. Inkommensurabilität von Fakten

Die sogenannte Inkommensurabilität von Fakten hängt eng mit der von Werner Heisenberg im Jahre 1927 formulierten Unschärferelation zusammen.[92] Sie ist eine Aussage über den Impuls p und den Ort q eines Systems (z.B. eines Teilchens) und beruht auf einer Relation, die als Kommutationsrelation bezeichnet wird. Sie lautet:

$$i[P,Q] = i(PQ - QP) = \hbar \qquad (1)$$

Die auf diese Weise definierte Relation sagt formal aus, daß die Differenz von PQ und QP nicht verschwindet, sondern durch das Plancksche Wirkungsquantum h ($\hbar = h/2\pi$) gegeben ist. In diesem Fall spricht man von nicht-kommutierenden bzw. nicht-vertauschenden Operatoren P und Q. Wäre $PQ = QP$, also $PQ - QP = 0$, so würden beide Operatoren vertauschen – was im Rahmen der klassischen Physik zutrifft, nicht jedoch in der Quantentheorie.

In Kurzform wird Gleichung (1) oft so interpretiert, daß man Impuls und Ort eines Systems nicht zugleich messen kann. Diese Formulierung ist jedoch ungenau, wenn nicht sogar irreführend, da Impuls und Ort nicht einmal als gleichzeitig existierende Größen

[92] Werner Heisenberg, Über den anschaulichen Inhalt der quantentheoretischen Kinematik und Mechanik, *Zeitschr. Physik* 43, 172–198 (1927).

definiert sind. Zudem sind P und Q in Gleichung (1) gar nicht Impuls und Ort selbst, sondern sie sind Operatoren, also mathematische Vorschriften, die man auf die mathematische Beschreibung des Zustands eines Systems anwendet, um seinen Impuls bzw. Ort zu erhalten. Die mathematische Beschreibung des Zustands ist im allgemeinen Fall eine Verteilungsfunktion ρ[93], die – allerdings in sehr impliziter Weise – sämtliche Eigenschaften des jeweiligen Systemzustands enthält. Die Anwendung des Impulsoperators P auf die Verteilungsfunktion ρ liefert dann das Faktum »Impuls p« nach der Gleichung:

$$P\ \rho = i\hbar \frac{\partial}{\partial q}\ \rho \qquad (2)$$

Das Faktum »Ort q« ergibt sich durch Anwendung des Ortsoperators auf ρ:

$$Q\ \rho = q\ \rho \qquad (3)$$

Die Kommutationsrelation (1) bedeutet nun in etwas genauerer Sprechweise, daß die Reihenfolge der Anwendung der Operatoren P und Q nicht ohne Einfluß auf die erhaltenen Eigenwerte (Fakten) p und q ist. Läßt man bezüglich derselben Ausgangssituation einmal P nach Q und ein anderes Mal Q nach P auf ρ wirken, so ist das Resultat nicht dasselbe: $PQ - QP \neq 0$. Der Unterschied ist durch zwei Größen gegeben, die in (1) auftreten: nämlich durch das Plancksche Wirkungsquantum h und durch die imaginäre Einheit $i = \sqrt{-1}$. Während die Bedeutung letzterer aus physikalischer Sicht meines Erachtens noch nicht in ihrem vollen Umfang ausgeschöpft wird[94], zeigt sich die Bedeutung von h in

[93]In der Quantentheorie entspricht ihr die »Dichtematrix«, die sich im Fall sogenannter »reiner« Zustände auf die Wellenfunktion ψ reduziert.

[94]Auf die Bedeutung von i wird in Abschnitt 6.2 zurückzukommen sein. An dieser Stelle sei jedoch bereits darauf hingewiesen, daß die Anwendung von P auf ρ, nimmt man (2) ernst, die Projektion des Gradienten einer Verteilungsfunktion ins konjugiert Komplexe (vom Imaginären ins Reelle bzw. umgekehrt) darstellt. Das Faktum q bezeichnet den *Ort* eines Systems als externe Größe (meßbar etwa in Form von *Distanzen*), der ein interner Ortsbegriff gegenüberzustellen wäre.

einer Version von Gleichung (1), wie sie ursprünglich von Heisenberg formuliert wurde – der eigentlichen Unschärferelation von Impuls und Position:

$$\Delta p \Delta q \geq \hbar/2 \tag{4}$$

Die Ungenauigkeit Δp (im Sinne der statistischen Varianz von p), die bei der Bestimmung eines Faktums p in Kauf genommen wird, bestimmt die Ungenauigkeit Δq (im Sinne der statistischen Varianz von q), mit der dann die Bestimmung des Faktums q behaftet sein wird, und umgekehrt. Das Produkt der Ungenauigkeiten $\Delta p \Delta q$ kann nicht kleiner als $\hbar/2$ sein. Dies ist die anschauliche Bedeutung der Tatsache, daß die Operatoren P und Q nicht kommutieren, daß also die Reihenfolge ihrer Anwendung nicht austauschbar ist. Der Kommutator $\hbar$ begrenzt die Information, die über nichtkommutierende Einzelfakten des Systems erhältlich ist. Sofern solche nichtkommutierenden Fakten vorliegen, spricht man von Fakteninkommensurabilität.

Ihre Existenz hat Konsequenzen für die Logik von Aussagen über Fakten wie p und q, die 1936 erstmals systematisch in einer bahnbrechenden Arbeit von Birkhoff und von Neumann untersucht wurden.[95] Entscheidend ist dabei, daß in dieser Logik, die später zur Quantenlogik ausgearbeitet wurde, das Komplement einer Aussage über ein Faktum in einem ganz bestimmten Sinn nicht eindeutig ist. Dies ist nicht ohne weiteres verständlich und bedarf daher näherer Erläuterung.

Stellen wir uns ein Experiment vor, das genau zwei verschiedene Möglichkeiten q_1 und q_2 für das Resultat einer Ortsbestim-

[95]Garret Birkhoff and John von Neumann, The Logic of Quantum Mechanics, *Annals of Mathematics* 37, 823–843 (1936). Diese Arbeit benutzt den mathematischen Formalismus der Verbandstheorie (die von Birkhoff selbst begründet worden war), um die Beziehungen zwischen Aussagen über inkommensurable Fakten der Quantentheorie darzustellen.
Mittlerweile ist die Quantenlogik in etlichen wesentlichen Punkten weiterentwickelt worden, die ich hier nicht inhaltlich abdecken kann. Eine der neueren Darstellungen, auf die ich statt dessen verweise, findet sich in Peter Mittelstaedt, *Sprache und Realität in der modernen Physik*, BI Verlag, Mannheim, 1986.

mung eines Systems zuläßt, wenn für seinen Impuls p ein bestimmter Wert ermittelt wird.[96] Für das Resultat einer Messung von q_1 oder q_2 gilt dann die folgende

> Aussage I:
> Der Impuls ist p und der Ort ist q_1
> oder der Impuls ist p und der Ort ist q_2.

Nach den Regeln klassischer Logik, wie wir sie im täglichen Leben verwenden, wäre diese Aussage (I) äquivalent mit

> Aussage II:
> Der Impuls ist p und der Ort ist q_1 oder q_2.

Äquivalenz bedeutet hier, daß aus Aussage (I) Aussage (II) folgt und umgekehrt. Dies scheint nicht verwunderlich, eben weil dies den Regeln unserer Alltagslogik entspricht.[97] Umso erstaunlicher

[96] Ein solcher Aufbau kann (mit Vorbehalten) durch das Youngsche Doppelspaltexperiment realisiert werden. Die beiden Spalte stellen zwei mögliche Orte dar, die ein Teilchen durchfliegt (Impuls), bevor es hinter der Spaltebene registriert wird. Der angesprochene Vorbehalt bezieht sich darauf, daß in einem solchen Aufbau die Ortsbestimmung *a posteriori* stattfindet, also nachdem das Teilchen registriert worden ist (Peter Mittelstaedt, Über die Gültigkeit der Logik in der Natur, *Die Naturwissenschaften* 47, 385–391 (1960)). Die an sich zeitfreie Quantenlogik wird dadurch mit zeitlicher Logik vermengt, was zu Komplikationen führt.

[97] Zur Schwierigkeit einer anschaulichen Demonstration der Quantenlogik siehe Max Jammer, *The Philosophy of Quantum Mechanics*, Wiley, New York, 1974, S. 349, Fußnote 31. Dort wird das einsichtigere Beispiel einer Spinmessung angeführt. Mehr am Problem der Reihenfolge der Anwendung von Operatoren angelehnt ist die Diskussion anhand polarisierten Lichtes, die Zukav vorführt (Gary Zukav, *Die tanzenden WuLi Meister*, Rowohlt, Hamburg, 1979, S. 297ff). Im gegenwärtigen Kontext erscheint es jedoch wünschenswert, nicht durch die Verwendung zusätzlicher physikalischer Begriffe Verwirrung zu stiften. Daher die Beschränkung auf p und q trotz des eher problematischen Charakters des Beispiels einer *a posteriori* Ortsbestimmung.

ist es, das die Aussagen (I) und (II) in der Quantenlogik gerade *nicht* äquivalent sind. Es trifft zwar zu, daß (I) aus (II) folgt, doch folgt (II) nicht aus (I). Diese merkwürdige Tatsache hängt damit zusammen, daß Fakten wie p und q inkommensurabel sind.

Untersuchen wir nun die zusammengesetzten Aussagen (I) und (II) etwas detaillierter, nämlich in Bezug auf ihre einzelnen Bestandteile. Da q_1 und q_2 die einzigen vorgesehenen Möglichkeiten für die Ortsbestimmung des Systems waren, ist

Aussage (a): Der Ort ist q_1.

komplementär zu:

Aussage (a'): Der Ort ist q_2.

Nehmen wir als dritte Einzelaussage

Aussage (b): Der Impuls ist p.

so läßt sich die zusammengesetzte Aussage (II) $\rightarrow$ (I) quantenlogisch folgendermaßen schreiben:

$$b \wedge (a \vee a') \rightarrow (b \wedge a) \vee (b \wedge a') \qquad (5)$$

Dabei steht $\wedge$ für das logische »und«, $\vee$ steht für das logische »oder« und $\rightarrow$ für die Implikation »daraus folgt«. In der klassischen Form der Booleschen Logik, die in der Quantenlogik gerade nicht vorliegt, wäre $\rightarrow$ durch $\leftrightarrow$ zu ersetzen, was die Äquivalenz von (I) und (II) im klassischen Fall anzeigt.

Die Formulierung (5) kann man formal besser verstehen, indem man sie in die Sprache der Mengentheorie übersetzt und dort ganz elementaren Überlegungen folgt. Mengentheoretisch entspricht dem logischen »und« der Durchschnitt, dem logischen

»oder« die Vereinigung und der logischen Implikation die Ordnungsrelation »größer als« (bzw. »kleiner als«). Den Aussagen a, a' und b entsprechen dann Elemente, die durch die angeführten Operationen in Mengen zusammengefaßt werden können. $(a \vee a')$ ist dann die Menge aller möglichen Resultate bezüglich q, die mengentheoretische Eins (das Ganze); ihr Durchschnitt mit b ist b. Auf der rechten Seite von (5) haben wir den Durchschnitt von b mit a sowie den Durchschnitt von b mit a'. Beide Durchschnittsmengen sind leer, da p und q inkommensurabel sind. Also ist auch die Vereinigungsmenge von $(b \wedge a)$ mit $(b \wedge a')$ leer. Folglich bleibt stehen: $b > 0$, so daß – nun wiederum logisch formuliert – (I) aus (II) folgt, aber nicht (II) aus (I).

Die durch die Relation (5) gekennzeichnete Ungleichung wird distributive Ungleichung genannt und wird sich als der Dreh- und Angelpunkt für die Diskussion in Abschnitt 5.3 herausstellen. Die damit verbundene Eigenschaft der Nicht-Distributivität ist der zugleich entscheidende und bisweilen schwierig zu verstehende Aspekt der Quantenlogik. Sie bedeutet, daß das Komplement a' von a nicht eindeutig im klassischen Sinn ist.[98] Was die Wahrheitswerte von Aussagen betrifft, hat dies zur Folge, daß neben den klassischen Wahrheitswerten »wahr« und »falsch« sogenannte kontingente Werte eingeführt werden müssen. Eine Logik, die wie die Quantenlogik solche Wahrheitswerte enthält, wird als nicht-Boolesche Logik bezeichnet.

Versuchen wir nun, die quantenlogische Nicht-Distributivität zu erläutern, indem wir uns (samt der damit verbundenen Gefahr, Analogien über Gebühr zu strapazieren) eine Situation aus dem sogenannten »klassischen« Alltag vornehmen. Würde die Quantenlogik formal auf Angelegenheiten unseres täglichen Lebens übertragen, so hieße dies beispielsweise, daß aus einer wahren

[98] Im Rahmen klassischer Logik wäre dies der Fall, da dort die Negation mit dem Komplement identisch ist (und somit der Satz vom ausgeschlossenen Dritten, das *tertium non datur*, für beide gilt). Im Bereich der Quantenlogik ist dies jedoch im allgemeinen nicht so. Wenn a nicht zutrifft, so trifft nicht allein deswegen schon a' zu.

Aussage I: Eine Münze wird geworfen und Kopf liegt oben oder eine Münze wird geworfen und Zahl liegt oben.

nicht geschlossen werden darf, daß auch

Aussage II: Eine Münze wird geworfen und Kopf oder Zahl liegt oben.

wahr ist. Gerade die Tatsache, daß uns eine solche Folgerung völlig unbedenklich erscheint, läßt darauf schließen, wie schwer uns quantenlogische Zusammenhänge auf Grund unserer Booleschen Alltagslogik gedanklich zugänglich sind. Dessenungeachtet ist die Quantenlogik gültig – Fakteninkommensurabilität ist eine quantentheoretische Tatsache. Ist sie also auf quantenphysikalische Vorgänge beschränkt, und – falls ja – wo liegt die Grenze zwischen solchen Vorgängen und denen, die klassischer Logik gehorchen? Wie soll man sich dann den Übergang von Quantenlogik zu klassischer Logik vorstellen?

Derartige Fragen und zahlreiche zusätzliche Erwägungen haben neuerdings zu der Vermutung geführt, daß quantentheoretische Zusammenhänge möglicherweise auch in makroskopischen Systemen eine Rolle spielen können[99], – dies zumal unter der Annahme, die Quantentheorie sei die Fundamentaltheorie der Physik. So gesehen ist es sehr interessant, das oben erwähnte Beispiel

[99]Stellvertretend für diese Entwicklung seien Resultate der algebraischen Quantenmechanik genannt, einer modernen Richtung der Quantentheorie, die zum Beispiel von Primas und Mitarbeitern verfolgt wird. Eine allgemein verständliche Darstellung der dabei wesentlichen Punkte findet man in Hans Primas, Zur Quantenmechanik makroskopischer Systeme, in *Wieviele Leben hat Schrödingers Katze?*, Hrsg. J. Audretsch und K. Mainzer, BI Verlag, Mannheim, 1990, S. 209–243.

des Münzwurfs unter einem anderen Blickwinkel nochmals aufzugreifen. In der Tat kann man die beiden Sätze so interpretieren, daß das vereinigende »oder« zwischen den Teilaussagen $(b \wedge a)$ und $(b \wedge a')$ *zwei separierte Systeme* charakterisiert, während das vereinigende »oder« in $(a \vee a')$ (Zahl oder Kopf) auf *ein System als Ganzes* bezogen ist. Die Kopfseite ist unter diesem Aspekt nicht einfach das (alternative) Gegenteil der Zahlseite, sondern ihre polare Ergänzung und als solche *nicht separabel*. Die integrale Münze läßt sich nicht in beide Seiten getrennt voneinander »zerlegen«.[100] Diese Betrachtungsweise weist auf einen feinen, aber offensichtlich sehr wichtigen Unterschied zwischen (I) und (II) hin. Formulierung (I) läßt sich nämlich so interpretieren, daß zwei nicht-identische Systeme (Münzen) mit verschiedenen Fakten (Kopf, Zahl) zur Debatte stehen, während Formulierung (II) ein und dasselbe System mit den integrierten Fakten meint.

Die Betrachtung zweier unterschiedlicher Systeme verlagert die Separabilität von Fakten anschaulichkeitshalber auf die von Systemen. Inkommensurable Fakten in ein und demselben System sind dagegen nicht separabel, sondern in einem holistischen Sinn inseparabel (ebenso wie unterschiedliche Systeme inseparabel sind, wenn sie als ein Ganzes betrachtet werden). In der mathematisierten Fassung (5) wird dieser Unterschied durch die gesetzten Klammern deutlich. Auf der linken Seite weist $(a \vee a')$ auf den holistischen Ansatz hin, während auf der rechten Seite beide Klammern separate Durchschnitte von b mit den komplementären Aussagen a und a' enthalten. So ist die Relation (5) auch inhaltlich besser zu verstehen: aus einem holistischen – oder, wie man auch sagt, ganzheitlichen – Systemansatz sind eindeutige Folgerungen bezüglich der separierten Einzelsysteme möglich (sofern die genauen Umstände der Separation berücksichtigt werden), während

[100] Es liegt nahe zu vermuten, daß Niels Bohr ein derartiges Verständnis von Quantenlogik hatte, als er in sein Wappen als Ritter des Elefantenordens das chinesische Yin-Yang-Symbol zusammen mit dem Wahlspruch *contraria sunt complementa* aufnahm (*Niels Bohr – Der Kopenhagener Geist in der Physik*, Hrsg. v. Meyenn, Stolzenburg, Sexl, Vieweg, Braunschweig, 1985, Frontispiz).

dies im umgekehrten Sinn nicht der Fall ist. Um es mit einer ebenso beliebten wie abgedroschenen Phrase auszudrücken: »Das Ganze ist mehr als die Summe seiner Teile«.[101]

Die Kenntnis davon, daß die Quantentheorie eine (sogar die einzige verfügbare) physikalische Theorie ist, deren Formalismus in streng mathematisch durchgeführter Weise existiert und die zugleich holistische Eigenschaften von Systemen vorhersagt, ist gegenwärtig noch keineswegs sehr weit verbreitet. Dieser Informationsrückstand ist indessen nicht primär denjenigen anzulasten, die sich um die diesbezüglichen Entwicklungen verdient gemacht haben.[102] Vielmehr ist anzunehmen, daß die holistischen Gesichtspunkte der Quantentheorie entscheidende Umorientierungen erfordern, die in breiten Kreisen der Wissenschaft selbst noch nicht geleistet worden sind. Um so weniger ist es verwunderlich, daß eine ganzheitliche Systembetrachtung in den Wissenschaften aus der Perspektive der öffentlichen Meinung bislang weitgehend vermißt wird.

---

[101] Meines Erachtens läßt sich diese umstrittene Formulierung insoweit rechtfertigen, als man sich dabei klarmacht, daß der Blickwinkel auf das Ganze ein *prinzipiell* anderer ist als der auf die Teile. Streng genommen sind die Teile irrelevant, sobald vom Ganzen gesprochen wird, und umgekehrt.

[102] Der theoretische Ausgangspunkt dieses Holismus findet sich in einer Arbeit von Einstein, Podolsky und Rosen (EPR) aus dem Jahre 1935. In dieser Arbeit wird ein Gedankenexperiment skizziert, mit dessen Hilfe die Autoren zu zeigen versuchten, daß die Quantentheorie keine vollständige Beschreibung der Realität liefern könne. Im Jahre 1964 deutete der irische Physiker John Bell das Hauptargument der EPR-Arbeit so um, daß es sinnlos sei, im dort vorgeschlagenen Experiment von Teilsystemen zu sprechen, sondern daß es sich bei den entscheidenden Effekten um ganzheitliche Korrelationen im Gesamtsystem als Ganzem handle. Knapp 20 Jahre später gelang Alain Aspect und Mitarbeitern in Paris der experimentelle Nachweis dieser Korrelationen. Damit wurde auf der Basis von Einsteins prinzipiellen Einwänden *gegen* die Quantentheorie gezeigt, daß gerade sie dazu in der Lage ist, diesen Einwänden durch die Existenz sogenannter nichtlokaler Korrelationen formal Rechnung zu tragen.
Aus heutiger Sicht kann als einer der Protagonisten des quantentheoretischen Holismus (nach Bohr selbst) David Bohm gelten, dessen diesbezügliche Arbeiten bis in die 50er Jahre zurückreichen. Seine zentralen Konzepte, die allerdings zur Zeit weder im Detail ausgearbeitet sind noch als unkontrovers gelten können, sind in David Bohm, *Wholeness and the Implicate Order*, Routledge and Kegan Paul, London, 1980, zusammengefaßt.

Der Holismus der Quantentheorie bezieht sich insbesondere auf die Inseparabilität eines Systems bezüglich seiner räumlichen Eigenschaften. Er drückt aus, daß solche Eigenschaften nicht immer räumlich lokalisierbar sind – daher auch die Bezeichnung »Nichtlokalität«. Die Quantentheorie sagt, daß die materielle Welt aufgrund nichtlokaler Korrelationen im allgemeinen nicht in Teilsysteme zerlegt vorliegt. Mit diesem *räumlichen* Ganzheitskriterium stellt sich sofort auch die Frage nach dessen *zeitlichem* Gegenstück, also die Frage nach der zeitlichen Separierbarkeit von Prozeßabläufen in Teile von Prozessen und nach entsprechenden zeitlichen Korrelationen. Ähnlich wie räumliche »Ganzheitlichkeit« mit Fakteninkommensurabilität korrespondiert, wird im folgenden Abschnitt ein Ansatz vorgestellt, der mit der Beziehung der angesprochenen zeitlichen »Ganzheitlichkeit« zur Inkommensurabilität von Modellen in Zusammenhang steht.

5.2. Inkommensurabilität von Modellen

Ziel dieses Abschnittes ist es, in ähnlicher Weise wie vorher Fakten nun auch Modelle, also abstrakte Vorstellungen über das Verhalten von Systemen, zu behandeln. Genau wie auf der Faktenebene die Dynamik und die Struktur von Systemen konkret beobachtet wird, kann auf der Modellebene die Dynamik und die Struktur von Modellen, also Beschreibungsmodi von Systemen, zum Gegenstand der Untersuchungen gemacht werden. Für die damit angesprochene »subjektive« Seite ist ebenso wie für die »objektive« Seite der Fakten das Kriterium empirischer Zugänglichkeit sehr wohl erfüllt, allerdings in anderer Weise (die in Kapitel 6 näher erläutert werden wird). Der historische Schiefstand des Verständnisses von Empirie, das zuweilen bis zu ihrer Gleichsetzung mit positivistischen Extremen geführt und damit die Faktenseite in unangemessener Einseitigkeit hervorgehoben hat, ist heute überholt und nicht mehr vertretbar.[103] Die wiedererstan-

[103]Siehe hierzu auch Fußnote 77.

dene Diskussion um anthropische Prinzipien[104] in den Naturwissenschaften ist eines von mehreren Anzeichen für eine deutliche Tendenz, den Rückstand der »subjektiven« Komponente der Empirie auszugleichen.

Modelle bzw. Theorien sind im Grunde aus mehreren Blickwinkeln betrachtbar: einmal stellen sie Algorithmen zur Verfügung, mit deren Hilfe Unmengen von Fakten komprimiert dargestellt werden können. Damit vermitteln Modelle die Möglichkeit, das Verhalten eines Systems zu verstehen und anhand von Fakten vorherzusagen.[105] Zum Beispiel kann man die Keplerschen Gesetze als komprimierte Darstellung der Ephemeridentafeln aller Zeiten betrachten, andererseits kann man mit Hilfe dieser Gesetze zukünftige Bahndaten von Planeten vorausberechnen.

Jede solche Vorhersage ist eine Aussage, die zu einem bestimmten Zeitpunkt t_o für den Zustand eines Systems zu einem späteren Zeitpunkt $t_o + \Delta t$ relevant sein soll. Nun hat sich erst in den letzten 10-20 Jahren, vor allem in der Physik, gezeigt, daß eine gewisse Ungenauigkeit in der Vorhersage für eine sehr umfassende Klasse von Systemen unvermeidbar ist. Der Ursprung dieser Ungenauigkeit liegt natürlich einerseits in der prinzipiellen Unschärfe jeglicher Messung. Darüber hinaus spielt jedoch auch die Dynamik der entsprechenden Systeme eine entscheidende Rolle. Sie wird im folgenden detaillierter diskutiert werden. Es wird sich dabei herausstellen, daß diese beiden Ursachen in Form einer Kommutationsrelation formulierbar sind, die als Modellinkommensurabilität überraschende Gemeinsamkeiten, aber auch signifikante Unterschiede, zur Fakteninkommensurabilität aufweist.

---

[104] Siehe zum Beispiel Bernulf Kanitscheider, Das Anthropische Prinzip – ein neues Erklärungsschema der Physik? *Phys. Blätter* 45, 471–476 (1989); John D. Barrow und Frank J. Tipler, *The Anthropic Cosmological Principle*, Oxford University Press, Oxford, 1986.

[105] Es ist hingegen ein Irrtum anzunehmen, daß Modelle der Erklärung von Fakten dienen oder ihnen Bedeutung verleihen. Wir werden später auf den Begriff der Bedeutung zurückkommen. Im Vorgriff sei jedoch angedeutet, daß Bedeutung erst entsteht, wenn zusätzlich zum Begründungskontext eines Modells (etwa seiner rationalen Rekonstruktion) auch sein Entstehungskontext (also die historische Perspektive) berücksichtigt wird.

Des weiteren ist es wichtig, sich an dieser Stelle zu vergegenwärtigen, daß das Stichwort der Modellinkommensurabilität in engem Zusammenhang zur Inkommensurabilismus-Version des wissenschaftstheoretischen Relativismus (siehe Kapitel 4) gesehen werden kann. Die nun folgende Diskussion wird diese Version durch ein konkretes Beispiel spezifizieren und illustrieren. Sie wird weiter in ihren Auswirkungen auf Abschnitt 5.3 eine Vorstellung davon vermitteln, in welcher Weise die Inkommensurabilität auf der Faktenebene (also die Sicht des Realismus) zusammen mit der Inkommensurabilität auf der Modellebene (also mit der Sicht des Relativismus) in einen Begriffsrahmen zweiter Ordnung gebracht und in diesem Sinne integriert werden kann.

Schon gegen Ende des letzten Jahrhunderts begann sogar in der Physik als dem harten Kern der Naturwissenschaften eine Entwicklung, die sich mit der oben angesprochenen »subjektiven« Seite der Empirie intensiv auseinandersetzte (und dementsprechend konsequent als unzulänglicher »Subjektivismus« angegriffen wurde). Im Zentrum dieser Auseinandersetzung steht der Begriff der Entropie nach Boltzmann.[106] Der mit ihm zusammenhängende Wahrscheinlichkeitsansatz wurde anschließend von Gibbs zur »statistischen Mechanik« ausgebaut.[107] Während Boltzmanns ursprüngliche Idee noch Wahrscheinlichkeiten in Bezug auf individuelle Teilchen vorsah, wurde daraus bei Gibbs

[106] Ludwig Boltzmann begann seine wissenschaftliche Tätigkeit auf der Basis einer atomistisch-mechanistischen Einstellung, die ihn zu seiner Gastheorie führte. (Sie wird allgemein als sein größter Beitrag zum objektiven Wissenskorpus betrachtet, siehe Yehuda Elkana, Boltzmanns wissenschaftliches Forschungsprogramm und seine Alternativen, in *Anthropologie der Erkenntnis*, Suhrkamp, Frankfurt, 1986, S. 183–216.) Mit seinen Arbeiten zum zweiten Hauptsatz der Thermodynamik und zur Irreversibilität trat der Wahrscheinlichkeitsgedanke in den Mittelpunkt seiner Forschungsarbeit. Auf ihm beruht das Konzept der Entropie, dessen Bedeutung für evolutionäre Prozesse von Boltzmann sogar explizit auf die Entwicklung von wissenschaftlichen Theorien bezogen wurde. (In diesem Punkt zeigt sich Boltzmann unter deutlichem Einfluß Darwins, siehe Ludwig Boltzmann, *Populäre Schriften*, Vieweg, Braunschweig, 1979, erstmals erschienen 1905).

[107] Josiah Willard Gibbs, *Elementary Principles in Statistical Mechanics*, Ox Bow, Woodbridge, 1981, erstmals erschienen 1901.

eine rein statistische Auffassung, die alle Eigenschaften eines Teilchens als Mittelwerte (mit Varianz) eines Ensembles von Teilchen ermittelte. Der Anwendungsbereich der statistischen Mechanik ist dabei auf thermodynamische Gleichgewichtssituationen beschränkt. Aus der Erkenntnis, daß evolutionäre Prozesse unter Gleichgewichtsbedingungen nicht stattfinden, kehrte der Chemie-Nobelpreisträger Ilya Prigogine von der Gibbsschen Ensembletheorie zu Boltzmanns Ansatz zurück. Anstelle der damit verlorenen dynamischen Komponente der Ensembletheorie verwendete er Ideen einer dynamischen Formulierung, die bereits von Poincaré[108] entworfen und von dem russischen Physiker Krylov[109] weiterentwickelt worden war.

Es gelingt auf diese Weise, die zeitliche Entwicklung einer Wahrscheinlichkeitsverteilung im Sinne Boltzmanns so allgemein zu beschreiben, daß sie nicht an die Bedingung des thermodynamischen Gleichgewichtes gebunden ist.[110] Einer der entscheidenden Punkte besteht dabei darin, daß eine allgemeine formale Behandlung der zeitlichen Entwicklung von Systemen mit prinzipiell ungenau bekannten Eigenschaften möglich wird. Für das Verhalten von Systemen, die durch dieses Konzept besonders betroffen sind, hat sich das Schlagwort *deterministisches Chaos* eingebürgert. Das wissenschaftliche Forschungsgebiet, das sich mit diesen Systemen beschäftigt, ist die *nichtlineare Dynamik* – ein interdisziplinärer Ableger der mathematischen Physik, der heute

---

[108] Henri Poincaré (1854-1912), französischer Mathematiker. Neben Poincaré sind in diesem Zusammenhang die Namen von Pierre Duhem und Jacques Hadamard zu nennen. Auch Norbert Wieners Arbeiten zum Thema, auf die ich von Hans Primas hingewiesen wurde, sind bemerkenswert und dürfen hier nicht unerwähnt bleiben (z.B. Norbert Wiener, The homogeneous chaos, *Amer. J. Math.* 60, 897–936 (1938).

[109] Nikolai Sergeevich Krylov (1917-1947), *Works on the Foundations of Statistical Physics*, Princeton University Press, Princeton, 1979.

[110] Eine allgemein verständliche, aber trotzdem nicht ganz leicht zu lesende Darstellung der damit verbundenen Überlegungen befindet sich in Ilya Prigogine, *Vom Sein zum Werden*, Piper, München, 1985. Der Titel dieses Buches drückt die Hinwendung zu einer evolutionären, dynamischen Betrachtungsweise aus, die erst in Nichtgleichgewichts-Situationen zum Tragen kommt.

fast in allen naturwissenschaftlichen Bereichen, teilweise sogar darüber hinaus, Anwender findet.

Charakteristisch für chaotische Prozesse in nichtlinearen dynamischen Systemen[111] ist eine extrem starke Empfindlichkeit der zeitlichen Entwicklung des Systems von den gewählten bzw. beobachteten Anfangsbedingungen, d.h. von seinem Zustand zum Zeitpunkt t_o. Die Formalisierung dieses Merkmales kann mit Hilfe einer Stabilitätsanalyse durchgeführt werden und zeigt, daß in chaotischen Systemen kleine Änderungen in den Anfangsbedingungen im Lauf der Zeit exponentiell verstärkt werden. Das heißt nichts anderes, als daß die Ungenauigkeit in der Vorhersage des Zustandes eines Systems mit der Vorhersagezeit exponentiell wächst. Mit anderen Worten: die Information eines Beobachters, der den Zustand des Systems zur Zeit t_o mit begrenzter Genauigkeit kennt (z.B. durch eine Messung), nimmt mit wachsendem zeitlichen Abstand Δt von t_o rasch ab.

Eine dazu komplementäre Betrachtungsweise ergibt sich aus der Annahme eines Prinzips der Informationserhaltung im Gesamtsystem (Beobachter + System). Die beim Beobachter abnehmende *aktuelle* (»epistemische«) Information über den Zustand des Systems kann im System selbst auf Grund seiner chaotischen Evolution als zunehmende *potentielle* (»ontische«) Information betrachtet werden.[112] Unter bestimmten Voraussetzungen ist die zeitliche Rate dieser Informationszunahme mit einer Größe

---

[111]Solche Prozesse sind mit »deterministischem Chaos« angesprochen, einer sprachlichen Mischung aus ontischem Determinismus und epistemischer Nicht-Determinierbarkeit. (»Krypto-Determinismus« nach Whittaker (*Proc. Phys. Soc.* 55, 459–471 (1943)) wäre diesbezüglich eine treffendere Formulierung.)
Später (Abschnitt 8.2) wird eine in dieser Hinsicht detailliertere Diskussion geführt werden. Im Moment, wo es weniger um Details als um den Gesamtzusammenhang einer ohnehin nicht ganz einfachen Argumentationskette geht, sind einige eher kursorische Bemerkungen ausreichend.

[112]Die Unterscheidung von Aktualität und Potentialität geht auf die aristotelische Metaphysik zurück (Aristoteles, *Hauptwerke*, Hrsg. W. Nestle, Kröner, Stuttgart, 1977) und bildet einen wichtigen Bestandteil in Carl Friedrich von Weizsäckers Diskussion zum Thema Evolution in C.F. von Weizsäcker, *Aufbau der Physik*, Hanser, München, 1985, Kap.5.

identifizierbar, die für die theoretische Beschäftigung mit chaotischen Systemen von zentraler Bedeutung ist. Diese Größe ist die dynamische oder Kolmogorov-Sinai-Entropie K.[113] Ihr Kehrwert K^{-1} definiert ein Maß für das Zeitintervall Δt, nach dem eine Vorhersage über den Zustand des Systems aus endlich genau bekannten Anfangsbedingungen nicht mehr sinnvoll ist.

Eine positive und endliche Kolmogorov-Entropie ist notwendig und hinreichend für deterministisches Chaos. Falls ein System keine potentielle Information produziert ($K = 0$), so ist die Vorhersagezeit K^{-1} prinzipiell unendlich lang. In diesem Fall würde ein sogenannter regulärer Prozeß vorliegen, z.B. eine exakt periodische Bewegung. In den letzten Jahren hat sich gezeigt, daß sehr viele Prozesse, die man bisher als regulär betrachtet hat, bei genauerer Untersuchung chaotische Prozesse mit sehr langer Vorhersagezeit sind.[114] Die Frage, ob strikt reguläre Prozesse nicht überhaupt unrealistisch sind, darf immerhin als gerechtfertigt betrachtet werden.

Die dynamische Entropie K spielt als Informationsproduktionsrate eine Schlüsselrolle beim Thema der Inkommensurabilität von Modellen. Es läßt sich nämlich auf der Basis einer informationstheoretischen Beschreibung von chaotischen Prozessen eine Vertauschungsrelation herleiten, die als Kommutator genau die Größe K besitzt. Sie lautet:

$$i[L, M] = i(LM - ML) = K \tag{6}$$

Dabei sind L und M Operatoren, die die zeitliche Entwicklung eines Systems beschreiben, das – wie bei den Fakten – durch eine Verteilungsfunktion ρ dargestellt wird. Die Eigenwerte der Operatoren sind nun aber nicht Fakten als Eigenschaften eines Systems,

[113] Sie wurde so genannt nach den russischen Mathematikern Andrei Nikolaevich Kolmogorov (1903-1987) und Yakov G. Sinai, der gegenwärtig an der Princeton University in den USA arbeitet. Ihre Veröffentlichungen zur dynamischen Entropie erschienen 1958 und 1959.

[114] Ein besonders illustratives Beispiele hierzu stellt die Stabilität der Planetenbahnen unseres Sonnensystems dar. Siehe etwa Kapitel 12 in dem lesenswerten, allgemein verständlich geschriebenen Buch von Ian Stewart: *Does God Play Dice?*, Penguin Books, London, 1989.

sondern sie repräsentieren theoretische Modellvorstellungen von der Entwicklung eines Systems. Bei der Beschreibung mittels L, dem sogenannten Liouville-Operator, wird der Gibbsschen Version einer statistischen Theorie Rechnung getragen, die unendlich genaue Präzision in der Angabe der Anfangsbedingungen erlaubt. L ist (formal ähnlich wie P in Gleichung (2)) gegeben durch:

$$L\,\rho = i\frac{\partial}{\partial t}\,\rho \tag{7}$$

Dagegen geht eine Beschreibung mittels M, einem geeignet definierten sogenannten Informationsoperator, von einer endlichen und begrenzten Kenntnis solcher Anfangsbedingungen aus. So beschreibt der Eigenwert von M die zeitliche Abnahme der Information I_o eines Beobachters. Sie entspricht einem Wachstum der potentiellen Information im beobachteten System:

$$M\,\rho = (I_o + Kt)\,\rho \tag{8}$$

Aus dieser Gleichung ist unmittelbar zu sehen, daß sich die Information im System nur dann ändert, wenn K nicht gleich Null ist. Nur in diesem Fall ist Gleichung (6) wirklich eine *In*kommensurabilität. Ist nämlich $K = 0$, so fehlt die für chaotische Prozesse charakteristische intrinsische Instabilität, und beide Beschreibungen, die mit L und die mit M, sind äquivalent. Die Inkommensurabilität in (6) drückt aus, daß die Verwendung beider Konzepte bei der Vorhersage des Verhaltens von Systemen genau dann nicht gleichwertig ist, wenn das Verhalten des betrachteten Systems chaotisch ist.[115] Hierin und in den daraus zu ziehenden Kon-

[115]Sowohl die Inkommensurabilität (6) als auch die Eigenwertgleichung (8) wurden in der hier verwendeten Form erstmals diskutiert in Harald Atmanspacher and Herbert Scheingraber, A fundamental link between system theory and statistical mechanics, *Foundations of Physics* 17, 939–963 (1987). Eine verwandte Darstellung sowie ausführliche Kommentare zum Liouville-Operator L in (7) sind in Ilya Prigogine, *Vom Sein zum Werden*, Piper, München, 1979, zu finden. Weitere Details z.B. in Harald Atmanspacher, Incommensurability of Liouvillean dynamics and information dynamics, in: *Parallelism, Learning, Evolution*, Hrsg. J.D. Becker, I. Eisele, and F. Mündemann, Springer, Berlin, 1991, S. 482–499.

sequenzen liegt der zentrale Punkt der Bedeutung, die das Konzept des deterministischen Chaos für ein modernes naturwissenschaftliches Weltbild hat. Die Konsequenzen sind, wie sich zeigen wird, außerordentlich reichhaltig. Bevor auf sie näher eingegangen wird, sind jedoch zunächst noch einige erläuternde Bemerkungen zu Gleichung (6) angebracht.

Bei beiden Beschreibungsmodi, demjenigen mit M und demjenigen mit L, handelt es sich um Beschreibungen der *dynamischen* Eigenschaften von Systemen, also ihrer Entwicklung in der Zeit. Die Unterschiede zwischen Informationsdynamik und Liouville-Dynamik bestehen formal in den in (6) auftretenden Größen i und K. Hierin findet sich eine deutliche Parallele zur Fakteninkommensurabilität, allerdings mit dem ebenso deutlichen Unterschied, daß K gerade keine Universalkonstante wie das Plancksche Wirkungsquantum h ist, sondern eine systemspezifische Größe.[116] Dies weist – beinahe buchstäblich – auf das subjektive, kontextabhängige Element hin, das auf der Modellebene zu erwarten ist. Die Tatsache, daß K meßbar ist, zeigt jedoch, daß dieses Element durchaus der Forderung nach empirischem und operationalem Zugang gerecht werden kann. Es besteht keinerlei Grund, die Abwesenheit universeller Konstanten durch den Vorwurf mangelnder Empirie abzuurteilen – ganz im Gegenteil.

Die Modellinkommensurabilität (6) sagt aus, daß L und M genau im Fall $K = 0$ äquivalente Beschreibungen für die Dynamik eines Systems liefern. In diesem Fall bleibt eine gegebene

[116] Analog zur Diskussion der Fakteninkommensurabilität (Fußnote 94) stellen wir die Bedeutung von i zurück, nicht ohne jedoch darauf hinzuweisen, daß auch hier eine Projektion ins konjugiert Komplexe stattfindet.
In diesem Zusammenhang ist es von zusätzlichem Interesse, daß durch die Modellinkommensurabilität (6) eine alternative Form von Energie-Zeit-Unschärfe entstanden ist. Da nämlich L im Wesentlichen auf der Basis eines Hamilton-Operators definiert ist, kann L als ein modifizierter Energieoperator aufgefaßt werden. Im Unterschied zu H läßt L jedoch auch negative Eigenwerte in einem Energiespektrum zu, das im allgemeinen kontinuierlich (nicht diskret) ist. Der Eigenwert von M enthält eine Eigenzeit, die das *Alter* eines Systems als interne Größe bezeichnet. Ihr ließe sich eine externe Parameterzeit gegenüberstellen. Diese Punkte werden in Abschnitt 7.1 aufgegriffen, siehe dort insbesondere auch die Fußnoten 178 und 179.

Anfangsunschärfe im Lauf der dynamischen Entwicklung des Systems erhalten, so daß Vorhersagen immer mit gleichbleibender Genauigkeit getroffen werden können. Der Informationseigenwert ist dann konstant gleich I_o. Information sowohl im System (potentiell) als auch beim Beobachter (aktuell) ist also hier eine Erhaltungsgröße. Gleiches gilt für den Eigenwert von L.

Voraussetzung für diese separaten Erhaltungssätze im System und beim Beobachter ist jedoch, daß zwischen beiden keine Wechselwirkung irgendeiner Art stattfindet – andernfalls würde ja Information ausgetauscht. Eine solche Separierbarkeit ist aber *de facto* unrealistisch, da bereits eine Messung an einem System zur Zeit t_o und zur Zeit $t_o + \Delta t$, die zur Überprüfung von $K = 0$ nötig wäre, die Bedingung der Abgeschlossenheit eines Systeme im Sinn seiner Separierbarkeit vom Beobachter verletzt und damit zu einem Widerspruch führt. Die Beschreibung einer Systementwicklung mit Hilfe von L bezieht sich also auf einen Idealfall, nämlich den abgeschlossener, von ihrer Umgebung vollständig separierter Systeme. In derartigen idealisierten Systemen bleibt – im Gegensatz zu offenen Systemen – die potentielle Information erhalten. (Nichts anderes bedeutet die Erhaltung der Entropie im thermodynamischen Gleichgewicht.)

Für offene, evolutionsfähige Systeme ist es dagegen im allgemeinen so, daß Modelle, die auf L und M basieren, tatsächlich inkommensurabel sind, daß also $K > 0$ ist. Diese Inkommensurabilität schließt den Unterschied zwischen reversiblen und irreversiblen Typen von Dynamik ein, indem durch das Kriterium $K > 0$ eine zeitliche Richtung der Entwicklung ausgezeichnet wird: die zunehmende Information auf der Systemebene wird (im Einklang mit dem zweiten Hauptsatz der Thermodynamik) mit einer Entwicklung in die Zukunft assoziiert. Im Falle $K = 0$, in dem das System keine Information generiert und die Vorhersagegenauigkeit eines Beobachters konstant bleibt, ist die Dynamik reversibel.

Die Inkommensurabilität (6) von L und M ist – trotz zahlreicher und wichtiger Unterschiede im Detail – in ihrer mathematischen Struktur der Fakteninkommensurabilität (1) prinzipiell sehr ähnlich. Daher liegt es nahe, zu ihrer Interpretation entsprechende mathematische Methoden zu verwenden. Analog zu der Vorgehensweise, die zur Formulierung der nicht-Booleschen Quantenlogik führte, kann man auch die Logik von Aussagen bzw. Voraussagen über das Verhalten informationsproduzierender Systeme mit $K > 0$ untersuchen. Dabei ist natürlich zu erwarten, daß sich für den Spezialfall von informationskonservierenden Systemen ($K = 0$) der Spezialfall einer Booleschen Logik ergibt.

Vermutungen im Hinblick auf eine nicht-Boolesche Logik zeitlicher Voraussagen wurden vielfach geäußert. Eine sehr wichtige, aber weitgehend nicht explizit diskutierte Beobachtung in diesem Zusammenhang besteht darin, daß aus der Gültigkeit der Relation (5), die für den nicht-Booleschen Charakter der Quantenlogik verantwortlich ist, die Gültigkeit einer dazu dualen distributiven Ungleichung geschlossen werden kann. Dieser Sachverhalt sowie formale Eigenschaften einer Logik, die auf der dualen Version von (5) aufbaut, wurden meines Wissens erstmals von Krueger bemerkt.[117] Nachdem die Quantenlogik, mathematisch betrachtet, als Interpretation der Fakteninkommensurabilität (1) angesehen werden kann, stellt sich damit die Frage, welche Art von Inkommensurabilität durch die dazu duale Version interpretiert wird.

Inzwischen spricht vieles dafür, daß es sich hierbei um Modellinkommensurabilitäten vom Typ (6) handelt. Mit Hilfe der Vertauschungsrelation (6) ist es nämlich möglich, die Eigenschaften der von Krueger in sehr allgemeiner Weise vorgeschlagenen Logik konkret abzuleiten und die Größen zu spezifizieren, für die sie gelten.[118] Analog zur Quantenlogik besteht auch hier der

[117] Franz R. Krueger, *Physik und Evolution*, Parey, Berlin, 1984; siehe vor allem den Anhang 7.2.

[118] Einige Publikationen, die dies im Detail vorführen, die aber einige formale Vorkenntnisse verlangen, sind: Harald Atmanspacher, Franz R. Krueger, and Herbert Scheingraber, A modal propositional calculus for quantum facts and dynamical theories, in *Parallelism, Learning, Evolution*, Hrsg. J.D. Becker, I. Eisele, and F. Mündemann, Springer, Berlin, 1991, S. 304–314; Harald Atmanspacher, A propositional lattice for the logic of temporal predictions, in *Solitons and Chaos*, Hrsg. I. Antoniou and F.J. Lambert, Springer, Berlin, 1991, S. 58–70.

entscheidende Schritt aus der klassischen Logik hinaus in der Tatsache, daß das Komplement einer Aussage über die Entwicklung eines Systems nicht eindeutig ist. Wie sich gezeigt hat, führt die Untersuchung von (6) zu einer distributiven Ungleichung, deren logisches Äquivalent lautet[119]:

$$b \vee (a \wedge a') \leftarrow (b \vee a) \wedge (b \vee a') \qquad (9)$$

Zur Veranschaulichung des Inhaltes dieser Aussage ist es von großer Wichtigkeit, sich bewußt zu machen, daß wir es im Gegensatz zur zeitfreien Quantenlogik nun mit einer Logik zu tun haben, die gerade die Entwicklung eines Systems in der Zeit zum Gegenstand hat und die räumliche Struktur dieses Systems in den Hintergrund rückt. In der Logik zeitlicher Vorhersagen spielt der dynamische Aspekt des Verhaltens in der Zeit die Rolle, die der strukturelle Aspekt im Raum in der Quantenlogik spielt.[120] Daher sind zur Veranschaulichung der Relation (9) Aussagen zu verwenden, die sich auf Zustände eines Systems zu verschiedenen Zeitpunkten beziehen. Stellen wir uns ein System vor, von dem zunächst nicht bekannt ist, ob es einer Liouville-Dynamik (L) oder einer Informations-Dynamik (M) folgt (oder beiden, da eine Beschreibung mittels M mit $K = 0$ ja einer Beschreibung mittels L gleichwertig ist). Je nachdem sind dann beispielsweise folgende Aussagen zur Zeit t_o möglich:

> Aussage (b):
> Die Eigenschaften des Systems zu jeder beliebigen Zeit $t_o + \Delta t$ sind mit Sicherheit voraussagbar.

---

[119] Diese Aussage ist insofern dual zu (5), als alle vorkommenden Verknüpfungen vertauscht sind. Eine eingehende Diskussion dieser Dualität findet in Abschnitt 5.3 statt.

[120] Siehe dazu eine Reihe formaler Argumente, die in meinem Artikel »Complementarity of Structure and Dynamics« formuliert worden sind (erschienen in *Information Dynamics*, Hrsg. H. Atmanspacher and H. Scheingraber, Plenum, New York, 1991, S. 205–220.

Aussage (a):
Die Eigenschaften des Systems zu jeder beliebigen Zeit $t_o + \Delta t$ sind nicht mit Sicherheit voraussagbar.

Beide Aussagen lassen sich kürzer und präziser formulieren, indem man ihnen einfach die Werte von K zuordnet, die von der jeweiligen Voraussage abgedeckt werden:

Aussage (b): $K = 0$.

Aussage (a): $K \geq 0$.

Es ist offensichtlich, daß Aussage *b* einer Voraussage entspricht, die auf der Basis der Annahme getroffen wird, eine Beschreibung mit L sei relevant. Aussage *a* geht davon aus, daß eine Beschreibung mit M angebracht sei. Die Richtigkeit einer der beiden Aussagen läßt sich nun prüfen, indem man die davon betroffenen Eigenschaften des Systems nach einem bestimmten Zeitintervall Δt untersucht. Nehmen wir an, es stelle sich dabei heraus, daß K nicht größer als $(\Delta t)^{-1}$ ist, d.h. die Messung der Eigenschaften zur Zeit $t_o + \Delta t$ liefert ein Resultat, das genauer ist, als es *a* vorhersagt. Dann trifft zu dieser Zeit zu:

Aussage (a'):
Die Eigenschaften des Systems zur Zeit $t_o + \Delta t$ waren tatsächlich nicht mit Sicherheit vorhersagbar, sind aber auch nicht so unsicher wie angenommen.

Dies läßt sich wieder in Kurzform schreiben, nämlich folgendermaßen:

Aussage (a'): $K < (\Delta t)^{-1}$.

In diesem Fall ist zwar $K \geq (\Delta t)^{-1}$ sicher falsch, jedoch folgt daraus nicht bereits $K = 0$. Es ist immer noch der Fall $0 < K < (\Delta t)^{-1}$ möglich. Genau in diesem Sinn ist a' ein nicht-eindeutiges Komplement von a.

Sehen wir nun, ob die Aussagen b, a und a' wirklich die Relation (9) erfüllen. Dazu untersuchen wir einfach jeweils die Menge aller Werte von K, die für die betreffende Aussage in Frage kommen, und führen die mengentheoretischen Operationen gemäß (9) aus. Wir gehen also – wie schon in Abschnitt 5.1 – von der logischen Formulierung in die mengentheoretische und betrachten dort Mengen, die je nach entsprechender Aussage bestimmte Werte von K zulassen bzw. ausschließen. Zunächst muß der Durchschnitt $(a \wedge a')$ leer sein, da a das Komplement von a' ist. Dies kann so verstanden werden, daß die Mengen $\{K \geq (\Delta t)^{-1}\}$ und $\{K < (\Delta t)^{-1}\}$ keine gemeinsamen Elemente besitzen. Daraus ergibt sich für die Vereinigung $b \vee (a \wedge a')$ die Menge $\{K = 0\}$. Hierbei darf das Zeitintervall Δt *nicht* als beliebig betrachtet werden, da genau nach diesem Zeitintervall die Prüfung der Aussagen a und b stattfand, die zur Aussage a' führte.

Im Gegensatz dazu müssen wir für die rechte Seite der Relation (9) die Beliebigkeit von Δt bei der Aussage a in Rechnung stellen, da die Voraussagen für alle Zeiten gelten sollen.[121] Die zusammengesetzte Aussage $(b \vee a)$ führt dann zur Vereinigung der Mengen $\{K = 0\}$ und $\{K \geq 0\}$, also $\{K \geq 0\}$. Die zusammengesetzte Aussage $(b \vee a')$ liefert die Vereinigung der Mengen $\{K = 0\}$ und $\{K < (\Delta t)^{-1}\}$, also $\{0 \leq K < (\Delta t)^{-1}\}$. Daraus folgt für den Durchschnitt $(b \vee a) \wedge (b \vee a')$ die Menge $\{0 \leq K < (\Delta t)^{-1}\}$. Sie ist, genau wie es in (9) ausgedrückt ist, umfangreicher als $\{K = 0\}$.

Die mit (9) korrespondierende distributive Ungleichung impliziert, daß die zusammengesetzte Aussage auf der linken Seite

[121] Eine anschauliche Begründung für diese unterschiedliche Behandlung von Δt folgt in Kürze.

mehr beinhaltet als diejenige auf der rechten Seite. Dieses Mehr bezieht sich darauf, daß links jedenfalls nur die Aussage über sichere Voraussagen stehenbleibt, da $(a \wedge a')$ notwendigerweise leer ist. Rechts indessen bleibt – nach einem Zeitintervall Δt – alles das als Möglichkeit offen, was noch nicht ausgeschlossen werden kann: K ist zwar kleiner als $(\Delta t)^{-1}$, aber nicht notwendigerweise Null. Erst nach unendlich langer Zeit ($\Delta t \rightarrow \infty$) könnte K auf $K = 0$ eingeschränkt werden. In diesem Fall würde aus der distributiven Ungleichung eine Gleichung werden. Entsprechend wäre dann (9) als Äquivalenzrelation darzustellen, so daß der Grenzfall klassischer Logik entsteht. Dies ist konsistent damit, daß genau dann der Kommutator K in (6) verschwindet.

Eine intuitiv zugänglichere Sichtweise dieses Sachverhaltes korrespondiert mit der oben angedeuteten Problematik der Separabilität von Beobachter und System. Da jede Beobachtung eine Kopplung beider voraussetzt, wird gerade durch die Beobachtung jegliche Separabilität zerstört – gesetzt, sie sei überhaupt vorhanden gewesen. Indem der Beobachter aktuelle Information über das System erhält, verringert sich die potentielle Information im System. Wie auf der Faktenebene liegt damit auch auf der Modellebene eine grundsätzliche Ganzheit vor: bei den Fakten innerhalb eines Systems, bei den Modellen innerhalb des Metasystems (System + Beobachter).

Unter dem Gesichtspunkt dieser Ganzheit erklärt sich, warum bei der Veranschaulichung von (9) die Aussage a auf der rechten Seite anders als auf der linken Seite behandelt werden muß. Im einen Fall wird das Metasystem so betrachtet, als sei es in die Teilsysteme des Beobachters und des beobachteten Systems separierbar. Damit wird seine dynamische Einheit in der Zeit zerstört (rechte Seite). Im anderen Fall wird es als integrales Ganzes angesehen, und damit auch als dynamische Einheit in der Zeit betrachtet (linke Seite). Die Parallele zur quantenlogischen Komplementarität, die sich dort auf strukturelle Einheit bezieht, ist klar erkennbar. Es darf vermutet werden, daß sich diese Parallele auch auf den am Ende des letzten Abschnitts angedeuteten Themenkreis der Nichtlokalität ausdehnen läßt.

Die durch L und M beschriebenen dynamischen Modelle stehen in einem hierarchischen Verhältnis zueinander. Dieses Verhältnis zeigt sich darin, daß Systeme, deren Dynamik mit Hilfe von L hinlänglich beschrieben werden kann, auch im Rahmen von M beschreibbar sind, daß jedoch das Umgekehrte nicht der Fall ist. Der damit verbundene Typus von Inkommensurabilität unterscheidet sich von dem der Quantenlogik in einer Weise, die dann deutlich wird, wenn man ihre Auswirkung auf die Reihenfolge der Anwendung der entsprechenden Operatoren betrachtet. In der Quantenlogik hat die Messung sowohl von Ort als auch von Impuls Auswirkungen auf das Resultat einer anschließenden Impuls- bzw. Ortsmessung. In diesem Sinn ist die Auswirkung einer vertauschten Reihenfolge der Operatoren symmetrisch.

Dies ist in der Logik einer Inkommensurabilität vom Typ (9) nicht der Fall. Hier ändert zwar die Anwendung von L das anschließende Resultat gemäß M, das umgekehrte trifft jedoch nicht zu. Man kann diese Asymmetrie sehr anschaulich anhand eines konkreten Beispiels verstehen (das sich allerdings auf die Faktenebene, nicht auf die Modellebene, bezieht): Die Fragen, die durch Messung entschieden werden sollen, mögen sich etwa auf den Geschmack und das Gewicht einer bestimmten Menge Flüssigkeit beziehen, zum Beispiel auf ein Glas Wein. Dann ist klar, daß die Messung des Gewichtes den Geschmack unangetastet läßt. Auf der anderen Seite erfordert jedoch eine Beurteilung des Geschmacks die irreversible Entnahme einer Probe, die damit das Gewicht auf das der verbleibenden Menge Weins reduziert.

Die hierarchische Struktur bei der Inkommensurabilität von Modellen zeigt sich formal darin, daß Informationsdynamik (M) den idealisierten Spezialfall $K = 0$ enthält. Im Vergleich zur Liouville-Dynamik (L) stellt sie damit einen tatsächlichen Theorienfortschritt dar, nämlich eine Verallgemeinerung der Betrachtungsweise – allerdings mit dem damit verbundenen Verlust an Spezifizität. Die Nicht-Distributivität der dazugehörigen Logik ist ein wesentliches Merkmal für eine Evolution offener Systeme. Indem wir unsere Kenntnis über derartige Evolution als Theorie oder Modell formulieren, machen wir sie – gewollt oder ungewollt –

zu ihrem eigenen Objekt: die Evolution offener Systeme ist selbst offen.[122]

Der nicht-Boolesche Charakter der Logik, die für evolutionäre Prozesse relevant ist, drückt diese Offenheit durch die Tatsache aus, daß Voraussagen für die Zukunft zunächst kontingent sind, also weder wahr noch falsch. Eine wichtige Folge davon ist, daß es zwar notwendige Bedingungen für eine Entwicklung in eine bestimmte Richtung gibt, nicht jedoch hinreichende Bedingungen, die sicherstellen, daß eine solche Entwicklung auch tatsächlich stattfinden wird. Hinreichende Bedingungen können jeweils erst retrospektiv aufgedeckt werden. Hierin liegt eine erstaunliche Parallele zu Benjamins Idee des epischen Theaters, so wie sie von Elkana aufgegriffen worden ist.[123] Die zentrale Frage dabei ist: Welches waren die Voraussetzungen dafür, daß die Dinge so geschehen sind, wie sie geschehen sind, wo sie doch auch anders hätten geschehen können?

5.3. Dualität und Einheit von Fakten und Modellen

Der Rückbezug, der den letzten Abschnitt beendete, gibt Gelegenheit, zu Beginn dieses neuen Abschnittes eine Zwischenbilanz zu ziehen, die dem an formale Argumentationsweise weniger gewohnten Leser zugleich eine »Atempause« gibt. Allerdings wird es sich wirklich nur um eine Pause handeln, denn der eigentliche Höhepunkt der theoretischen Diskussion, die wiederum formale Integration von Fakten und Modellen in den angestrebten gemeinsamen »Rahmen«, steht ja noch bevor.

So, wie Fakten bisher betrachtet worden sind, stellen sie die eher objektive, universell gültige Seite empirischen Wissens dar,

[122] Auf der nächsthöheren logischen Ebene wird die Modellinkommensurabilität somit zur Fakteninkommensurabilität: sie wird als Objekt betrachtet, objektiviert. Ein Rückverweis auf Fußnote 49 ist an dieser Stelle angebracht. Der Erkenntnisprozeß ist selbst der Erkenntnis unterworfen, welche ihrerseits prozessual zu verstehen ist.

[123] Siehe die Diskussion am Ende von Kapitel 3 und Fußnote 60.

objektiv : subjektiv
universell : kontextuell
h : K
Realismus : Relativismus

während der konzeptuelle Bereich der Modelle deren subjektives, kontextuelles Element verkörpert. Diese Unterscheidung äußert sich im Formalismus am offensichtlichsten in den Kommutatoren der jeweiligen Inkommensurabilitäten. Auf der Faktenebene ist das Plancksche Wirkungsquantum h eine Universalkonstante, auf der Modellebene ist die Kolmogorov-Sinai-Entropie K eine systemspezifische und kontextabhängige Größe. Aus wissenschaftstheoretischer Sicht bezieht sich die Faktenebene auf den Ansatz des Realismus, die Modellebene dagegen auf den des Relativismus.

Damit sind zwei verschiedene, einander hierarchisch überlagerte Typen von Zweistufigkeit verbunden. Einmal ist es möglich, den konzeptuellen Bereichen, die durch L und M bezeichnet werden, je eine Faktenebene zuzuordnen. Für L ist diese wohlbekannt, es handelt sich um die Faktenebene von P und Q, aus denen sich der Liouville-Operator formal zusammensetzt. Im Hinblick auf M kann diesbezüglich an einen Formalismus gedacht werden, der an die Unterscheidung von potentieller und aktueller Information anknüpft. Dies bedeutet, daß dem Erzeugungsoperator potentieller Information M (wie in (8)) ein Erzeugungsoperator aktueller Information N zur Seite zu stellen wäre. Beide sollten dann einer Inkommensurabilität genügen, die sich als Kommutationsrelation auf dieser neuen Faktenebene zeigt. Aus der Perspektive der Faktenebene (P, Q) ist M der Operator eines avancierten Modells, aus der Perspektive der übergeordneten Faktenebene (M, N) wäre M ein Operator, dessen Eigenwerte ebenfalls Fakten sind.[124] Der Übergang von einem Modell, das auf der Liouville-Dynamik L beruht, zu einem Modell, das auf der In-

[124] Korrelationsdynamik nach Prigogine (Ilya Prigogine, *Non-Equilibrium Statistical Mechanics*, Wiley, New York, 1962) stellt eine bereits durchgeführte Konstruktion einer übergeordneten Faktenebene dar. Sie wird durch Vernichtungs- und Erzeugungsoperatoren von Korrelationen formalisiert. Das Vorliegen von Korrelationen in einem System beeinträchtigt natürlich seinen Informationsinhalt, z.B. führt vollständige Korrelation aller Eigenschaften eines Systems zu einer Informationsminimierung, da alle Eigenschaften des Systems durch eine einzige festgelegt sind. Dieses qualitative Argument deutet auf eine Beziehung von Korrelationsdynamik und Informationsdynamik hin, die noch genauer zu untersuchen wäre.

formationsdynamik M beruht, stellt unter diesem Gesichtspunkt einen Übergang von einer Faktenebene zur nächsthöheren dar. Im Rahmen des zweistufigen Modells, das in Kapitel 4 skizziert worden ist, können beide Faktenebenen als Bezugsrahmen auf Stufe 1 angesehen werden. Die Modellebene (L, M) dagegen stellt den übergeordneten Bezugsrahmen auf Stufe 2 dar. Sie liefert zudem die erforderliche Übersetzungsvorschrift in der allgemeinen Form der Modellinkommensurabilität (6), die hier als intertheoretische Syntax fungiert.

Zum anderen ist aber die Faktenebene (P, Q) auch das realismusrelevante Gegenstück zur relativismusrelevanten Modellebene (L, M). Dieser Blickwinkel weist beide, Fakten und Modelle, als Bezugsrahmen auf Stufe 1 aus, und der Bezugsrahmen auf Stufe 2 muß noch gefunden werden. Diese Art von Zweistufigkeit ist der oben angesprochenen Variante übergeordnet[125], indem sie Fakten *neben* Modelle stellt und damit tatsächlich Realismus und Relativismus in der Weise gleichberechtigt, wie sie in Kapitel 4 gefordert wurde.

---

[125] Mir erscheint diese Zweistufigkeit als inhaltlich konsistente Alternativdarstellung zu den Ansätzen, die v. Weizsäcker und Finkelstein seit vielen Jahren verfolgen. Im Rahmen von v. Weizsäckers Konzept der mehrfachen Quantelung stellt sich die v. Weizsäckersche Grundfrage als eine Frage im Rahmen der Faktenebene (P, Q). Auf der (M, N)-Ebene wird nach der Wahrheit der Antwort auf die Grundfrage gefragt. Es handelt sich dabei um eine Metafrage, die erst auf höherer logischer Stufe gestellt werden kann. Iterierte Anwendung der Metafrage auf sich selbst führt zur mehrfachen Quantelung (Carl Friedrich v. Weizsäcker, *Aufbau der Physik*, Hanser, München, 1985, Kap.7.7). Eine dritte Quantelung im Sinne v. Weizsäckers würde ein Metasystem zweiter Stufe erfordern, das die Perspektiven von Metasystem erster Stufe und System vereinigt – in anderen Worten: das Modelle und Fakten integriert.
In Finkelsteins Terminologie bietet das Metasystem zweiter Stufe einen Standpunkt, der eine sogenannte Relativität dritter Ordnung ermöglicht und damit eine Transformationstheorie dritter Ebene liefert. Sie erfordert neben den Naturkonstanten h und der Lichtgeschwindigkeit c eine dritte, die im Rahmen der hier durchgeführten Argumentationsweise zur Informationsproduktionsrate K in Beziehung gesetzt werden könnte (bei Finkelstein die »Auflösungsgrenze unseres Weltbildes«, siehe z.B. David Finkelstein, Finite Physics, in *The Universal Turing Machine*, Hrsg. R. Herken, Kammerer & Unverzagt, Hamburg, 1988, S. 349–376).

Nach den in 5.1 und 5.2 gegeben Voraussetzungen ist zu vermuten, daß der gesuchte Bezugsrahmen sich zunächst auf die formalen Eigenschaften der beteiligten Logiken stützen wird.[126] Sowohl hinsichtlich der Fakten als auch der Modelle wurde ja das Hauptgewicht auf die Diskussion der Logik von Aussagen gelegt. Die zentralen Inkommensurabilitäten wurden dabei der logischen Eigenschaft einer Nicht-Distributivität zugeordnet. Derartige Eigenschaften lassen sich als Eigenschaften einer mathematischen Struktur darstellen, die man einen algebraischen Aussagenverband nennt.[127] Im Unterschied zu einem klassischen (Booleschen) Aussagenverband, der klassische Logik beschreibt, ist die Nicht-Distributivität Eigenschaft eines nicht-Booleschen Verbandes, in dem das Komplement einer Aussage nicht eindeutig ist.

Eine Eigenschaft, die jeder Verband *per definitionem* besitzt, ist die *Dualität*. Sie äußert sich darin, daß jede logische Verknüpfung von Aussagen mittels der Operationen $<, >, \vee, \wedge$ ihren Wahrheitswert nach Vertauschung der Operationen in $>, <, \wedge, \vee$ nicht ändert, d.h. wahre Aussagen bleiben wahr, falsche falsch und kontingente kontingent. Die Vertauschung führt demnach zu einer tautologen Aussage. Betrachtet man die distributiven Ungleichungen, die den Relationen (5) und (9) entsprechen, so stellt man fest, daß sie genau in diesem Sinne tautolog sind. *Quantenlogik auf der Faktenebene und zeitliche Logik auf der Modellebene sind somit duale Aspekte einer und derselben mathematischen Struktur*, nämlich eines Aussagenverbandes.

[126] An dieser Stelle sei der methodische Hinweis vom Beginn des Kapitels 5 wiederholt, daß dieser Bezugsrahmen als abstrakter Rahmen gesucht wird, der als mental-rationales Produkt zu leisten ist. Er wird als *abstraktes* Gebilde nicht das Element der *Konkretion* enthalten, das später als Bestandteil eines solchen »Rahmens« gefordert werden muß.

[127] Ich werde hier nicht auf mathematische Details eingehen, sondern verweise diesbezüglich auf die Referenzen in den Fußnoten 118 und 120.
Der verbandstheoretische Ansatz hat allerdings seine Grenzen. Finkelstein etwa benutzt seit einigen Jahren eine allgemeinere algebraische Darstellung, die Grassmann-Algebra (siehe z.B. Finkelstein und Hallidy, An algebraic language for quantum spacetime topology, *Int. J. Theor. Phys.* 30, 463–486 (1991)). Die Verbandstheorie genügt jedoch, um diejenigen Punkte zu verdeutlichen, um die es hier geht.

Dieser Befund steht im Zentrum der theoretischen Aspekte der vorliegenden Diskussion. Eine seiner wichtigsten Konsequenzen besteht darin, daß der nicht-Boolesche Verband, dessen duale distributive Ungleichungen durch (5) und (9) charakterisiert sind, als der gesuchte Bezugsrahmen auf Stufe 2 betrachtet werden kann. Die duale Vertauschung der mengentheoretischen Operationen ist die Transformation zwischen Fakten und Modellen, die dieser Bezugsrahmen als Übersetzungsvorschrift anbietet.

In gewissem Sinne kann man dies so verstehen, daß die Konzepte der Dualität und der Einheit hier ein Terrain gefunden haben, auf dem sie »friedlich koexistieren« können. Obwohl dies zunächst als eine paradoxe Koexistenz erscheinen mag, wird sich im Lauf der weiteren Diskussion immer häufiger (und hoffentlich immer überzeugender) zeigen, daß sie nichtsdestoweniger sehr relevant ist – auch und gerade im Hinblick auf ihre konkreten Konsequenzen. Das Paradoxon wird sich, wie ja schon verschiedentlich angeklungen ist, sogar als das gedankliche Werkzeug herausstellen, das zur Realisierung einer *ganzen* Wirklichkeit dienen kann, welche sowohl die Perspektive der gegensätzlichen Dualitäten als auch die Perspektive der durch ihre polare Ergänzung entstehenden Einheit enthält.

Eine solche Wirklichkeit hängt letztlich immer mit der Problematik zusammen, wie sie bewußt gemacht werden kann. Mit der *ganzen* Wirklichkeit ist untrennbar das *ganze* Bewußtsein verknüpft. Hier zeigt sich sehr deutlich, in welchem Zusammenhang die Argumentation dieses Buches mit Gebsers Konzept eines *integralen* Bewußtseins[128] zu sehen ist. Dazu muß jedoch noch eine wesentliche Voraussetzung geschaffen werden: der Einbezug der Antinomie von Abstraktion und Konkretion in die Ganzheit von Dualität und Einheit. Bevor auf diesen schwierigen Punkt

[128] Die Begriffe »ganz«, »Ganzheit«, »integral« und »Integration« sind hier und im folgenden jeweils so zu verstehen, daß sie die Konzepte von Einheit und Vielheit (Dualität) zusammenzufassen in der Lage sind. Die *ganze* Wirklichkeit ist somit etwas völlig anderes als eine *Einheits*wirklichkeit, wie sie oft als naive Utopie von Konfliktfreiheit und ewigem Glück gepriesen wird, wie sie aber auch zuweilen als Machtanspruch ohne Grenzen aus den Tiefen des menschlichen Unbewußten entstehen kann.

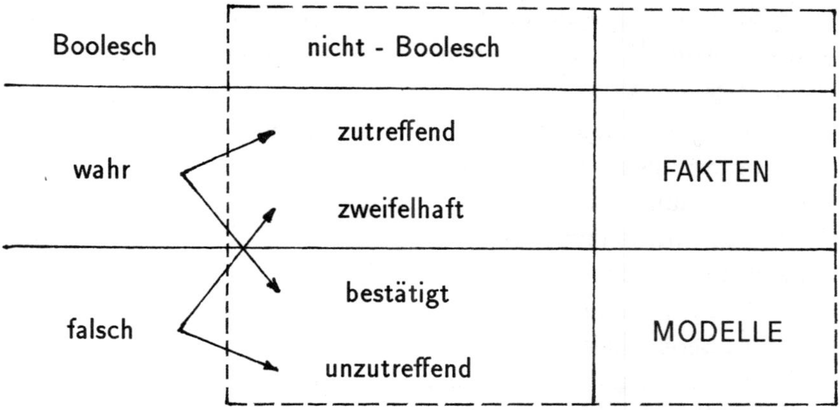

Abbildung 5.1: Schematische Darstellung, wie die Booleschen Wahrheitswerte »wahr« und »falsch«in die (nicht-Booleschen) Modalitäten »zutreffend« und »zweifelhaft« (auf der Faktenebene) beziehungsweise »unzutreffend« und »bestätigt« (auf der Modellebene) aufspalten.

eingegangen werden wird, ist es sinnvoll, eine Reihe naheliegenderer Folgerungen aus der verbandstheoretischen Integration von Fakten und Modellen zu skizzieren.

Ein sehr wichtiges Resultat dieser Integration ist, daß eine konzeptuelle Ebene existiert, auf der Fakten und Modelle keinen Bedeutungsunterschied aufweisen.[129] Genauso, wie Modelle Fakten zu erklären scheinen, konstituieren Fakten Modelle. Die verbandstheoretische Dualität von Fakten und Modellen kann mit einer vierwertigen Modallogik in Beziehung gesetzt werden[130], die die klassischen Wahrheitswerte »wahr« und »falsch« durch die modalen Wahrheitswerte »notwendigerweise wahr«, »notwendigerweise falsch«, »möglicherweise wahr« und »möglicherweise falsch« ersetzt. Umgangssprachlicher, also etwas weniger formal, können statt dessen die Begriffe »zutreffend«, »unzutreffend«,

[129] Mehr zum Thema Bedeutung in den Kapiteln 8 und 9, in denen genau diese Ebene wichtig werden wird.

[130] Harald Atmanspacher, Franz R. Krueger, and Herbert Scheingraber, A modal propositional calculus for quantum facts and dynamical theories, in *Parallelism, Learning, Evolution*, Hrsg. J.D. Becker, I. Eisele and F. Mündemann, Springer, Berlin, 1991, S. 304–314.

»bestätigt« und »zweifelhaft« verwendet werden. Diese sogenannten Modalitäten referieren, wie Abbildung 5.1 zeigt, paarweise verschränkt auf Fakten bzw. Modelle.

Dies ist eine bedeutsame Tatsache, da sie genau eine der beiden Forderungen, die in Kapitel 4 in Bezug auf die Option einer Aussöhnung von Realismus und Relativismus gestellt wurden, erfüllt. Es tauchen nun sowohl definite als auch kontingente Wahrheitswerte auf, und zwar nicht einfach getrennt voneinander für Fakten und Modelle, sondern in verschränkter Form. Ein Faktum, sofern es beobachtet oder gemessen wurde, ist zutreffend (positiv definit) – andernfalls ist es zweifelhaft (negativ kontingent). Ein Modell gilt, solange es durch Beobachtungen gestützt wird, als bestätigt (positiv kontingent) – erst, wenn es durch Beobachtungen widerlegt wurde, ist es unzutreffend (negativ definit).[131]

Eine weitere wichtige Folgerung aus der Existenz des verbandstheoretischen Bezugsrahmens zweiter Stufe bezieht sich auf das Verhältnis von Raum und Zeit, das ja bekanntlich seit Einsteins Konzept *eines* relativistischen Raumzeit-Kontinuums Gegenstand eines gewissen Vereinheitlichungstrends geworden ist. Dieser Trend läßt sich in der Quantentheorie nicht finden. Ganz im Gegenteil: Quantentheoretische Aussagen, wie sie in typischen Fakteninkommensurabilitäten auftreten, können generell als zeitfreie Aussagen über Fakten aufgefaßt werden, während rein zeitliche Aussagen, zum Beispiel in Form dynamischer Gesetze oder Modelle, den räumlich-strukturellen Bereich außer acht lassen. Die gefundene Verbandsstruktur stellt also eine mathematische Konstruktion dar, innerhalb derer die Dualität von Fakten und Modellen eine weitere Dualität enthält, nämlich die von Struktur

[131]Es ist interessant zu sehen, in welcher Weise Poppers Konzept der Falsifikation wissenschaftlicher Modelle hier zwanglos seinen Platz findet.
Darüber hinaus ist es bemerkenswert, daß damit eine gemeinsame nicht-Boolesche Logik für Quantensysteme und klassische Systeme entstanden ist. In diesem Zusammenhang sei auf Arbeiten des Japaners Watanabe hingewiesen, der bereits 1948 darauf hinwies, daß nicht-Boolesche Logik einen allgemeineren als quantentheoretischen Ursprung haben müsse, den er in der Informationstheorie suchte (vergleiche dazu auch Fußnote 273). Siehe Satosi Watanabe, *Knowing and Guessing*, Wiley, New York, 1969.

Struktur : Dynamik
Raum : Zeit

und Dynamik[132] – oder, anders ausgedrückt, von Raum und Zeit. Die verbandstheoretische Integration räumt der Einheit von beiden neben ihrer Dualität *zusätzlich* den Platz ein, den sie seitens der Relativitätstheorie *ausschließlich* besetzt hält.

Nun ist es auf mathematisch-formale Weise möglich, die *algebraische* abstrakte Struktur eines Verbandes *geometrisch* zu deuten. Dies führt dazu, daß die in der algebraischen Darstellung zentralen Begriffe der Fakten und Modelle in geometrischen Räumen dargestellt werden können. Aus der Dualität auf der verbandstheoretischen Seite *samt ihrer empirischen Relevanz* folgt dann, daß auch auf der geometrischen Seite *zwei zueinander duale Räume* existieren, die *beide empirisch relevant* sind. Dieses einfache Argument ist von großer Tragweite, und im Detail ist ihm in der Physik (bzw. der mathematischen Physik) als dafür zuständiger Branche bisher kaum bis gar nicht nachgegangen worden. Man kann jedoch diesbezüglich einige allgemeine Überlegungen anstellen, die sich darauf gründen, daß die Eigenschaften eines Verbandes die Eigenschaften der ihm entsprechenden Geometrie bis zu einem gewissen Grad festlegen.

Insbesondere ist es die Nicht-Distributivität eines Verbandes, die dafür sorgt, daß für die Darstellung inkommensurabler Fakten und Modelle nicht jeder beliebige geometrische Raum in Frage kommt. Was ausscheidet, sind Räume, deren Koordinaten auf reelle oder komplexe Zahlen beschränkt sind. Solche Räume kennzeichnen symmetrische Geometrien. Die Nicht-Distributivität, also die Relevanz einer nicht-Booleschen Logik, fordert dagegen sogenannte schiefsymmetrische Geometrien, deren einfachste vierdimensional ist und auf einem Zahlenkörper aufbaut, der von dem irischen Mathematiker Hamilton[133] als Erweiterung des Körpers

[132]Harald Atmanspacher, Complementarity of Structure and Dynamics, in *Information Dynamics*, Hrsg. H. Atmanspacher and H. Scheingraber, Plenum, New York, 1991, S. 205–220.

[133]William Rowan Hamilton lebte von 1805-1865 und wurde hauptsächlich durch seine Formulierung der klassischen Mechanik berühmt. Die nach ihm benannte Hamilton-Funktion erhielt schließlich sogar ihr quantenmechanisches Äquivalent im Hamilton-Operator.

der komplexen Zahlen eingeführt wurde: dem Zahlenkörper der Quaternionen.[134] Ihre mögliche Bedeutung für eine Kritik des traditionellen Raum-Zeit-Begriffes wurde von dem Schweizer Psychologen Carl Gustav Jung zusammen mit dem Physiker Wolfgang Pauli bereits gegen Ende der 40er Jahre, allerdings ohne greifbare Konsequenzen, diskutiert.[135]

Während die komplexen Zahlen aus der Summe eines Realteils (einer reellen Zahl) und eines Imaginärteils (einer imaginären Zahl, die sich als Produkt der imaginären Einheit $i = \sqrt{-1}$ mit einer reellen Zahl darstellt) bestehen, sind die Quaternionen die Summe aus einer reellen Zahl und drei verschiedenen imaginären Zahlen, die man in einem Vektor zusammenfassen kann. Im Gegensatz zur zweidimensionalen (ebenen) Darstellung der komplexen Zahlen ist die Darstellung von Quaternionen daher vierdimensional. Die Eigenschaft der Symmetrie im Bereich der komplexen Zahlen äußert sich darin, daß die Basisvektoren 1 und i durch Multiplikation mit i bzw. $-i$ eindeutig ineinander überführbar sind. Dies ist bei Quaternionen nicht der Fall, da hier drei imaginäre und eine reelle Komponente vorliegen. In diesem Sinne bezeichnet man den Zahlenkörper der Quaternionen als schiefsymmetrisch.

[134] Darauf wiesen bereits Birkhoff und von Neumann in ihrer Arbeit von 1936 (siehe Fußnote 95) in einer Fußnote hin. Finkelstein und Mitarbeiter griffen diese Idee zu Beginn der 60er Jahre auf und veröffentlichten mehrere Artikel, in denen sie versuchten, die Quantentheorie als Theorie in Quaternionenräumen zu formulieren. (Siehe z.B. David Finkelstein, Josef M. Jauch, Samuel Schiminovich, and David Speiser, Foundations of Quaternion Quantum Mechanics, *Journal of Mathematical Physics* 2, 207–220 (1962).) Dieser Versuch führte zu dem Resultat, daß die Quantentheorie in der Standardform, wie sie damals vorlag, in komplexen Räumen auf hinreichende Weise dargestellt werden kann. Inzwischen hat sich die Situation geändert; doch bereits dieses Resultat weist darauf hin, daß zwischen der Standard-Quantentheorie und ihrer logischen Interpretation eine Diskrepanz besteht. Offenbar erlaubt die Quantenlogik eine Quantentheorie, die »komplizierter« ist, als sie in ihrem Standardformalismus erscheint. Nähere Ausführungen, die den Kern dieser Komplikation berühren, folgen in Kapitel 7.

[135] Dies geht aus einem Brief von C.G. Jung an den Physiker Pascual Jordan vom 1. 4. 1948 hervor, der in der *Zeitschr. Grenzgeb. Psych.* 15, 123–124 (1973) abgedruckt ist.

Quaternionen können nur dann miteinander kommutieren, wenn sie entweder reelle Zahlen oder komplexe Zahlen sind.

Diese Schiefsymmetrie führt dazu, daß zueinander duale Quaternionenräume auf andere Weise interpretiert werden müssen, als dies bei komplexen Ebenen der Fall ist. Nehmen wir zum Beispiel eine reelle Raumachse und eine imaginäre Zeitachse in einer komplexen Ebene, so können wir zugleich mit der Vertauschung von Realteil und Imaginärteil die Bedeutung der Achsen, nämlich Raum und Zeit, vertauschen, und nichts ändert sich. (Es handelt sich hierbei um ein vereinfachendes Beispiel, in dem als Raumausdehnung nur die Längenausdehnung berücksichtigt ist.) Daß dies in Quaternionenräumen nicht geht, liegt daran, daß hier der Raum dreidimensional und die Zeit eindimensional sind, so wie es der gewöhnlichen Anschauung entspricht.[136] Eine gleichzeitige Vertauschung von Raum mit Zeit und Realteil mit Imaginärteil würde Zeit dreidimensional und Raum eindimensional machen. Die Tatsache, daß Quaternionen im allgemeinen nicht kommutieren, kann so als das formale Gegenstück zu der inhaltlichen Aussage gewertet werden, daß Raum und Zeit qualitativ und substantiell unterschiedliche Konzepte sind.[137]

Die beiden zueinander dualen vierdimensionalen Geometrien, die aus Quaternionen konstruiert werden können, lassen sich folgendermaßen zusammenfassen:

Geometrie I:
q_1, q_2, q_3, it

[136] In der Tat ist das vierdimensionale Raumzeit-Kontinuum bereits 1908 von Minkowski genau in diesem Sinne als Quaternionengeometrie dargestellt worden, siehe Hermann Minkowski, Raum und Zeit, nachgedruckt in *The Principle of Relativity*, Dover, New York, 1952, S. 73–91.

[137] Auch hier sollte (vgl. Fußnote 127) der Hinweis nicht fehlen, daß die Darstellung in Quaternionenräumen ebenso limitiert ist wie der verbandstheoretische Ansatz. Allgemeinere algebraische Formulierungen führen dazu, daß die Vorstellung von eindeutigen Distanzen auf Seiten der Geometrie nicht mehr aufrechterhalten werden kann. Man muß dann zu Darstellungen in topologischen Räumen übergehen, die in natürlicher Weise dazu geeignet erscheinen, z.B. nichtlokale Korrelationen adäquat darzustellen.

Geometrie II:
$i\eta_1, i\eta_2, i\eta_3, \tau$

Im ersteren Fall existieren die Koordinaten q_1, q_2, q_3 des Ortsvektors $\vec{q}$ als reelle Größen, während die Zeit t als imaginäre Größe auftritt. Diese Geometrie wird in der üblichen Formulierung der Einsteinschen Relativitätstheorie verwendet. Geometrie II enthält umgekehrt den Raum in imaginärer Form und die Zeit als reelle Größe. Aus bestimmten Gründen (die in Kapitel 6 zur Diskussion stehen) wird diese Geometrie im allgemeinen als »physikalisch irrelevant« aussortiert. Dies kann jedoch ohne genauere Prüfung der angesprochenen Gründe nur mit Vorbehalt akzeptiert werden: Die empirische Relevanz *beider* dualer Geometrien folgt schließlich aus der empirischen Relevanz *beider* dualer Nicht-Distributivitäten! Damit stellen sich zwei Fragen:

1. Welche Argumente haben dazu geführt, daß eine der beiden Geometrien »aussortiert« wird, und wie müßten die dazu dualen Argumente *pro* Geometrie II aussehen?
2. Sofern es solche Argumente *pro* Geometrie II gibt: wie kann diese zusammen mit Geometrie I in sinnvoller, kohärenter Weise interpretiert werden?

Der Beantwortung dieser Fragen beabsichtige ich im folgenden Kapitel 6 nachzugehen. Dabei bedarf die erstere vor allem eines historischen Aufrisses der Entwicklung zentraler Prinzipien von Wissenschaftlichkeit, sowohl was die Naturwissenschaften im allgemeinen als auch was die Physik im besonderen betrifft. Dies geschieht in Abschnitt 6.1. Im Anschluß daran wird skizziert, welche wissenschaftstheoretischen Tendenzen der Gegenwart den historisch entstandenen Schwerpunkten zur Seite zu stellen sind. Im Rahmen dieser ergänzenden Aspekte werden sich diejenigen Argumente finden, die die Beantwortung der zweiten Frage in Abschnitt 6.2 einleiten. Kapitel 7 wird schließlich darauf eingehen, inwieweit mit Hilfe der hinzugewonnenen Aspekte eine widerspruchsfreie abgeschlossene Weltanschauung im Sinne eines

Universalmodells überhaupt möglich ist. Hier wird sich das elementare Paradoxon eines abstrakten Modells, das den Aspekt des Konkreten zu beinhalten hat, endgültig und in voller Deutlichkeit zu erkennen geben. Und hier wird klar werden, wie die Idee einer integralen Wirklichkeit in das Programm eines integralen Bewußtseins in Gebsers Sinn einmündet.

Diesseits : Jenseits

6. Innen und Außen

Das Innen/Außen-Thema ist in vielen verschiedenen Bereichen der Geistes- und Naturwissenschaften (von den Künsten ganz zu schweigen) seit langem von grundlegender Bedeutung, wenn auch vielfach nicht ausdrücklich als solches zum Ausdruck gebracht. Es spiegelt sich etwa im Begriffspaar Intension – Extension, und auch die Begriffe der Intensität und der Intention, deren externe Gegenstücke weniger gebräuchlich sind, tragen deutliche »Innensignifikanz«. In der Psychologie ist es eines der therapeutischen Kernprobleme, die psychische Innenwelt, die internen Modelle, mit der physischen Außenwelt, den externen Fakten, in sinnvollen Kontakt zueinander zu bringen. Und schließlich weist auch die Geschichte der Mathematik und der Physik eine beträchtliche Innenkomponente auf, die, wie sich im Laufe dieses Kapitels zeigen wird, allerdings erst seit kurzer Zeit dabei ist, ihren Stellenwert explizit zu demonstrieren.

Ein Ansatzpunkt für diese Demonstration sind die Schlußbemerkungen von Kapitel 5, insbesondere die dort formulierten Fragestellungen. Die diesbezüglichen Erkenntnisse sind auf Grund ihres hohen Aktualitätsgrades für eine abgeschlossene Darstellung im Detail gegenwärtig noch nicht genügend ausgereift. Daher sind insbesondere die Ausführungen in Abschnitt 6.2 zum Teil eher allgemein gehalten, zum anderen Teil sind sie spekulativ. Anders gesagt: sie sind von ausgeprägt programmatischem Charakter. Andere, alternative Zugänge und Sichtweisen zum Thema sind möglich und sehr wahrscheinlich auch erforderlich, um zu einem ausgewogenen, adäquaten Gesamtbild zu gelangen. Dies gilt gleichermaßen für Kapitel 7 über interne Zeit. Der Inhalt beider Kapitel ist daher weniger im Sinne einer rationalen Rekonstruktion existierender und belegter Resultate zu verstehen, sondern vielmehr als aktueller Bericht im Sinne des wissenschaftstheoretischen Entstehungskontextes.

Unabhängig vom Sinn und Zweck einer so gelagerten Darstellung hätte ein Verzicht auf Kapitel 6 und 7 die ungünstige Konsequenz, daß der Gang der Argumentation, der vom abstrakten Schwerpunkt zum praxisrelevanten Teil des Buches führt, ohne beide Kapitel kaum leicht einzusehen wäre. An der Schnittstelle zwischen Theorie und Praxis muß naturgemäß Entscheidendes geschehen, und wenn Kapitel 5 einige Forderungen an das abstrakte, formale Verständnis des Lesers gestellt hat, so erfordern die Kapitel 6 und 7 eine ganz andere Fähigkeit. Sie besteht – metaphorisch gesprochen – darin, zwischen der Skylla »erstarrter« wissenschaftstheoretischer Normen und Prinzipien und der Charybdis einer »Flexibilität« zu segeln, die auch die positiven Errungenschaften der traditionellen Wissenschaften »vorurteilsfrei « verramschen möchte. Auch Wissenschaft als Prozeß enthält im günstigen Fall die konstruktiven Teile von beiden: der realistischen *und* der relativistischen Komponente – der Orientierung am Gegebenen *und* der kritischen Öffnung zum Möglichen.

6.1. Wissenschaftshistorischer Rückblick

Jede Wissenschaft, auch die Naturwissenschaften (und hier auch die Physik), arbeitet auf der Basis von Grundannahmen, sogenannten regulativen Prinzipien, die sie nicht aus sich selbst ableiten kann. Mit diesen Prinzipien und ihrer historischen Herkunft beschäftigen sich Wissenschaftstheorie und Wissenschaftsgeschichte. Die regulativen Prinzipien der heutigen Naturwissenschaften sind in ihren wesentlichen Punkten 400 Jahre alt und gehen auf Vorstellungen von Bacon und Descartes zurück.[138] Ihr Kern besteht gängigen Definitionen zufolge aus den Forderungen nach *Rationalität, Objektivität und Empirie.* Dabei bezieht sich Rationalität auf die (theoretisch-abstrakte) Modellebene, Empirie auf die (konkrete) Faktenebene und Objektivität auf beide.

[138]Im Verlauf dieses Abschnittes beziehe ich mich wiederholt auf zwei Artikel von Hans Primas (Umdenken in den Naturwissenschaften, *Gaia* 1, 5–15 (1992); Ein Ganzes, das nicht aus Teilen besteht, *Mannheimer Forum 1992/93*, Piper, München, 1993, S. 81–113), die ich samt dort gegebener Zitate wärmstens zur Lektüre empfehle. Es wird dort zum Teil etwas ausführlicher und ein klein wenig formaler argumentiert, was im Sinne größerer Präzision hilfreich ist.

Die Forderungen nach *Empirie* und *Objektivität* auf der Ebene der Fakten betreffen vor allem die schwierige Thematik des operationalen Zugangs eines Beobachters zu einem beobachteten System. In anderen Worten handelt es sich dabei um die Frage: Was kann wie und unter welchen Umständen beobachtet werden?

Objektivität auf der Faktenebene impliziert, daß zwischen einem beobachtenden Subjekt und einem beobachteten Objekt sowie dessen Eigenschaften, den Fakten, klar unterschieden werden kann. Spätestens die formale Behandlung des Meßprozesses in der Quantentheorie hat eine solche strikte Trennung von Beobachter und beobachtetem System als unhaltbar erwiesen. Damit ist die traditionell angenommene Subjekt/Objekt-Separation beider auf einem fundamentalen Niveau widerlegt: Die Quantentheorie ist, wie dies bereits in Abschnitt 5.1 angesprochen wurde, als *das* naturwissenschaftliche Beispiel für eine streng formalisierte holistische Theorie anzusehen. Objektivität im Sinne einer strikten Separation von Objekt und Subjekt ist im allgemeinen *nicht* möglich. Trotzdem ist sie in Einzelfällen oder als Näherung oft nützlich. Sie wird dann generell als Externalisierung des zu beobachtenden Objektes verstanden (Descartes' *res extensa*): als operational zugänglich in »objektivem« Sinn gelten jeweils »Objekte« (Objektsysteme) *außerhalb* eines beobachtenden »Subjektes« (Subjektsystems). Der Schnitt zwischen beiden ist nicht eindeutig festlegbar, er muß von Fall zu Fall definiert werden, und seine Lage hängt vom Kontext der Fragestellung ab.

Damit sind wir auch schon auf den einen der beiden Schwerpunktsbegriffe des gegenwärtigen Kapitels gestoßen: *Externalität* als »*Außen*perspektive«. Die Forderung nach objektiver Beobachtung von Fakten impliziert, daß das beobachtete System *von außen* beobachtet wird. Neben dieser Bedingung der Externalität gibt es jedoch zusätzlich noch eine zweite Grundannahme für den operationalen Zugang zu Fakten, die Bacons[139] Empirie-Forderung Rechnung trägt und die ich im folgenden mit *Konkretheit* bezeichnen möchte. Mit Konkretheit ist *direkte* Wahr-

[139]Francis Bacon (1561-1626).

nehmbarkeit gemeint, wie sie *ohne* abstrakte Folgerungen *unmittelbar* stattfindet. (Im mathematischen Formalismus der Physik äußert sich dies darin, daß die Beobachtungsrelevanz komplexer Variablen, wo immer sie auftreten, auf ihren Realteil beschränkt betrachtet wird. Jedenfalls gilt dies, soweit die *direkte* Operationalisierbarkeit betroffen ist.[140])

Im Rahmen der beiden Grundannahmen von Externalität und Konkretheit auf der Faktenebene haben sich zwei zentrale Konzepte herauskristallisiert, die erst in diesem Jahrhundert mehr und mehr in die Diskussion geraten sind. Heute können sie in dem umfassenden, absoluten Anspruch auf Gültigkeit, den sie lange besaßen, nicht länger aufrechterhalten werden. Es handelt sich um die Konzepte von *Kausalität* und *Determinismus*, auf die hier zunächst eingegangen werden muß.

Unter Kausalität wird im Rahmen der gegenwärtigen naturwissenschaftlichen Terminologie die aristotelische *causa efficiens* verstanden[141], also die Ursache, die ein Ereignis als Wirkung zur Folge hat. Für lange Zeit wurde der so eingeschränkte Kausalitätsbegriff – Kausalität im engeren Sinne – generell so verstanden, daß ein einmal beobachteter Ablauf von Ereignissen im wesentlichen der gleiche bleibt, sofern man die Bedingungen, unter denen er stattfindet, nicht allzu sehr variiert. Diese etwas vage Formulierung läßt sich, ohne dadurch allerdings das geringste an Vagheit zu verlieren, markanter fassen als: »Ähnliche Ursachen haben ähnliche Wirkungen«. Diese Formulierung charakterisiert, was man heute als sogenannte »starke Kausalität« bezeichnet. Das Konzept der starken Kausalität dominiert praktisch den gesamten Bereich der traditionellen Naturwissenschaften. Zum Beispiel äußerte sich in den 70er Jahren des vergangenen Jahrhunderts der

[140] Dies läßt sich besonders einleuchtend am Beispiel der Phase einer Wellenfunktion nachvollziehen. Obwohl Phasen als imaginäre Größen nicht auf direkte Weise operational zugänglich sind, können sie aus Interferenzexperimenten *gefolgert* werden. *Gemessen* werden dabei jedoch reellwertige Intensitäten.

[141] Die übrigen drei *causae* nach Aristoteles (siehe Fußnote 27) verloren im Lauf der Zeit deutlich an Popularität.

englische Physiker James Clerk Maxwell in einem seiner zahlreichen Vorträge vor der *Royal Society*[142]:

> Es ist eine metaphysische Doktrin, daß gleiche Ursachen gleiche Wirkungen haben. Niemand kann sie widerlegen. Ihr Nutzen aber ist sehr gering in dieser Welt, in der gleiche Ursachen niemals wieder eintreten und nichts zum zweitenmal geschieht. Das entsprechende physikalische Axiom lautet: Ähnliche Ursachen haben ähnliche Wirkungen. Dabei sind wir aber von Gleichheit übergegangen zu Ähnlichkeit, von absoluter Genauigkeit zu mehr oder weniger grober Annäherung.

Obschon an diesem Zitat im Grunde auch heute nichts auszusetzen ist, spricht es doch eine wichtige Modifikation an, die in der gegenwärtigen Situation der Naturwissenschaften von großer Bedeutung ist. Es handelt sich um das Konzept der »schwachen Kausalität«, das durch die Phrase »Nur gleiche Ursachen haben gleiche Wirkungen« gekennzeichnet ist. In der Weise, wie Maxwell sich zu dieser Aussage stellt, kommt zwar korrekterweise zum Ausdruck, daß exakt gleiche Ursachen nie sichergestellt werden können. Schwache Kausalität im modernen Sinn ist jedoch darüber hinaus als Kritik am Konzept der starken Kausalität zu verstehen – nämlich so, daß ähnliche Ursachen gerade *nicht* immer zu ähnlichen Wirkungen führen.

Es gibt eine Unmenge von Beispielen, die dies demonstrieren. Eine sehr umfangreiche Klasse dieser Beispiele unterliegt dabei einer Verhaltensweise, für die sich die Bezeichnung »empfindliche Abhängigkeit von Anfangsbedingungen« eingebürgert hat. Chaotische Systeme, wie sie in Abschnitt 5.2 diskutiert worden sind, fallen etwa in diese Sparte. Das Gebiet der nichtlinearen Dynamik hat für sie die mathematisch-formalen Grundlagen geschaffen. In der Maxwellschen Sprechweise führt eine empfindliche Abhängigkeit von Anfangsbedingungen dazu, daß Wirkungen auch dann sehr unterschiedlich sein können, wenn die Ursachen nahezu gleich, also sehr ähnlich sind. Etwas umständlich ausgedrückt, könnte man die starke Kausalität in derartigen Systemen also folgendermaßen kritisieren: ähnliche Wirkungen sind nur durch exakt glei-

[142]Zitiert nach Gregor Morfill und Herbert Scheingraber, *Chaos ist überall...*, Ullstein, Berlin, 1991, S. 42f.

che Ursachen sicherzustellen, dann aber sind die Wirkungen auch exakt gleich. Die Tatsache, daß exakt gleiche Ursachen nicht gezielt herbeigeführt werden können, bleibt davon unberührt. Der wesentliche Punkt des Konzeptes der schwachen Kausalität ist, daß die Ähnlichkeit der Wirkungen in Frage gestellt wird – nicht, daß zur Gleichheit der Wirkungen zurückgegangen wird.

Die Auffassungen von starker und schwacher Kausalität haben gemeinsam, daß die Ursache der Wirkung stets zeitlich vorausgeht. Nun befindet sich unter den vier *causae* des Aristoteles auch eine *causa finalis*, die das Ereignis von seinem Ziel aus begründet, also gewissermaßen von der Zukunft her. Die Frage »warum?« wird dabei ersetzt durch die Frage »wozu?«. Finalität als Alternative zu Kausalität wird zwar unter Naturwissenschaftlern im allgemeinen eher als absurd empfunden, könnte sich aber von nicht zu unterschätzender Bedeutung für ein adäquates Verständnis der Begriffe »Zufall« und – damit verwandt – »Stochastizität« erweisen.[143] So kann zum Beispiel die Quantentheorie, die in den ersten Jahrzehnten unseres Jahrhunderts entstand, im Rahmen ihrer empirischen Überprüfbarkeit ausschließlich probabilistische Vorhersagen machen und ist in diesem Sinne nicht-kausal in Bezug auf Einzelereignisse. Weitere grundsätzliche Probleme für ein Kausalitätsdogma finden sich im Umfeld von selbstreferentiellen und selbstorganisierenden Systemen, wie sie später, nämlich in Abschnitt 8.1, im Detail besprochen werden. Hier wird die Unterscheidung von Ursache und Wirkung als solche unklar bis irrelevant.

Das Problem, inwiefern Kausalität im engeren (Ursache-Wirkungs-) Sinn für eine eindeutig bestimmbare Evolution in der Zeit sorgen kann, führt zum Thema Determinismus. Eine vielzitierte Aussage hierzu stammt von Laplace[144] und lautet:

---

[143] Siehe hierzu auch die Diskussion zu Beginn von Kapitel 9 zu den Themen Intentionalität, Zielgerichtetheit und Synchronizität (Fußnote 244).

[144] Pierre Simon de Laplace, Philosophischer Versuch über die Wahrscheinlichkeit, in *Ostwalds Klassiker, Band 233*, Akademische Verlagsgesellschaft, Leipzig, 1932, S. 1/2. Die in diesem Zitat angesprochene »Intelligenz« hat sich in der späteren Literatur als »Laplacescher Dämon« eingebürgert.

> Wir müssen ... den gegenwärtigen Zustand des Universums als die Auswirkung des vorherigen Zustands betrachten und als die Ursache dessen, was folgen wird. Nehmen wir ... eine Intelligenz an, die alle die Kräfte, durch die die Natur bewegt wird, kennen könnte, und für einen bestimmten Moment die genauen Zustandsgrößen aller physikalischen Objekte, aus denen sie besteht; ... für diese Intelligenz wäre nichts ungewiß; und die Zukunft wie die Vergangenheit läge klar vor ihren Augen.

Vor dem historischen Hintergrund ihrer Entstehungsepoche schneidet diese Aussage zwei Hauptproblemkreise an: die analytisch geschlossene exakte Lösbarkeit von (Differential-) Gleichungssystemen und die exakte Festlegung von Anfangsbedingungen für die Lösung. Beides ist im allgemeinen Fall nicht möglich.

Der Zustand eines beobachteten Systems ist dem Beobachter generell nie so gut bekannt, daß er alle Variablen mit beliebiger Genauigkeit angeben könnte. Die Quantentheorie hat diesen Indeterminismus durch die Inkommensurabilität bestimmter Variablenpaare verschärft. Im Hinblick auf die geschlossene Lösbarkeit von Gleichungen ist heute bekannt, daß es sich dabei um einen Spezialfall handelt, der sich im wesentlichen auf lineare Gleichungen erstreckt. Real existierende Probleme sind im allgemeinen nicht in Form solcher Gleichungen formulierbar. Die Dynamik, die sich aus nichtlinearen Gleichungssystemen ergibt, ist weit komplizierter und in vielen Fällen intrinsisch instabil. Ein großer Teil der damit zusammenhängenden Phänomenologie wird unter dem Titel »deterministisches Chaos« untersucht – eine Begriffskombination, die die Fragestellung an den Determinismus bereits explizit mitenthält.[145]

Die Konzepte der Kausalität und des Determinismus sind beide auf einer Ebene angesiedelt, die sich mit Fakten bzw. Ereignissen in einer für ihren Beobachter als *extern* geltenden, *konkret* wahrnehmbaren Natur beschäftigt. Dennoch ist der Beobachter

[145] Nichtlineare Dynamik, deterministisches Chaos und Instabilitäten fern vom thermodynamischen Gleichgewicht spielen eine wesentliche Rolle in der jüngeren Entwicklung der modernen Naturwissenschaften. Im Rahmen des vorliegenden Buches stehen sie insbesondere im Zentrum der Diskussion um Modellinkommensurabilität (Abschnitt 5.2) und Bedeutung (Abschnitt 8.2). Dort finden sich auch Details zum eingehenderen Verständnis.

nicht in strengem Sinn von dieser Natur separierbar – erst die Wechsel*wirk*ung mit der Natur ist es ja, die diese für ihn zur *Wirk*lichkeit macht. Diese Wechselwirkung ist aber ein Prozeß und kann weder »extern« noch »intern« zugeordnet werden. Auch hier hat die Quantentheorie diejenigen konzeptuellen Neuerungen geliefert, die nötig sind, um die Untrennbarkeit von Beobachter und Beobachtungsobjekt zu präzisieren. Die Auswahl, die der Beobachter trifft, indem er Eigenschaften eines Objektes aktuell festlegt, schließt andere potentielle Eigenschaften für diese Beobachtung aus.

Im Prinzip gilt Ähnliches für die *Modellierung* von Daten bzw. Fakten, also für die Theoriebildung. Auch hier sind verschiedene Ansätze möglich, und die Entscheidung für einen dieser Ansätze beinhaltet den Verzicht auf andere. Der Verzichtcharakter der Entscheidung wird daran erkennbar, daß bestimmte Eigenschaften des jeweils studierten Systems prinzipiell nicht erfaßt werden können, solange man nur einen einzigen theoretischen Ansatz verwendet. Als Beispiel seien die Modelle der Thermodynamik und der statistischen Mechanik in der Physik erwähnt: die statistische Mechanik kennt weder Temperatur noch Entropie, während die Thermodynamik ohne die Konzepte von Teilchengeschwindigkeit, ihrer Energie etc. formuliert ist.

Damit haben wir die Faktenebene mit ihrem Objektivitäts- und Empirieanspruch verlassen und die Modellebene betreten, auf der nun die Konzepte der Rationalität und Objektivität zu besprechen sind. *Rationalität* ist derjenige Modus des Erkenntnisgewinns, der für eine wissenschaftliche Auseinandersetzung mit der Welt, sowohl der Natur als auch des Geistes, im allgemeinen als unabdingbar gilt. Dieser zentrale Platz und die damit verbundene enorme Bedeutung der »ratio« geht in wesentlichen Zügen auf die Grundgedanken der Philosophie von Descartes[146] zurück. Rationalität ist bei Descartes vor allem eine Methode, die der Abgrenzung gegen die historisch vorangegangene scholastische Vielfalt und Konfusion im philosophischen Diskurs dienen sollte.

[146] René Descartes (1596-1650).

Im Gegensatz zu Bacon, für den die empirisch erhältlichen Sinneserfahrungen von primärer Wichtigkeit waren, zählt für Descartes vor allem das, was der denkende Verstand in klarer, durchsichtiger, rationaler, mathematischer Argumentation formulieren kann.[147] Der konzeptuelle Ort solcher Argumentation ist die cartesische *res cogitans*, die sich mit der oben erwähnten *res extensa* in einem grundsätzlich dualistischen Verhältnis befindet.

Trotz dieses Sachverhaltes soll hier nicht dem Eindruck Vorschub geleistet werden, daß Descartes sich mit diesem Dualsimus wirklich zufrieden gegeben hat. In seiner – nach herrschender neurophysiologischer Meinung heute als unakzeptabel geltenden – Hypothese, nach der die Zirbeldrüse im Gehirn zwischen *res extensa* und *res cogitans* vermittelt, drückt sich deutlich aus, wie sehr ihm auch die Einheit der beiden *rei* am Herzen lag. Das Problem der Einheit *trotz* Dualität war Descartes durchaus geläufig, es war indessen für ihn nicht lösbar.[148] Ob es nach nunmehr 400 Jahren einer Lösung nähergerückt ist, darf immerhin gefragt werden. Angesichts der Entwicklung, die in Kapitel 5 dargestellt wurde, ist eine sinnvolle Antwort auf diese Frage heute sicherlich nicht mehr so aussichtslos wie zur damaligen Zeit. In Anbetracht der Ausführungen, die im Zusammenhang mit dem Konzept von Ganzheit à la Gebser weite Teile dieses Buches durchziehen, scheint es jedoch fraglich, ob der Absolutheitsanspruch der rationalen Methode dann noch aufrechterhalten werden kann. Darauf wird später im einzelnen zurückzukommen sein.

Objektivität auf der Modellebene steht mit der Vorstellung universell gültiger und kontextfreier Theorien in Verbindung. Eine solche Vorstellung setzt eine wohldefinierte Separation von Theo-

---

[147]Hierzu und zur Position Kants in der Antinomie der Aufassungen von Bacon und Descartes siehe Kapitel 1. Die rationale Methode ist unter den Gegenwartsströmungen der Wissenschaftstheorie am deutlichsten in der Methode der rationalen Rekonstruktion einer Theorie repräsentiert. Näheres dazu in Kapitel 3 und Fußnote 50.

[148]Eine kürzlich erschienene Descartes-Biographie, die in diesem Zusammenhang sehr aufschlußreich ist, stammt von William R. Shea, *Magic of Numbers and Motion. The Scientific Career of René Descartes*, Science History Publ., Canton Ma., 1991.

retiker und Theorie voraus, die ähnlich wie die Subjekt/Objekt-Trennung von Beobachter und beobachtetem System einzuordnen ist. Daß diese Separation im allgemeinen *nicht* realistisch ist, dürfte spontan klar sein. Gerade auf der Modellebene findet sich ja die relativierende Sicht der Kontextualität, der Abhängigkeit von kollektiven historischen und soziologischen Randbedingungen ebenso wie von psychologischen Abläufen, was die individuelle Seite betrifft.[149] Darüber hinaus erschöpft sich eine Theorie nie im Formalismus alleine, sondern enthält immer auch die Elemente der Interpretation, also der Bedeutung[150], und der Anwendung. Halten wir am Prinzip der Rationalität fest, so führt uns das Zugeständnis an mangelnde »Objektivität« zum Konzept der rationalen, aber kontextbehafteten Theorie.[151]

Dieses Konzept ist in der Wissenschaftsgeschichte jedoch nicht sehr weit zurückzuverfolgen und beginnt erst in letzter Zeit, seine Relevanz zu entfalten. Statt dessen ist ein fundamentaler Ansatz, der sich in den vergangenen Jahrhunderten nahezu als normatives Regularium etabliert hat, der von Analyse und Theoriereduktion gewesen. Es galt lange Zeit implizit als seriöses Forschungsprogramm, alle Erscheinungen der Natur aus ersten Prinzipien einer grundlegenden Universaltheorie zu verstehen.[152] Dieses Pro-

[149]Kurz gesagt, geht es hier um den Entstehungskontext einer Theorie, wie er bereits in Kapitel 3 (siehe auch hier Fußnote 50) angesprochen wurde. Der Entstehungskontext berücksichtigt vor allem den Prozeß der Theoriebildung, während der sogenannte Begründungskontext das Endprodukt der Theoriebildung »rational rekonstruiert«. Es ist sehr verlockend, mit dieser Antinomie diejenige von Innenperspektive und Außenperspektive auf der Modellebene zu verknüpfen. In Abschnitt 6.2 wird dieser Verknüpfung ein nachvollziehbares Fundament gegeben.

[150]Dieses Thema wird in Abschnitt 9.1 bei der Behandlung der Begriffe Komplexität und Bedeutung im Detail erörtert.

[151]Dabei wird der wissenschaftlichen Objektivität nicht der Begriff der Subjektivität gegenübergestellt, sondern der der Kontextualität. Es scheint mir sinnvoll zu sein, diese Unterscheidung vorzunehmen und Subjektivität erst dann zu reklamieren, wenn auch nicht-rationale Komponenten explizit ins Spiel kommen.

[152]In Kapitel 7 wird dies am Beispiel physikalischer Basistheorien (Quantentheorie und Relativitätstheorie) im einzelnen ausgeführt.

gramm darf heute, zumindest was seinen allgemeinen Anspruch betrifft, als gescheitert betrachtet werden. Was man statt dessen aufrecht erhalten kann, ist ein sogenannter schwacher Reduktionismus, der zwar Kompatibilität mit ersten Prinzipien fordert, nicht jedoch strenge Ableitbarkeit aus ihnen. Diese abgeschwächte Form trägt der Tatsache Rechnung, daß beim Durchgang durch Instabilitäten Systemeigenschaften entstehen (emergieren) können, die kausal völlig unvorhersagbar sind, die sich bei geringfügigen Variationen von Anfangs– bzw. Randbedingungen stark ändern oder gar ausbleiben können, und die letztlich die Forderung nach der Reproduzierbarkeit von Experimenten erheblich relativieren können. Insbesondere ist dies der Fall, wenn Systeme in zunehmendem Maße komplex werden.

Emergenz ist ein Begriff, der erst aus synthetischer oder, wenn man so will, ganzheitlicher Sicht seine volle Bedeutung enthüllt. Er ist ebenso indeterministisch wie final und steht damit in der kurzen Tradition einer verringerten Relevanz von Determinismus und Kausalität (gemeint ist immer Kausalität im engeren Sinn). Die damit verbundene schwache Reduktion ist mit dem Anspruch, alles aus ersten Prinzipien einer Universaltheorie abzuleiten, nicht vereinbar. In diesem Sinn ist der Mythos der Einheit der Wissenschaften ein gebrochener Mythos.[153]

Das soll nicht heißen, daß der Gedanke einer universellen Geltung von Naturgesetzen generell unangebracht sei (genausowenig übrigens, wie ihre Gegenposition unangebracht ist); es heißt aber, daß der Ansatz der Universalität zu einer vollständigen Beschreibung der Wirklichkeit nicht ausreicht. Aus dieser Sicht zeigt sich besonders klar der defiziente Charakter einer alles vereinheitlichenden Universaltheorie mit dem platonischen Beigeschmack absoluter Wahrheit. Eine solche Theorie wäre semantisch leer, und zwar in dem Sinn, den Wolfgang Pauli so treffend in seinem Kommentar auf Werner Heisenbergs Rundfunkankündigung einer uni-

[153]Ausführliche und gut dokumentierte Kritik am Einheitskonzept der Wissenschaften aus der Sicht der kognitiven Wissenschaften und der Wissenschaftstheorie ist zum Beispiel von Margolis geübt worden: Joseph Margolis, *Science Without Unity*, Blackwell, Oxford, 1987.

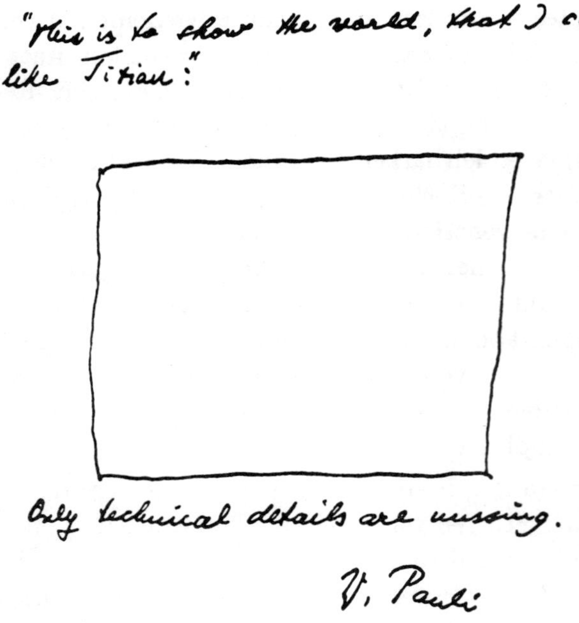

Abbildung 6.1: Paulis Kommentar zu Heisenbergs Rundfunk-Ankündigung einer »Weltformel« der Physik (aus einem Brief an Gamov vom 1. 3. 1958).

versellen physikalischen »Weltformel« karikiert hat[154] und der in Abbildung 6.1 wiedergegeben ist.

All diejenigen Naturerscheinungen, die zu Kausalität, Determinismus und Reduktionismus Gegengewichte bilden, konstituieren zugleich auch eine Alternative zur Einheitsidee der Universalität – nämlich das Konzept der Kontextualität. Es betont die Abhängigkeit von Ereignissen von zeitlichen und räumlichen

[154]Einige Zeit nach Heisenbergs Rundfunkansprache, die sich im übrigen auf gemeinsame Arbeiten von Pauli und Heisenberg bezog, schickte Pauli seinen (selbst-) ironischen Kommentar an zahlreiche Physiker der ganzen Welt. Unter anderem erhielt ihn auch George Gamov, der ihn ausschnittsweise in seinem Buch *Twenty Years That Shook Physics*, Dover, New York, 1985, auf S. 163 veröffentlichte.

»Kontexten«, wie sie Anfangsbedingungen, Vorgeschichte, Umgebung, Intentionalität, etc. darstellen. Aus ganz prinzipiellen Gründen ist es unmöglich, den Gesamtkontext eines Ereignisses exakt zu rekonstruieren. So enthält etwa die Vorgeschichte einer »Rekonstruktion« die Originalvorlage des Ereignisses, was beim Original selbst natürlich nicht der Fall ist. Damit betont die Relevanz von Kontextualität die Einzigartigkeit des Einzelereignisses, sei es auf der mikroskopischen Ebene der Quantentheorie, auf der Ebene biologischen Lebens (wo diese Individualität ja für uns wesentlich einsehbarer erscheint), oder auf der Ebene der Theoriebildung.

Nach dieser etwas gedrängten Darstellung der Grundannahmen von Wissenschaftlichkeit auf der Fakten- wie auf der Modellebene läßt sich ein grobes Schema angeben, das die traditionellen Prinzipien einer möglichen zeitgemäßen Ergänzung gegenüberstellt:

Kausalität – Finalität
Determinismus – Unbestimmtheit
Reduktion – Emergenz
Universalität – Kontextualität

Dabei beziehen sich die beiden oberen Begriffspaare primär auf die Faktenebene, die beiden unteren primär auf die Modellebene. Die jeweils links aufgeführten Prinzipien gehören in den Rahmen der traditionellen Vorstellungen von Wissenschaftlichkeit, in dem Rationalität, Empirie und Objektivität notwendige Bedingungen sind. Insbesondere die Bedingung der Objektivität, so wie sie hier verstanden wird, zeigt sehr deutlich das Element der Externalität, der Außenperspektive, und zwar sowohl auf der Fakten- als auch auf der Modellebene. Dazu kommt – auf die Faktenebene beschränkt – das durch die Forderung nach Empirie charakterisierte Element der Konkretheit.

Die Prinzipien auf der rechten Seite erscheinen mit manchen dieser Vorstellungen auf den ersten Blick nicht ohne weiteres vereinbar. Am klarsten wird dies überall dort, wo der durch die Externalität gesteckte Rahmen verlassen wird. Auch aus der Innenperspektive ist jedoch Empirie möglich, allerdings unter anderen Gesichtspunkten als den traditionell angenommenen. Nehmen wir als Beispiel das Forschungsgebiet der Psychologie. Hier sind es gewissermaßen interne Fakten, die im Verhalten von Individuen eine wesentliche Rolle spielen (und die sich selbstverständlich auch nach außen bemerkbar machen). Interne Fakten, wie zum Beispiel Meinungen, Affekte usw. tragen im Rahmen einer umgangssprachlichen Zuordnung einen ausgeprägten Modellcharakter: eine Meinung kann als Modell einer bestimmten Gruppe von Ereignissen betrachtet werden. Es wird sich zwar bald zeigen, daß eine solche Zuordnung nur für eine bestimmte Art von Internalität gilt.[155], Für sie läßt sich jedoch klar sehen, daß beispielsweise das Konzept der Finalität mit der Idee der Intentionalität zusammenhängt. Genauso trägt das Konzept der Kontextualität lediglich der eingeschränkten Objektivität Rechnung, die der Psychologie zu Recht attestiert, aber zu Unrecht vorgeworfen wird.

Bevor das Thema der Innen/Außen-Antinomie, das nun eigentlich schon mitten im Raum steht, im Detail angegangen werden kann, sind noch einige Bemerkungen erforderlich, um den Status der oben getroffenen Gegenüberstellung zu klären. Was bedeutet eine solche Gegenüberstellung? Sie bedeutet *nicht*, daß die einen durch die anderen Begriffe zu ersetzen sind. Vielmehr ist sie so zu verstehen, daß jeweils beide gegenübergestellten Begriffe *für sich genommen notwendig* für eine verständnis-produktive Sicht der Natur sind, daß aber nur beide *zusammen hinreichend* für eine vollständige Sicht sind. Im ersteren Fall kann man das Problem der Gegensätze um den Preis der Einseitigkeit und Unvollständigkeit vermeiden, im zweiten Fall kann man das Problem der Einseitigkeit um den Preis der mit der Vereinigung von Gegensätzen verbundenen logischen Probleme umgehen.

An dieser Stelle greift der von Niels Bohr, einem der Väter der Quantentheorie, in die Physik importierte Begriff der Kom-

[155]Gemeint ist Internalität auf der strukturellen Ebene. Dynamisch betrachtet, liefert Internalität einen ausgesprochen bedeutsamen Beitrag zum Verständnis von »Zeit«. Darauf wird Kapitel 7 eingehen.

plementarität, und zwar genau in der von ihm so charakteristisch verschleierten Deutlichkeit. Natürlich muß ein Begriff, der die extremen Ambivalenzen spiegeln soll, die darin enthalten sind, auf ganz eigentümliche Art umschrieben werden. Auch »Klarheit und Wahrheit sind komplementär«, wie Bohr es formuliert hat.[156] Das gleiche Thema hört sich bei Gebser an wie folgt[157]:

> Es ist festzuhalten, daß die Überwindung des Dualismus, soweit sie vollzogen wurde, niemals mit einer Abschaffung desselben gleichgesetzt werden darf. *Es kann und darf sich nie darum handeln, diese Basis-Vorstellung des Mentalen abschaffen zu wollen, sondern lediglich darum, ihren Ausschließlichkeitsanspruch zu überwinden.* Das Mentale behält seine Gültigkeit, aber es behält nicht seine prädominierende Stellung. ... Es wird überwunden, indem an seine Stelle das Integrations-Prinzip tritt. Das Integrations-Prinzip ist aber die Zeit-Freiheit, das Achronon.

Die letzten Zeilen dieses Zitates greifen bereits auf den Inhalt von Kapitel 7 vor. Die Überwindung des Dualismus in seinem Ausschließlichkeitsanspruch trifft indessen mit dem Ziel des folgenden Abschnittes zusammen. Es besteht in der Hauptsache in einer Einordnung der Resultate von Abschnitt 5.3 in die Antinomie von Internalität und Externalität. Die entsprechenden Blickwinkel werden als Endoperspektive und Exoperspektive bezeichnet und können dazu benutzt werden, die komplizierten Beziehungen zwischen den am Schluß von Abschnitt 5.3 vorgestellten Geometrien aufzuklären.

---

[156] Bohr hat den Komplementaritätsbegriff nachgewiesenermaßen aus der Psychologie übernommen, wo er schon seit geraumer Zeit verwendet wurde. Siehe dazu Ernst Plaum, Bohrs quantentheoretische Naturbeschreibung und die Psychologie, *Psych. u. Gesch.* 3, 94–101 (1992). Die Formulierung im Zusammenhang mit Klarheit und Wahrheit hat ihr Urbild in Schillers *Spruch des Konfuzius*: »Nur die Fülle führt zur Klarheit, und im Abgrund wohnt die Wahrheit.«

[157] Jean Gebser, *Ursprung und Gegenwart*, dtv, München, 1988, S. 522.

6.2. Endo- und Exoperspektive in Raum und Zeit

Gegen Ende von Kapitel 5 hatte die Diskussion von Fakten und Modellen mit ihren formalen Eigenschaften zu zwei zueinander dualen *Geometrien* geführt, die beide als Raumzeitgeometrien zu interpretieren sind. Der Grund für diese Interpretation besteht darin, daß ihre *algebraische* (verbandstheoretische) Basis genau die Kategorien Raum und Zeit sowohl in dualer als auch in einheitlicher Darstellung enthält. Der inhaltliche Kern der verbandstheoretischen Formulierung bezieht sich auf die logische Analyse zweier Bereiche der theoretischen Physik: Quantentheorie und Theorie nichtlinearer dynamischer Systeme. Die Quantenlogik als zeitfreie Logik von Aussagen über räumliche Strukturen und eine dazu duale Logik von zeitlichen Vorhersagen, die sich aus zentralen Resultaten der nichtlinearen Dynamik ableiten läßt, sind dementsprechend ebenso als dualitäts- wie einheitsstiftende Konzepte zu verstehen. Der Einheitsaspekt ist dabei konsistent mit der relativistischen Vorstellung einer Raumzeit, deren Komponenten Raum und Zeit, separat genommen, sinnlos werden. Der Aspekt der Dualität dagegen entspricht der Alltagserfahrung, in der Raum und Zeit völlig verschiedene Wahrnehmungskategorien darstellen.[158]

Da die auf der algebraischen Seite des Gedankenganges aus Kapitel 5 vorgestellten dualen Relationen jeweils empirisch zugänglich sind, muß angenommen werden, daß diese empirische Relevanz auch für die ihnen entsprechenden dualen Geometrien gegeben ist. Das Problem besteht letztlich auch nicht darin, daß die allgemeine Relativitätstheorie nur eine dieser Geometrien verwendet, sondern es besteht in deren Interpretation. Auf diesen

[158] Diese Diskrepanz weist weder auf eine grundsätzlich fehlgeleitete Alltagserfahrung hin noch darauf, daß die allgemein relativistische Einheitsvorstellung grundsätzlich fehlerhaft ist. Während nämlich letztere eine *globale* Vorstellung über das Universum als Ganzes liefert, ist erstere immer für *lokale* Gegebenheiten relevant. Zwischen beiden besteht also kein Widerspruch – was sich auch darin zeigt, daß die der Alltagserfahrung nähere klassische Physik als Spezialfall der Relativitätstheorie dargestellt werden kann.

Punkt bezieht sich die erste der beiden am Ende von Abschnitt 5.3 formulierten Fragen: Wieso ist in unserem naturwissenschaftlichen Weltbild nur ein »Typ« von Raumzeit vorhanden, und was ist mit dem dazu dualen zweiten geschehen? Um es gleich geradeheraus zu sagen: Eine rigorose formale Antwort auf diese Frage liegt derzeit nicht vor. Aus der Diskussion des vorangegangenen Abschnittes 6.1 ergeben sich jedoch Argumente, die die Richtung anzeigen, in der eine solche Antwort vermutlich zu finden ist. Das naheliegendste dieser Argumente liegt im Bereich des Begriffspaares Kausalität – Finalität.

Von einem rein formalen mathematischen Standpunkt aus gesehen, ist die Dualität zweier verschiedener Geometrien in der allgemeinen Relativitätstheorie enthalten. Es gibt im Rahmen der Theorie zunächst kein Kriterium, das eine von beiden favorisiert oder gar auswählt. Es gibt jedoch dessen ungeachtet Unterschiede zwischen beiden. Für die gegenwärtige Problemstellung besteht der wesentliche Unterschied darin, daß in der einen Raumzeitgeometrie (Typ I) Ereignisketten im Sinne der Kausalität verknüpft sind, daß also Ursachen immer zeitlich vor ihren Wirkungen auftreten. (Zwischen schwacher und starker Kausalität muß dabei hier nicht differenziert werden.) In der Geometrie vom Typ II ist der Unterschied von Vergangenheit und Zukunft im Sinne der Kausalität dagegen gar nicht definiert.[159]

Diese Tatsache liefert im Licht einer wissenschaftshistorischen Analyse genügend Grund, um die Auswahl von Geometrie I als

[159]In der relativistischen Ausdrucksweise spricht man bezüglich Geometrie I von »zeitartigen« Ereignisketten, bezüglich Geometrie II von »raumartigen«. Es gibt zahlreiche Versuche, solche raumartigen Ereignisketten mit Hilfe von sogenannten Tachyonen zu beschreiben, Teilchen, die sich schneller als mit Lichtgeschwindigkeit bewegen und somit Ursache und Wirkung vertauschen. Ganz abgesehen von den Problemen, zu denen dies führt, scheint mir dieser Ansatz schon aus dem Grund zu naiv zu sein, weil er lediglich eine »invertierte Kausalität« (Ursache nach Wirkung) anbietet und damit im alten Denkmuster stecken bleibt. Überlegungen, die schon in Fußnote 127 angedeutet worden sind, weisen zudem darauf hin, daß im allgemeinen Fall topologische statt metrischer Räume verwendet werden müssen. Dort wird die Unzulänglichkeit des Tachyonen-Konzeptes noch unmittelbarer deutlich.

»eigentlich relevante« Raumzeit erklärlich erscheinen zu lassen. Das ändert jedoch nichts daran, daß das Deutungspotential von Geometrie II unausgeschöpft bleibt. Die ausgeführten Hinweise auf die empirische Relevanz dieser Geometrie zusammen mit der Existenz einer dualen Ergänzung zur Kausalität, nämlich der Finalität, legen es nahe, einen Zusammenhang zwischen einer finalen Betrachtungsweise und der Deutung von Geometrie II zu vermuten. Des weiteren könnte man spekulieren, daß im Rahmen der Antinomie von Universalität und Kontextualität Geometrie I von universell globaler Relevanz ist, während Geometrie II kontextuell lokale Bedeutung hat. Kurz – es gibt eine ganze Reihe von Gründen, die nach der Diskussion der historisch entstandenen Einseitigkeiten von regulativen Grundprinzipien eine Basis liefern, auf der man Geometrie II wirklich »ernst nehmen« sollte – auch was damit verbundene empirische Konsequenzen betrifft.[160]

Wie sieht dann eine mögliche Interpretation beider Geometrien I und II aus, die sowohl dem Aspekt der Dualität als auch dem ihrer Einheit gerecht wird? Um dieser Frage nachzugehen, ist es sinnvoll, zunächst einmal die verschiedenen Kombinationen von Raum- und Zeitvariablen zu untersuchen, die sich aus den beiden Geometrien ergeben können. Es gibt zwei Gruppierungskriterien: einmal das der Zugehörigkeit zu Geometrie I oder II und zum zweiten das des Charakters der Variablen als Realteil oder Imaginärteil. So erhält man die folgenden vier Zusammenstellungen:

$\vec{q}, \tau$ Hier handelt es sich um die *Realteile* der Raum- und Zeitvariablen, die aber zu unterschiedlichen Geometrien gehören.

$\vec{\eta}, t$ Dual dazu sind hier die *Imaginärteile* der Raum- und Zeitvariablen zusammengefaßt; sie gehören ebenfalls zu unterschiedlichen Geometrien.

[160] Es gibt Versuche, solche Konsequenzen zu erarbeiten, die aber noch im Anfangsstadium stecken. Soweit die Physik direkt betroffen ist, verweise ich auf die in Fußnote 161 gegebenen Referenzen und Hinweise zum Thema »Endophysik«. Aber auch die in den Kapiteln 8 und 9 behandelten Fragen fallen in den Bereich der Empirie beider dualer Raumzeiten, allerdings aus der Sicht der kognitiven Wissenschaften.

$\vec{q}, t$ Dies sind Raum- und Zeitvariablen im traditionellen Verständnis von *Geometrie I*. Während $\vec{q}$ reell ist, handelt es sich bei t um eine imaginäre Größe.

$\vec{\eta}, \tau$ Dual dazu *Geometrie II*, in der die Raumvariable $\vec{\eta}$ imaginär und die Zeitvariable τ reell ist.

Zum Versuch einer konsistenten Interpretation kann nun eine Reihe von Argumenten aus Abschnitt 6.1 herangezogen werden. Beginnen wir mit der Feststellung, daß im Rahmen der traditionellen Grundannahmen von Wissenschaftlichkeit auf der Faktenebene die Kriterien von Konkretheit und Externalität gelten. Auf die in diesem traditionellen Verständnis betrachtete Geometrie I angewendet würde dies bedeuten, daß sowohl $\vec{q}$ als auch t externe und konkrete Größen sein müßten. Auf der anderen Seite wissen wir, daß konkrete Größen immer (in mathematischem Sinn) reell dargestellt werden. Das trifft auf $\vec{q}$ zu, nicht jedoch auf t. Halten wir an der Externalität beider fest, so sind wir also gezwungen, den nicht-konkreten, abstrakten Charakter von t anzuerkennen. Diese Überlegung impliziert, daß externe physikalische Variablen grundsätzlich auf der Basis von Ortsmessungen operationalisiert werden, und daß dies sogar für die Messung von t zutrifft. In der Tat gibt es kein Verfahren, mit dessen Hilfe Zeit (in ihrem traditonellen Verständnis) *direkt* meßbar gemacht werden könnte. Besonders anschaulich ist das Beispiel der Uhrzeit, die sich immer aus den Positionen von Zeigern bestimmt. Die Wahrnehmung zeitlicher Dynamik erfüllt im Gegensatz zur Wahrnehmung von räumlicher Struktur das Kriterium der *direkten* Operationalisierbarkeit im traditionellen Sinne nicht.

Die Zuordnung von Geometrie I zur Grundannahme der Externalität gewährleistet maximale Konsistenz mit der traditionellen Raumzeitvorstellung, verschärft jedoch die Problematik eines adäquaten Verständnisses von »Zeit«, indem sie den nicht-konkreten Charakter von t verdeutlicht. Akzeptieren wir Geometrie I als externe Raumzeit, so folgt auf natürliche Weise, daß Geometrie II deren interne Ergänzung darstellt. Hier sind die Raumvariablen abstrakt (imaginär) und die Zeit ist konkret (reell). Was dies im einzelnen bedeuten kann, insbesondere für den Begriff der Zeit, wird in Kapitel 7 angesprochen. Hinsichtlich der allgemeineren Folgerungen für die Beziehung zwischen Fakten und Modellen sowie zwischen Geometrie I und II trägt die Unterscheidung von Exo- und Endoperspektive, die mit den Begriffen der Externalität und Internalität ins Spiel gekommen ist, ein wichtiges Moment zum Verständnis bei.

Der explizite Einbezug der Exo- und Endoperspektive in die Physik ist recht neu und läßt sich zu Vorschlägen von John Wheeler und David Finkelstein in die frühen 80er Jahre zurückverfolgen.[161] Die Nomenklatur »endo/exo« wurde von David Finkelstein vorgeschlagen und von den Protagonisten in diesem Arbeitsbereich beibehalten. Es gibt bislang noch keine präzise und allgemein verbindliche Definition von Endo- und Exoperspektive. Zum Teil werden unterschiedliche Bedeutungen mit den gleichen Bezeichnungen verbunden, zum Teil wird mit unterschiedlichen Bezeichnungen das gleiche gemeint.[162] Es gibt allerdings gute Gründe für die Vermutung, daß die endo/exo-Differenzierung al-

---

[161]Implizit hat das Perspektivenproblem jedoch eine weit längere Geschichte, die zum Teil erbitterte Auseinandersetzungen zwischen Vertretern der beiden Richtungen aufweist. Das tragische Leben Ludwig Boltzmanns, eines Vertreters des Endostandpunktes, ist eines der illustrativsten Beispiele in diesem Zusammenhang. Aufschlußreiche Hinweise zur Geschichte der »Endophysik« hat Rössler in seinem gleichnamigen Artikel aus dem Jahre 1987 gegeben (Otto Rössler, Endophysics, in *Real Brains – Artificial Minds*, Hrsg. J.L. Casti and A. Karlqvist, North Holland, Amsterdam, 1987, S. 25–46. Dieser Artikel ist in deutscher Sprache abgedruckt in Rösslers Aufsatzsammlung ***Endophysik***, Merwe Verlag, Berlin, 1992.
Im Juni 1992 fand in Linz das erste internationale Symposium zum Thema Endophysik im Rahmen der Ausstellung »Ars Electronica 92« statt. Der Veranstaltungskatalog *Die Welt von innen – endo & nano* wurde von Karl Gerbel und Peter Weibel herausgegeben und erschien 1992 im Landesverlag Druckservice Linz. Die Herausgabe eines Sammelbandes der wissenschaftlichen Symposiumsbeiträge ist in Planung; Hrsg.: George Kampis und Peter Weibel.

[162]Hans Primas hat in diesem Punkt etliche Vorschläge gemacht, die sich durch konzeptuelle Klarheit und formale Präzision auszeichnen: Hans Primas, Mathematical and philosophical questions in the theory of open and macroscopic quantum systems, in *Sixty-Two Years of Uncertainty*, Hrsg. A.I. Miller, Plenum, New York, 1990, S. 233–257.

leine kaum ausreichend ist, um zu sinnvollen Definitionen zu gelangen. Zusätzlich dürfte es wesentlich sein, die Dichotomie von Fakten und Modellen mit zu berücksichtigen, wie sie in Kapitel 5 im Detail behandelt wurde.

Beide Dichotomien zusammen ermöglichen es, die begriffliche Unterscheidung von Fakten und Modellen durch die jeweilige Perspektive zu spezifizieren. Auf diese Weise erhält man Exofakten, Endofakten, Exomodelle und Endomodelle. Unter dem Gesichtspunkt der Geometrie ist das elementare Exofaktum $\vec{q}$, das elementare Endofaktum τ. Während $\vec{q}$ im Sinn der traditionellen Grundannahmen operationalisierbar ist ($\vec{q}$ ist extern und konkret), gilt dies nicht für die interne Zeit τ, die Bestandteil der geometrischen Innenperspektive ist. Auf der abstrakten Modellebene sind t und $\vec{\eta}$ relevant; sie korrespondieren mit Exomodell bzw. Endomodell. Korrigiert man also die traditionelle Interpretation von Geometrie I im Sinne der explizit berücksichtigten traditionellen Grundannahmen, so beschreibt Geometrie I den Bereich der Exomodelle von Exofakten. (In der unkorrigierten Version taucht t einfach als unspezifizierte »Zeit« auf der Faktenebene auf.)

Die oben aufgeführten vier Raumzeit-Kombinationen sind diesem Vorschlag entsprechend folgendermaßen zu klassifizieren:

$\vec{q}, \tau$ Exofakten – Endofakten

$\vec{\eta}, t$ Endomodelle – Exomodelle

$\vec{q}, t$ Exofakten – Exomodelle

$\vec{\eta}, \tau$ Endomodelle – Endofakten

Die von der Theorie angebotenen Geometrien I und II beinhalten jeweils die Beziehungen zwischen Fakten und Modellen aus der Exo- ($\vec{q}, t$) oder Endoperspektive ($\vec{\eta}, \tau$). Es sind also auf direkte geometrische Weise nur Exomodelle von Exofakten und Endomodelle von Endofakten darstellbar. Exomodelle von Endofakten und Endomodelle von Exofakten sind jeweils in verschiedenen Geometrien angesiedelt und können daher nur indirekt dargestellt werden. Die dazu erforderliche Brücke wird dabei durch die Beziehungen auf der Fakten- bzw. Modellebene als solcher geschaffen. Um beispielsweise ein Endomodell eines Exofaktums zu erhalten, kann entweder der Weg $\vec{\eta} - \tau - \vec{q}$ oder der Weg $\vec{\eta} - t - \vec{q}$ gewählt werden. Der Unterschied zwischen beiden besteht darin, ob die Endofaktenebene (τ) oder die Exomodellebene (t) als Transferebene zwischen den Geometrien benutzt wird.[163]

Die beiden Annahmen von Konkretheit und Externalität auf der Faktenebene haben sich damit als Eckpfeiler für die Interpretation der dualen Raumzeitgeometrien I und II herausgestellt. Sie können darüber hinaus als komprimierter Ausdruck des naturwissenschaftlichen Realismus angesehen werden, wie er in Kapitel 4 skizziert wurde. Ihnen stehen auf der Modellebene Abstraktion und Internalität gegenüber, die wissenschaftstheoretisch erst in der jüngeren Vergangenheit explizite Berücksichtigung fanden, nämlich in der Behandlung von Theorienstruktur und -dynamik (Abstraktion) sowie in den Begriffsbildungen von internem Realismus bzw. internem Relativismus (Internalität). Diese neueren Entwicklungen spiegeln die Bemühung, den tiefen Graben zwischen Begründungskontext und Entstehungskontext zu vermindern, der sich in der Wissenschaftstheorie herausgebildet hat und der in Kapitel 3 bereits in mehreren Variationen geschildert worden ist.

Der entscheidende Punkt im gegenwärtigen Zusammenhang besteht darin, daß wesentliche Züge beider Kontexte mit der Dichotomie von Exo- und Endoperspektive auf der Modellebene koinzidieren. Der Begründungskontext besteht (zum Beispiel) in der rationalen Rekonstruktion einer Theorie, in der Beurteilung ihrer abschließenden und endgültigen Fassung. Er bezieht sich also auf ein festgefügtes, strukturelles Gedankengebäude, ohne die Dynamik seiner Entwicklung zu berücksichtigen. Intern, nämlich im Prozeß der Theoriebildung, geht es um die *Konstruktion* der Theorie; extern, nämlich im Hinblick auf die entstandene Struktur, geht es um deren *Rekonstruktion*. Für den Entstehungskon-

[163]Das hier gegebene Niveau der Darstellung ist zugegebenermaßen ziemlich abstrakt – es hat selbst ausgeprägten Exomodellcharakter. Im nächsten Kapitel 7 werden sehr viel konkretere Wege zum Verständnis besprochen. Davon werden insbesondere die Gebiete der Physik und der Psychologie betroffen sein.

text ist meist eine historische, erzählende Darstellung der Ereignisse angebracht, die auch die weniger rationalen oder gar nichtrationalen Aspekte in einem Ablauf erkennen läßt, der ohne sie nicht zu verstehen wäre. Hier werden die Ereignisse aus der Endoperspektive »erlebt«, oder doch zumindest »nacherlebt«. Der Begründungskontext dagegen bewegt sich hauptsächlich in einem rein rationalen, deduktiv ableitenden Rahmen und liefert einen Überblick über den Zustand eines historischen Ablaufs zu einem bestimmten Zeitpunkt (zum Beispiel den aktuellen Stand einer Theorie). Der charakteristische Zug dieser Exoperspektive ist nicht das Erlebnis, sondern die Betrachtung von außen.

Soweit Modelle naturwissenschaftlicher Provenienz angesprochen sind, wird damit verständlich, daß der Anspruch der Rationalität zur Favorisierung der Exomodellebene und zur Ausklammerung der Endomodellebene geführt hat. Erst auf einer Metaebene der Betrachtungsweise, die dann wiederum als Exomodellebene konzipiert sein muß, kann die Endomodellebene rational rekonstruiert werden. Dies ist in den Kapiteln 5 und 6 geschehen. Abbildung 6.2 illustriert den generellen Zusammenhang zwischen der algebraischen Behandlung räumlicher Strukturen und zeitlicher Dynamik und der geometrischen Behandlung von Exo- und Endoperspektive auf übersichtliche Weise. Aus der Endoperspektive selbst gibt es weder Metaebene noch rationale Rekonstruktion. Hier gilt die Evidenz des Erlebten und Erfahrenen.

Diese Situation weist auf einen Punkt von kaum zu überschätzender Bedeutung hin: es ist möglich, mit Hilfe von abstraktrationalen Argumenten formal, präzise und rigoros die Relevanz des nicht-rationalen Bereichs vorzuführen. Worin diese Relevanz eigentlich besteht, ist damit noch nicht gesagt. Im verbleibenden Teil des Buches wird eine diesbezügliche Klärung zunehmendes Gewicht erhalten. Einige Andeutungen dazu sind aber bereits hier möglich.

Die verbandstheoretische Darstellung der Dualität bzw. Einheit von Quantenlogik und zeitlicher Logik (Fakten- und Modellinkommensurabilität) bzw. die entsprechende geometrische Dar-

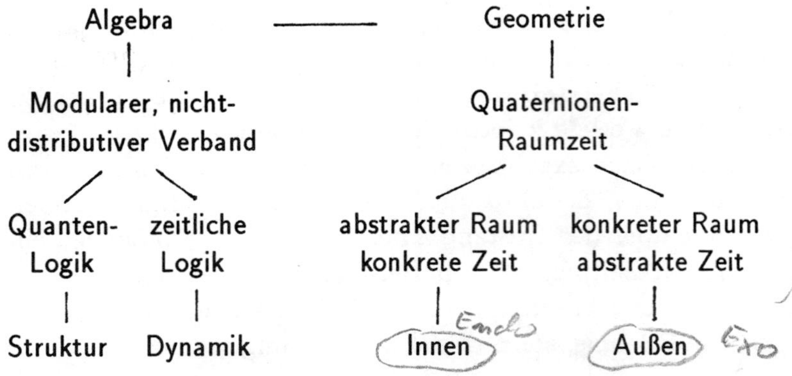

Abbildung 6.2: Algebraische (links) und geometrische (rechts) Aspekte der Dichotomie von Fakten und Modellen. Die Inkommensurabilitäten der Quantentheorie und der nichtlinearen Dynamik führen über entsprechende Typen von Logik zu einer Darstellung, die zwei duale vierdimensionale Geometrien erfordert. In ihnen sind Endo- und Exoperspektive sowie räumliche und zeitliche Komponenten in nichttrivialer Weise miteinander verschränkt.

stellung in zueinander dualen Quaternionenräumen ist unter dem Blickwinkel des wissenschaftlich denkenden Gehirns abstrakt. In Gebsers Terminologie wird sie allein vom mentalen Bewußtsein geleistet. Erst durch Einbeziehen einer psychischen, erlebnishaften Komponente kann gewissermaßen das Erlebnis ihrer Konkretisierung stattfinden. Dieses Erlebnis kann sich beispielsweise im Erleben der mathematischen Struktur als ästhetischer Form äußern. Wer in diesem Sinn Mathematik als Kunst erleben kann[164], dem steht ein Weg zur konkreten Integration von »subjektiver« und »objektiver« Seite offen. Derartige Integration ist selbst integrales Ereignis, und mit metischer Vernunft ist eine Vernunft angesprochen, die zu einem solchen Ereignis führt und sich zugleich in ihm zeigt.

Es wäre jedoch durchaus falsch, die ereignishafte Konkretisierung als eine geometrische Konkretisierung zu verstehen. Letztere wäre als Versuch einer abstrakten Vorstellung mit einer deutli-

[164]Ich verweise in diesem Zusammenhang auf das Boltzmann-Zitat zu Beginn von Kapitel 5 sowie auf Abbildung 6.3.

chen Dominanz mentalen Bewußtseins verbunden.[165] Obschon die geometrische Deutung eines Verbandes unter dem Aspekt empirisch prüfbarer Aussagen sehr fruchtbar sein kann[166], wird sie notgedrungen in die Welt der Dualitäten zurückverweisen und damit die konkretisierte Ganzheit zerstören. Diese Zerstörung zeigt sich im übrigen besonders deutlich durch das Auftreten logischer Paradoxa – Aussagen, die dualistisch betrachtet widersprüchlich in sich selbst sind. Abbildung 6.3, in der Eschers Lithographie *Belvedere* wiedergegeben ist, zeigt in geradezu überwältigender Perfektion, wie sich dieser paradoxe Rückverweis zeigt, wenn man sie einer logischen Analyse unterwirft. Dieselbe Abbildung bietet jedoch auch die Möglichkeit des oben angedeuteten ästhetischen Erlebnisses einer integralen Wahrnehmung – die freilich ungleich schwieriger zu realisieren ist. Konkretisierung der Integration besteht vor allem in einer Bewußtseinsleistung, oder genauer einer Leistung des Bewußt*werdens* dieser Integration. Mit dem Erreichen einer entsprechenden integralen Bewußtseinsstruktur endet ein Denken, soweit es sich auf Dualitäten beschränkt.

An dieser Stelle ist es hilfreich, den dimensionalen Aspekt des Bewußtseins zur Diskussion zu stellen, wie es Gebser[167] vorgeschlagen hat. Die vier Bewußtseinsstrukturen, die Gebser für den Verlauf der bisherigen phylogenetischen Entwicklung des Bewußtseins anführt, unterscheiden sich unter anderem durch die je-

---

[165] Noch zu Platos Zeit war es völlig gerechtfertigt, im Rahmen des Übergangs von der mythischen zur mentalen Bewußtseinsstruktur geometrisches Vorstellungsvermögen zu fordern – so wie es die Inschrift auf dem Tor zur platonischen Akademie zum Ausdruck brachte: »Niemand trete ein, der nicht geometrisch denkt!«. Im Hinblick auf ein integrales Bewußtsein könnte man dem entgegnen: »Niemand trete ein, der nur geometrisch denkt!«

[166] Zwecks einer sehr anschaulichen Beschreibung solcher geometrischer Vorstellungsprobleme kann Teil II des Buches *One Two Three ... Infinity* (Viking, New York, 1961) von George Gamov empfohlen werden. Insbesondere die Antinomie von Innen und Außen wird dabei ausführlich behandelt, zum Beispiel anhand des Möbius-Bandes, aber auch in höherdimensionalen Räumen.

[167] Jean Gebser, *Ursprung und Gegenwart*, dtv, München, 1988, Teil I, Kapitel 5 (S. 234–263) sowie Teil II, Kapitel 4.2 (S. 456–482).

Abbildung 6.3: Lithographie *Belvedere* von Maurits C. Escher aus dem Jahre 1958. Dieses Bild zeigt eine ganze Reihe von Antinomien in paradox verkoppelter Weise, darunter auch die von Innen und Außen. Besonders interessant ist ein Detail im linken unteren Bildteil: ein paradoxer Würfel, wie er in Abschnitt 8.2 ausführlicher diskutiert werden wird. (© 1958 M.C. Escher Foundation – Baarn – Holland.)

weils gegebene Möglichkeit, verschiedendimensionale Strukturen zu vergegenwärtigen. Das mentale Bewußtsein erlaubt – wie wir wissen – die Vorstellung einer dreidimensionalen »räumlichen« Welt; die vorangegangenen mythischen und magischen Strukturen sind zwei- und eindimensional; der Ursprung des Bewußtseins liegt schließlich im nulldimensionalen archaischen Bereich, den untersten Schichten des heute meist so bezeichneten Unbewußten. Während die mentale Bewußtseinsstruktur das Vorstellungsvermögen dreidimensional begrenzt, würde der Schritt in die integrale Struktur den Übergang zu einem vierdimensionalen Konkretionsvermögen bedeuten.

Im Rahmen von Gebsers Konzeption ist klar, was dies heißt: eine Einbeziehung der Zeit in das bewußte Vergegenwärtigen. Zum Beispiel ist man mit dieser Forderung immer dann konfrontiert, wenn logische Paradoxa an die Grenze der Möglichkeiten unserer mental-rational dominierten Bewußtseinsstruktur führen. Daß sowohl eine algebraische als auch eine geometrische »Vereinheitlichung« die Zeit als gleichberechtigte Komponente enthält, hilft ihrer bewußten Konkretion nicht, sofern die entstandene Einheit nicht konkret als Ereignis erlebt werden kann. Ein elementarer Zugang dazu liegt im Umfeld des Themas Bedeutung, das im Mittelpunkt der Kapitel 8 und 9 stehen wird.

Was zum Abschluß des gegenwärtigen Kapitels getan werden kann, ist, einen Eindruck zu vermitteln, wie sich das Problem einer Bewußtseins*intensivierung* (hier ist Intensivierung tatsächlich auch als Wendung nach innen zu verstehen, nicht als bloße externe Erweiterung) auf niedrig-dimensionalerer Ebene stellt. Der englische Sprachen- und Theologielehrer Edwin Abbott hat schon gegen Ende des letzten Jahrhunderts einen Hinweis darauf gegeben, wie der Zusammenhang von Konkretion und Innenperspektive für uns sogar mental vorstellbar werden kann. In seiner 1884 erschienen Erzählung *Flatland* beschreibt er die Erlebnisse eines Quadrates (einer zweidimensionalen Bewußtseinsstruktur vergleichbar) beim Besuch andersdimensionaler Welten. Der folgende Ausschnitt handelt vom Versuch des Quadrates, dem König der Linie, einem eindimensionalen Bewußtsein also, zur Konkretisierung der zweiten Dimension zu verhelfen – wie sich gleich zeigen wird, ein ähnlich schwieriges Unterfangen wie für uns die Konkretisierung der vierten Dimension[168]:

> *Quadrat:* Neben Ihrer Bewegung nach Norden oder Süden gibt es noch eine zusätzliche Bewegung, die ich von links nach rechts nenne.
>
> *König der Linie:* Führe Er mir, wenn es Ihm beliebt, eine solche Bewegung von links nach rechts vor.
>
> *Quadrat:* Nein, das kann ich nicht, solange Sie nicht ganz aus Ihrer Linie heraustreten.
>
> *König der Linie:* Aus meiner Linie? Meint Er aus der Welt heraustreten? Aus dem Raum?
>
> *Quadrat:* Wenn Sie so wollen, ja. Aus *Ihrer* Welt. Aus *Ihrem* Raum. Denn Ihr Raum ist nicht der wahre Raum. Der wahre Raum ist eine Ebene, doch Ihr Raum ist lediglich eine Linie.
>
> *König der Linie:* Wenn Er mir diese Bewegung von links nach rechts nicht vorführen kann, so bitte ich Ihn, sie mir in Worten zu erklären.
>
> *Quadrat:* Wenn Sie Ihre rechte Seite nicht von Ihrer linken Seite unterscheiden können, so fürchte ich, daß keines meiner Worte Ihnen klarmachen wird, was ich meine. Sie können doch nicht im Ernst einen so einfachen Unterschied nicht kennen.
>
> *König der Linie:* Ich verstehe Ihn nicht im geringsten.
>
> *Quadrat:* Oje! Wie soll ich das erklären? Wenn Sie sich geradeaus bewegen, kommt es Ihnen dann nicht manchmal so vor, als ob Sie sich auch in eine andere Richtung bewegen könnten; daß Sie etwa Ihre Blickrichtung dahin drehen könnten, wohin jetzt Ihre Seite zeigt? Mit anderen Worten, fühlen Sie denn nie das Bedürfnis, sich sozusagen zur Seite zu bewegen, anstatt immerfort in Richtung einer Ihrer Extremitäten?
>
> *König der Linie:* Niemals. Wie stellt Er sich das überhaupt vor? Wie soll denn mein Inneres in irgendeine Richtung zeigen? Oder wie soll sich jemand auf sein Inneres zubewegen?

[168] Edwin A. Abbott (1838–1926), *Flatland*, Dover, New York, 1952, S. 62. Übersetzung vom Verfasser. Eine deutsche Ausgabe existiert seit 1982 unter dem Titel *Flächenland* (Klett-Cotta, Stuttgart).

7. Interne Zeit

Unter all den Antinomien, die im vergangenen Abschnitt behandelt wurden, liegen diejenigen von Innen – Außen und Raum – Zeit an der Basis. Ich habe versucht vorzuführen, wie der zusätzliche Interpretationsspielraum, der durch die Relevanz einer zweiten Raumzeit-Geometrie entsteht, dazu genutzt werden kann, gewisse wissenschaftshistorische Vorurteile zu erkennen und darüber hinaus sogar zu beheben. Dasjenige Raumzeit-Konzept, das dabei seinen traditionellen Status behält, ist das des Außenraums. Dies liegt daran, daß die Interpretation genau so gewählt worden ist, daß sie möglichst viele der traditionellen Begriffsbildungen unverändert läßt. Die Außenraumvariable $\vec{q}$ mit ihrem Charakter der Externalität und Konkretheit liegt damit in der extern relevanten Geometrie und auf der Faktenebene: sie kann als Exofaktum bezeichnet werden. Die Innenraumvariable $\vec{\eta}$ ist demgegenüber intern und abstrakt, d.h. sie erfüllt *keines* der beiden Kriterien für Operationalisierbarkeit, die im Sinne traditioneller Wissenschaftstheorie manchmal mehr, manchmal weniger stillschweigend angenommen werden. Aus diesem Grund tritt sie weder bei der Beobachtung der Natur noch bei ihrer Beschreibung, so wie beide bislang verstanden werden, in Erscheinung.

Was die Zeit anbelangt, so ist die Situation komplizierter. Der Grund dafür besteht darin, daß die traditionellen Kriterien für Operationalisierbarkeit bei beiden Zeitkonzepten (intern wie extern) weder beide erfüllt noch beide verletzt werden. Die Zeitvariable t ist zwar extern, aber abstrakt; die Zeitvariable τ ist zwar konkret, aber intern. Erstere ist im Rahmen der Diskussion von Abschnitt 6.2 auf der Modellebene relevant, also insoweit die *Beschreibung* der Natur betroffen ist, und letztere ist auf der Faktenebene, also bei der *Beobachtung*, relevant. Die Tatsache, daß innerhalb der traditionell verwendeten, externen Raumzeit zwischen beiden Aspekten nicht formal differenziert werden kann, hat in diesem Zusammenhang notgedrungen zu einiger Konfusion geführt. Im vorliegenden Kapitel soll der Versuch unternommen werden, diese Konfusion so gut, wie es zum momentanen Stand des Wissens möglich ist, zu analysieren und zu bereinigen.

Die diesbezüglichen Ausführungen sollen dabei in einen Kontext gestellt werden, der am Ende des vergangenen Abschnittes ausdrücklich betont wurde und der für den Begriff der internen Zeit von großer Bedeutung ist. Es handelt sich um den Kontext der Philosophie von Jean Gebser, die – man möchte fast sagen faszinierenderweise – so weit trägt, daß sie sich auch im Bereich der naturwissenschaftlichen Grundlagenproblematik als erstaunlich relevant erweist. Das bezieht sich sowohl rückblickend auf die bereits besprochenen Themenkreise als auch im Vorgriff auf die kommenden. Gebsers zentrales Anliegen, die Entwicklung des Bewußtseins bis hin zu der von ihm prognostizierten integralen Bewußtseinsstruktur, könnte damit eine interessante Anbindung an naturwissenschaftliche Erkenntnis erhalten – sofern die entsprechenden Wissenschaftsbereiche in gewissen Punkten von allzu dogmatisierten Randbedingungen abzurücken in der Lage sind. Diese Punkte sind im letzten Kapitel bereits angesprochen worden. Sie werden im vorliegenden Kapitel weiter spezifiziert werden.

7.1. Physikalische Zeit und Gebsers Vision

In Gebsers Arbeiten wird ein Zeitbegriff entwickelt, der in engem Zusammenhang mit dem Konzept einer Bewußtseinsstruktur steht, die über das mental-rationale Bewußtsein hinaus auch dessen nicht-rationale bzw. irrationale (mythische, magische, archaische) »Vorstufen« in integrierter Weise enthält: das von ihm so bezeichnete integrale Bewußtsein. Der Schritt vom mentalen zum integralen Bewußtsein wird dabei mit einer Erweiterung der Bewußtseins-Dimensionalität in Verbindung gebracht, wie sie gegen Ende des letzten Abschnittes angesprochen worden ist. Der wesentliche Punkt bei dieser Erweiterung ist der, daß sie nicht in einer naiven Addition einer vierten Dimension (der Zeit) zu den drei gegebenen Raumdimensionen besteht, sondern daß zugleich mit dieser Erweiterung auch eine Wendung nach innen stattzufinden hat, die die Zeit qualitativ erlebbar im Sinne einer Intensität macht. Der Zeitbegriff, den Gebser meint, liegt *nicht* auf der mental-rationalen Vorstellungsebene einer externen Geometrie. Um daran keinen Zweifel zu lassen, verwendet Gebser die Begriffsbildung einer »intensiven Zeit«.[169]

Eine derartige Begriffsbildung hat zunächst eine umgangssprachliche Bedeutung – etwa im Sinne einer Zeit, die intensive Erlebnisse bereithält und die intensiv erlebt wird. Genau in diesem Sinn ist die Gegenwartsepoche sicherlich als intensiv zu bezeichnen. Unser Jahrhundert, insbesondere dessen zweite Hälfte, darf als eine Zeit gelten, in der erstmals in der Menschheitsgeschichte Probleme *globalen* Ausmaßes auftreten bzw. aufgetreten sind. (Man denke an Weltkriege, Umweltkatastrophen, Weltwirtschaftskrisen, und die Liste der Beispiele ließe sich ohne große Mühe verlängern.) Dies zwingt dazu, gewisse Randbedingungen und Grenzen der gesamtkulturellen Entwicklung bewußt zu erkennen und zu akzeptieren, um sich entsprechend verhalten zu können. Spätestens seit der kopernikanischen Revolution liegt mit der Erkenntnis der Endlichkeit der Erdkugel die rationale *Wissens*basis dazu vor. Ein echtes Bewußtwerden mit Handlungsrelevanz scheint indessen ohne die *Erfahrung* der Begrenztheit der Außenwelt mit ihrem Entfaltungspotential, wie wir sie heute erleben, auf breiterer Basis nicht möglich gewesen zu sein.

Erst der aufgebrauchte externe Freiraum bringt weitere Entwicklung nach außen mit zwingender Notwendigkeit zum Erliegen. So gesehen ist es gerade die Stagnation der Außenperspektive, die dazu führen kann, der Innenperspektive das ihr zustehende Gewicht zu verleihen. Mit ihr wird dem externen Freiraum eine

[169] Der hier im Anschluß an Gebser behandelte Zusammenhang von integralem Bewußtsein (das ja prinzipiell zugleich auch integrale Wirklichkeit ist) und intensiver Zeit läßt sich unter anderen Vorzeichen, aber mit ähnlich gelagerten Konsequenzen aus Edmund Husserls Werken entnehmen. Dies ist in einer Aufsatzsammlung von Manfred Sommer unter dem Titel *Lebenswelt und Zeiterfahrung* (Suhrkamp, Frankfurt, 1990) vorgeführt worden. Soweit ich sehe, zielt auch die Kant-Interpretation von Gerold Prauss (*Die Welt und wir*, Metzler, Stuttgart, bisher erschienen Band I/1, 1990) in eine ähnliche Richtung (siehe etwa §14).

weitgehend ungenutzte Frei*zeit* ergänzend zur Seite gestellt, die genauso konkret erlebbar, jedoch auf Grund jahrhundertelanger Tradition in den Hintergrund gerückt ist. Diese Freizeit hat wenig bis gar nichts mit der Freizeit der Arbeitsverträge, des Medienkonsums und des Urlaubstourismus gemeinsam, in der sich in schillernder Vielfalt das drastische Mißverständnis eines externalisierten Zeitbegriffes spiegelt. Sie stellt vielmehr als »intensive Zeit« ein Potential der Entwicklung nach innen dar, das es zu verstehen und zu aktivieren gilt. Einen wesentlichen Beitrag dazu können die Naturwissenschaften mit einer grundlegenden Kritik des Raumzeit-Begriffes sowie daraus abzuleitenden Konsequenzen leisten. Gebser hat sich bereits um die Mitte des Jahrhunderts diesbezüglich geäußert[170]:

> Sowohl Physik als auch Biologie haben mit den neuen Konzepten den Boden des Nichts-als-Mentalen verlassen. Sie haben beide sowohl magische wie mythische Konzepte integriert, die sich in ihren Einheits- und in ihren Ganzheits-Postulaten zu erkennen geben. Erst dieser vital-psychisch-mentale Dreiklang ermöglichte den Absprung in die »vierte Dimension« und erleichtert die Aufzeigung dessen, was sie ist: die integrale, besser die integrierende Komponente und Fähigkeit unserer neuen Bewußtseinsstruktur, die hinsichtlich der vorangegangenen um eine Dimension, die integrierende der Raum-Zeit-Freiheit, überdeterminiert ist.

Mit »vierter Dimension« ist dabei ein Zeitkonzept gemeint, das zunächst nicht identisch mit dem der Naturwissenschaften ist. Gebsers Vision von »Zeit« ist umfassender, und seine Kritik am naturwissenschaftlichen, speziell am physikalischen Zeitbegriff lautet[171]:

> Die mentale Zeitform, nämlich die teilende und messende »Zeit«, als vierte Dimension in das geometrisch-physikalische Weltbild einzuführen, ist geglückt; der bisherige dreidimensionale Raum, also die bisher gültige Weltvorstellung der mentalen Struktur, ist überwunden; diese Überwindung stellt sich als Erweiterung der Weltvorstellung dar, da sie durch die Räumlichung der »Zeit« erreicht wird; sie ist damit eine nur scheinbare Überwindung, besser: sie ist vorerst

[170]Jean Gebser, *Ursprung und Gegenwart*, dtv, München, 1988, S. 525.

[171]Jean Gebser, *Ursprung und Gegenwart*, dtv, München, 1988, S. 475f., Hervorhebungen vom Verfasser.

> nur ein Ansatz zu einer echten Überwindung, die als solche zwei bisher nicht eingelösten Forderungen entsprechen müßte: daß *erstens* die »Vierdimensionalität« nicht nur auf dem geometrisch-physikalischen Sonderfeld Realcharakter erhält, sondern *konkret* in allen Lebens- und Denkbereichen wirksam würde; daß *zweitens* für ihre ganzheitliche Wirkung das bloße teilende Element »Zeit«, selbst wenn es nicht als absolute, sondern als relative »Größe« (oder Dimension) gehandhabt wird, durch ein umfassendes zeitliches Konzept *intensiviert* werden müßte.

In diesem Zitat sind genau die zwei Ansatzpunkte ausgesprochen, denen im folgenden nachgegangen wird: *Intensität* und *Konkretion*. Sie sind charakteristisch für Gebsers Begriff einer »intensiven Zeit«, und sie sind entscheidend für seinen gesamten konzeptuellen Rahmen[172], in dem sie die notwendigen Bedingungen für eine Integration der verschiedenen Bewußtseinsstrukturen markieren.

Das Phänomen, das Konzept bzw. der Begriff der »Zeit«, die Gebser ja im obigen Zitat in unmittelbaren Zusammenhang mit seiner Vorstellung von Integration bringt, spielt in den gegenwärtigen fundamentalen Vorstellungen der Physik eine zentrale Rolle und ist doch alles andere als »verstanden«.[173] Heute genauso wie vor gut eineinhalb Jahrtausenden haben die Ausführungen

[172] Bemerkenswerterweise ist bereits in Alfred N. Whiteheads *Process and Reality* aus dem Jahre 1929 ein sehr ähnlicher Schwerpunkt zu finden (Free Press, New York, korrigierte Ausgabe, 1979). In seinem Begriff der Konkreszenz (»concrescence«) hat Whitehead die Elemente von Zeit und Konkretion zu verbinden versucht (»processual concreteness«). Prozessualität enthält dabei immer die Bedeutung einer Intensität. Gebser scheint diese Parallele mit Whiteheads Ansätzen, die deutlich physikalische Impulse aufweisen, weitgehend entgangen zu sein.

[173] Eine umfangreiche Kritik der Interpretation der Zeit in der Physik ist von Julian T. Fraser, Gründer der 1969 ins Leben gerufenen International Society for the Study of Time, veröffentlicht worden in: *The Genesis and Evolution of Time*, University of Massachusetts Press, Amherst, 1982. Dieses Werk ist zwar bezüglich mancher Details nicht ganz unkontrovers, im ganzen jedoch sowohl wissenschaftlich fundiert als auch anregend im Hinblick auf interdisziplinäre Zusammenhänge. Es enthält eine exzellente Bibliographie, auf die ich anstelle einer eigenen Referenzenliste verweise.
An Zeit-Literatur außerhalb des naturwissenschaftlichen Rahmens sei auf den Band *Die Zeit* hingewiesen, der Beiträge namhafter Autoren aus den Bereichen Physik, Biologie, Psychologie, Geschichte, Theologie, Recht und Musik enthält (Hrsg. A. Peisl und A. Mohler, Oldenbourg, München, 1983).

von Augustinus im 11. Buch seiner *Bekenntnisse* (*Confessiones*) Gültigkeit[174]:

> Denn was ist Zeit? Wer könnte das leicht und kurz erklären? Wer es denkend erfassen, um es dann in Worten auszudrücken? Und doch – können wir ein Wort nennen, das uns vertrauter und bekannter wäre als die Zeit? Wir wissen genau, was wir meinen, wenn wir davon sprechen, verstehen's auch, wenn wir einen andern davon reden hören. Was also ist die Zeit? Wenn niemand mich danach fragt, weiß ich's; will ich's aber einem Fragenden erklären, weiß ich's nicht.

Gebsers Auseinandersetzung mit dem Thema »intensive Zeit« kann diesbezüglich in Richtung auf ein besseres Verständnis sehr fruchtbar wirken. Aus diesem Grund soll nun zunächst der Zusammenhang zwischen zwei grundsätzlich verschiedenen Zeitkonzepten der Physik und Gebsers Begriff einer intensiven Zeit genauer untersucht werden.

Wenn hier von Zeitbegriffen der modernen Physik die Rede ist, so geht es dabei in erster Linie um die Rolle der Zeit in zwei fundamentalen theoretischen Gedankengebäuden, nämlich in Quantentheorie (QT) und Relativitätstheorie (RT). Bei der Diskussion der historischen Entwicklung des Wissenschaftlichkeitsbegriffes in Abschnitt 6.1 hat die Quantentheorie eine zentrale Position eingenommen, wogegen die Relativitätstheorie nicht einmal erwähnt worden ist. Der Grund hierfür liegt darin, daß die wesentlichen Züge der RT nicht aus den diskutierten traditionellen Grundannahmen hinausführen. Insbesondere bezüglich der Konzepte von Kausalität und Determinismus liegt der QT ein weit revolutionärerer Wechsel in den elementaren Anschauungen zugrunde, als es in der RT der Fall ist. Die RT ist kausal, deterministisch, enthält keinerlei Hinweise auf Emergenz und erhebt als Transformationstheorie zwischen identischen Experimenten an identischen Systemen universellen Anspruch. Was die RT revolutioniert hat, bezieht sich hingegen auf die traditionellen Vorstellungen von Raum und Zeit. Während einer der wichtigen Punkte

[174]Zitiert nach Augustinus: Was ist die Zeit?, in *Zeit im Wandel der Zeit*, Hrsg. Peter C. Aichelburg, Vieweg, Braunschweig, 1988, S. 41. Dieser Band enthält eine Sammlung wichtiger Aufsätze zum Thema Zeit von Aristoteles bis zur Gegenwart.

in der QT die prinzipielle Komplikation ist, die sich durch die Wechselwirkung eines Beobachters mit einem beobachteten System ergibt, formuliert die RT diejenigen Komplikationen, die sich ergeben, wenn ein Beobachter sich relativ zu einem beobachteten System mit konstanter Geschwindigkeit (spezielle RT) bzw. mit konstanter Beschleunigung (allgemeine RT) bewegt.

Als *die* Herausforderung an die moderne Physik gilt es, einen theoretischen Rahmen zu finden, der QT und RT vereinigt, der also in der Lage ist, beide als Spezialfälle einer Universaltheorie darzustellen. Obwohl sehr große Anstrengungen in diese Richtung gemacht werden, ist dies bisher nicht gelungen – gegenwärtig sind in diesem Zusammenhang Stringtheorie und Quantengravitation die meistbeachteten Schlagworte. Im Lichte der Kritik des letzten Kapitels darf, ungeachtet der großen mathematischen Schwierigkeiten einer solchen Universaltheorie, gefragt werden, inwieweit ein derartiges Vereinheitlichungsprogramm im Rahmen der Physik überhaupt erfolgreich sein kann. Wenn Kontextualität innerhalb der Physik eine wesentliche Rolle spielt[175], dann dürfte ein solches Programm als aussichtslos gelten.

David Finkelstein hat in jüngeren Arbeiten die Ansätze von RT und QT in Form verschiedener Arten von Transformationen dargestellt.[176] Die RT, ebenso wie die klassische Mechanik, faßt er als Beispiele für Transformationen erster Art (»first level«) auf, in denen zwei Beobachter das*selbe* Experiment am *selben* System beschreiben und ihre Ergebnisse auf eindeutige Weise kom-

[175]Hans Primas hat sich mit dem Problem der Kontextualität in der Interpretation der Quantentheorie gründlich auseinandergesetzt (Hans Primas, Mathematical and Philosophical Questions in the Theory of Open and Macroscopic Quantum Systems, in *Sixty-Two Years of Uncertainty*, Hrsg. A.I. Miller, Plenum, New York, 1990, S. 233–257). Kurz gesagt äußert sich Kontextualität in der Quantentheorie dort, wo der Übergang von der Endo- zur Exoperspektive stattfindet. Damit sind alle (im traditionellen Sinn) operationalisierbaren Aussagen kontextuell.
Die Diskussion in Abschnitt 9.1 wird klarstellen, wie wichtig die Berücksichtigung des Kontextes darüber hinaus auch im Bereich der klassischen Physik ist.

[176]David Finkelstein, Finite Physics, in *The Universal Turing Machine*, Hrsg. R. Herken, Kammerer & Unverzagt, Hamburg, 1988, S. 349–376).

munizieren können. Die QT liefert Transformationen zweiter Art. Hier wird der Anspruch der Identität des Experimentes aufgegeben, jedoch beziehen sich die Beschreibungen der Resultate nach wie vor auf das*selbe* System. Die Sprache der QT ist nicht mehr eindeutig. Dies äußert sich darin, daß Einzelereignisse durch Wahrscheinlichkeiten beschrieben werden. Transformationen dritter Art schließlich erkennen an, daß identische Systeme nicht existieren, und daß verschiedene Experimentatoren prinzipiell mit verschiedenen Teilen der Natur experimentieren. (Hier läßt sich das Stichwort Kontextualität in seiner radikalsten Interpretation einordnen.) Daher können Übersetzungen zwischen den Sprachen verschiedener Beobachter unter Umständen gar nicht existieren, keinesfalls aber immer eindeutig sein. Erst auf dem Niveau von Transformationen dritter Art wird es möglich, daß Beobachter sich gegenseitig erfahren.

Dieses Konzept, in dem die Individualität der Beobachter beginnt, wichtig zu werden, unterstreicht die Fragestellung, ob eine Universaltheorie, die RT und QT integriert, überhaupt denkbar ist. Zu ihrer Diskussion wende ich mich nun zunächst dem Zeitkonzept der RT, wie es bereits in Abschnitt 6.2 aufgetaucht ist, zu. In der RT tritt Zeit als vierte Komponente eines verallgemeinerten vierdimensionalen Raumbegriffes auf, der den dreidimensionalen Ortsraum und eben die zusätzliche Zeitkoordinate enthält. Die Position oder Ortskoordinate eines Objektes im Ortsraum ist durch den Vektor $\vec{q} = (q_1, q_2, q_3)$ gegeben, die Zeitkoordinate durch t. Damit könnte die vierdimensionale Charakterisierung eines Ereignisses in der RT als (q_1, q_2, q_3, t) geschrieben werden. Um beobachtungskonsistente Aussagen der Theorie zu erhalten, ist es jedoch notwendig, von dieser Schreibweise, die sich auf reelle Zahlen beschränkt, Abstand zu nehmen. Statt dessen muß entweder die Positions- oder die Zeitkoordinate imaginär dargestellt werden. Eine der beiden möglichen Darstellungen, nämlich die oben eingeführte Geometrie I, ist ein komplexer Vierervektor (q_1, q_2, q_3, it) wobei $i = \sqrt{-1}$ die sogenannte imaginäre Einheit ist. Die andere Möglichkeit, für die $\vec{\eta} = \eta_1, \eta_2, \eta_3$ und τ als Raum- und Zeitkoordinaten verwendet werden, führt dann zur dazu dualen Geometrie II: $(i\eta_1, i\eta_2, i\eta_3, \tau)$. Aus Gründen, deren Fragwürdigkeit bereits diskutiert wurde, wird nun im Rahmen der RT eine der beiden Formulierungen, nämlich Geometrie II, als »unphysikalisch« aussortiert. Formal sind jedoch beide Formulierungen zur Beschreibung eines gegebenen Sachverhaltes gleichwertig. Davon, daß *de facto zwei* Möglichkeiten existieren, macht die RT keinen weiteren Gebrauch.

Nun gibt es, ausgehend von den Überlegungen, die in den Kapiteln 5 und 6 ausführlich dargestellt worden sind, Anhaltspunkte dafür, daß beide Formulierungen *ontisch* verschieden sind. Dies würde nichts an ihrer operationalen, epistemischen Gleichwertigkeit ändern, solange die ontische Diskrepanz unberücksichtigt bleibt. Der entscheidende Punkt besteht aber darin, daß durch diese Diskrepanz Freiraum im Hinblick auf Unterschiede in der Interpretation geschaffen wird. Dies ist von enormer Bedeutung – auch, wenn unter Naturwissenschaftlern ontische Fragestellungen oft unterschätzt werden. Als mathematische Konsequenz würde damit die Zweideutigkeit der vierdimensionalen Darstellungen aufgehoben, vom Standpunkt der Physik aus müßte man darüber nachdenken, inwieweit der entstandene Interpretationsfreiraum sinnvoll nutzbar wäre.

Jean Gebser hat in genau dieser Hinsicht einen wesentlichen Punkt ausführlich diskutiert. Er weist wiederholt darauf hin[177], daß seines Erachtens die Bedeutung der Zeit in der RT noch nicht in ihrer ganzen Tragweite verstanden ist. Hier ist derjenige Teil seines Begriffes einer intensiven Zeit einzuordnen, der sich auf die Internalisierung bezieht. (Der Konkretionsaspekt sei im Moment noch zurückgestellt.) Im Kontext der RT wird Zeit, so Gebsers Kritik, in einer Weise mit Raum konzeptuell gleichgesetzt, die ihrer Bedeutung als *interner* Variabler τ im Sinne eines *Alters* nicht entspricht. Im Sinne der Ausführungen in Abschnitt 6.2 meint Gebser damit das Endofaktum Zeit im Gegensatz zu einer externen *Zeitdauer*, wie sie beispielsweise mit Uhren gemessen wird.

[177] Jean Gebser, *Ursprung und Gegenwart*, dtv, München, 1988, S. 499ff., siehe auch das zweite Zitat zu Beginn dieses Abschnittes.

Nach der Internalisierung der Zeit liegt es nun nahe, den konkreten Bedeutungsteil in der Formulierung »intensive Zeit« mit Hilfe der Unterscheidung von reellen und imaginären Komponenten der Zeitvariablen in den Geometrien I und II zu treffen. Dem Vorschlag aus 6.2 folgend, seien konkrete Variable durch die Realteile und abstrakte Variable durch die entsprechenden Imaginärteile indiziert. Dann ist klar, daß im Rahmen eines Gebserschen Verständnisses τ diejenige Variable wäre, die in ihrer Eigenschaft, konkret *und* intern zu sein, mit intensiver Zeit gemeint ist. Damit ist aber zugleich gesagt, daß $\vec{q}$ als externe konkrete Ortsvariable und intensive Zeit τ als interne konkrete Zeitvariable *nicht* zu derselben vierdimensionalen Darstellung gehören: $\vec{q}$ ist Bestandteil von Geometrie I, während τ Bestandteil von Geometrie II ist. Das heißt nichts anderes, als daß bereits an dieser Stelle die interpretatorische Freiheit zweier ontisch verschiedener Raumzeiten *notwendig* ist, um den Unterschied von konkreten und abstrakten Variablen zugleich mit dem zwischen internen und externen Variablen explizit zu berücksichtigen.

Bis hierher ist genau besehen kein Argument verwendet worden, das nicht schon in Abschnitt 6.2 im Zusammenhang mit den Konzepten Konkretion und Abstraktion bzw. Innen und Außen aufgetaucht ist. Was lediglich geleistet wurde, ist die Identifikation des Gebserschen Begriffes der intensiven Zeit im Rahmen dieser Konzepte. An späterer Stelle wird darauf zurückzukommen sein. Im Moment ist es zunächst vordringlich, die Rolle der Zeit in der QT zu betrachten und – vor allem – zu sehen, ob die bisher entwickelten Vorstellungen im Rahmen einer solchen Betrachtung konsistent aufrechtzuerhalten sind.

Im formalen (mathematisierten) Apparat der QT taucht die Zeit an zwei zentralen Stellen auf: einmal immer dort, wo es um die *zeitliche Entwicklung* von Variablen geht, und zum anderen dort, wo analog zur Unschärferelation von Impuls und Ort eines Objektes eine entsprechende Unschärfe von *Energie und Zeit* auftaucht. »Analog« ist die zweite Unschärfe in relativistischem Sinn: Ort und Zeit bilden den Vierervektor eines Ereignisses in der RT, Impuls und Energie den dazu komplementären sogenannten

Viererimpuls. Relativistisch könnte man somit zusammenfassend von einer Unschärfe von Viererimpuls und (Raumzeit-) Vierervektor sprechen.

Die zeitliche Entwicklung von Variablen wird in der QT generell durch einen sogenannten unitären Entwicklungsoperator beschrieben. Unitarität bedeutet, daß die Entwicklung reversibel ist, d.h. formal ist eine Entwicklung in die Zukunft ebenso möglich wie in die Vergangenheit, und beide sind ununterscheidbar. Nun hat der Physiker Wolfgang Pauli bereits sehr früh bemerkt, daß eine rigorose Formulierung der Energie–Zeit–Unschärfe nicht möglich ist, wenn man Zeit und Energie so ansetzt, wie sie in der unitären Entwicklung von Variablen behandelt werden.[178] Der sogenannte Zeitoperator, der in der Energie–Zeit–Unschärfe auftritt, kann mathematisch nur unter Bedingungen existieren, die dazu führen, daß die zeitliche Symmetrie von Vergangenheit und Zukunft gebrochen wird.[179]

Dieses Faktum ist aus mehreren Gründen wichtig. Einmal macht es ein Element der Quantentheorie deutlich, das in den meisten Standard-Lehrbüchern notorisch vernachlässigt wird: nämlich die intrinsische Irreversibilität, mit der (unabhängig vom Formalismus einer unitären, reversiblen Entwicklung von Variablen) während des Meßvorganges aus Wahrscheinlichkeiten »Gewiß-

[178] Wolfgang Pauli, Die allgemeinen Prinzipien der Wellenmechanik, in: *Handbuch der Physik, Vol. 24*, Hrsg. H. Geiger und K. Scheel, Springer, Berlin, 1933. Die Bemerkungen in Fußnote 116 stehen mit dieser Tatsache in engem Zusammenhang.

[179] Dieser Symmetriebruch steht im Mittelpunkt der Arbeiten von Antoniou, Courbage, Misra, Prigogine und anderen (eine zusammenfassende Darstellung findet sich in Ilya Prigogine, *Vom Sein zum Werden*, Piper, München, 1985). Historische Vorläufer der Arbeiten der »Brüsseler Schule« zur Thematik eines adäquaten Zeitoperators stammen von Gustafson und Misra (*Lett. Math. Phys.* 1, 275–280 (1976)) und Tjostheim (*SIAM J. Appl. Math.* 30, 115–122 (1976)).
Ebenso ist hier der Ansatz der »algebraischen Quantenmechanik« zu nennen, der zu einer Reihe sehr wichtiger Resultate geführt hat. Entsprechende Literatur ist für Nichtspezialisten leider schwer verständlich; für Interessenten möchte ich die Einführung von Primas (*Chemistry, Quantum Mechanics, and Reductionism*, Springer, Berlin, 1983) empfehlen.

heiten« werden.[180] So man also bei der QT davon ausgehen kann, daß sie zumindest ein implizites Element der Irreversibilität enthält, existiert ein solches Element in der traditionellen RT nicht – und dies, obwohl gerade im makroskopischen Bereich, der Domäne der RT, die Gerichtetheit der Zeit viel klarer zu sein scheint als im mikroskopischen.[181] Zweitens weist es darauf hin, daß in der Quantentheorie zwei unterschiedliche Zeitkonzepte *benötigt* werden, während der Formalismus der RT zwei verschiedene Konzepte *ermöglicht*: Es handelt sich dabei, um es zu wiederholen, um die reversible Zeit eines unitären Entwicklungsformalismus und um die irreversible Zeit, die sich in der Existenz eines Zeitoperators ausdrückt. Es ist bekannt, daß bezüglich des letzteren Zeitkonzeptes in der QT Probleme der Operationalisierung bestehen. Diese Probleme werden sich im Zusammenhang mit der weiteren Diskussion in Abschnitt 7.2 aufklären.

Neben den Dichotomien von Konkretion und Abstraktion sowie Endo- und Exoperspektive, die die RT als Potential oder Interpretationsfreiraum zur Verfügung stellt, ist damit eine weitere gefunden, nämlich die von Reversibilität und Irreversibilität, die von der QT aktuell gefordert wird. Mit anderen Worten: es ist nun zu überlegen, inwieweit die verschiedenen Zeitkonzepte, die in der QT vorkommen, in die RT implementierbar sind. Eine erste Andeutung für eine derartige Zuordnung kann schon daraus entnommen werden, daß der Eigenwert des Zeitoperators in einschlägigen Publikationen vielfach als »interne Zeit« (auch als »Alter«, um den Gehalt dieses Konzeptes zu verdeutlichen) bezeichnet wird. Wichtiger ist jedoch, daß in der Formulierung der

[180] Roger Penrose hat dieses Thema in seinem Buch *The Emperor's New Mind* (Vintage, London, 1990) auf den Seiten 323–325 in meines Erachtens sehr adäquater Weise behandelt. Siehe auch S. 458–481 bezüglich möglicher Zusammenhänge mit kosmologischen Fragestellungen, insbesondere Quantengravitation.

[181] Alle klassischen »Zeitpfeile« stammen aus der makroskopischen Phänomenologie, insbesondere aus der Thermodynamik mit ihrem zweiten Hauptsatz. Daneben ist das subjektive Zeitempfinden, das psychologisch als »Motor« für die Frage nach der Gerichtetheit der Zeit angesehen werden kann (und auf das in Abschnitt 7.2 näher eingegangen wird) zu nennen.

reversiblen Entwicklung die imaginäre Einheit i so auftaucht, daß sie im Zusammenhang mit t als it verstanden werden kann, also als abstrakte, externe Zeit. Dagegen tritt in der modifizierten Version der Energie-Zeit-Unschärfe i im Zusammenhang mit dem entsprechend modifizierten Energieoperator auf, so daß hier eine reelle (konkrete, interne) Zeit τ vorliegt.

Es liegt also nahe, versuchsweise den irreversiblen Aspekt von Zeit mit interner, konkreter Zeit und ihren reversiblen Aspekt mit externer, abstrakter Zeit zu identifizieren. Damit würden Reversibilität und Irreversibilität ihren apodiktisch dichotomen Charakter verlieren und statt dessen zur Standpunktfrage relativiert: externe Beobachtung wäre das Niveau der Reversibilität, interne »Teilnahme« dasjenige der Irreversibilität.

Für eine adäquate Behandlung von Endo- und Exofakten in der Quantentheorie scheint sich die algebraische Quantenmechanik herauszukristallisieren, eine moderne Weiterentwicklung der Quantentheorie aus deren Pionierzeiten.[182] Im Rahmen dieses Ansatzes erhält man auf der Ebene der Endofakten eine *universelle* Beschreibung, während Exofakten eine *kontextabhängige* Formulierung erfordern. Auf dem Endoniveau hat man mit *reinen* Zuständen zu tun, die die *potentiellen* Eigenschaften des Systems repräsentieren. Auf dem Exoniveau, wo *aktuelle* Eigenschaften durch *gemischte* Zustände charakterisiert werden, muß im allgemeinen eine Wahl getroffen werden, die den Kontext des Experimentes bzw. einer zu treffenden Vorhersage berücksichtigt.

Unter den Antinomien, die sich derjenigen von Endo- und Exosystem zuordnen lassen, sind neben der von Reversibilität und Irreversibilität zum Beispiel individuelle und statistische Interpretation sowie Lokalität und Nichtlokalität – Problemkreise, die in der Quantenphysik gegenwärtig zu den meistdiskutierten zählen. Auch das Meßproblem der Quantentheorie zeigt sich dabei unter

[182]Hier sei nochmals auf die schon erwähnten Arbeiten von Primas verwiesen (siehe Fußnote 175). Auch die Wiener Gruppe um Walter Thirring, die allerdings den Innen/Außen-Bezug nicht explizit verwendet, ist in diesem Zusammenhang zu nennen.

einem ganz neuen Blickwinkel: es kann als Problem der Transformation vom Endo- zum Exoniveau betrachtet werden.

Leider kann im Rahmen dieser Darstellung nicht näher auf diese interessanten Einzelheiten eingegangen werden, die zum Teil durchaus bereits formal behandelt sind. Es soll jedoch an dieser Stelle noch einmal betont werden, daß etliche der dabei verwendeten Argumente den Rahmen überschreiten, innerhalb dessen in der theoretischen Physik Einigkeit herrscht. Sie tragen zudem spekulative Züge in dem Sinn, daß es noch detaillierter theoretischer Studien bedarf, um die mathematischen Zusammenhänge zwischen den getroffenen Aussagen im einzelnen zu prüfen. Vorläufig geht es aber gar nicht um Notwendigkeit und Eindeutigkeit der Implikationen, sondern vielmehr um die Skizze einer potentiellen Sichtweise, die mit physikalischen Grundkonzepten kompatibel ist, und mit deren Hilfe Gebsers Zeit- und Integrationsvorstellung aus mental-rationaler Perspektive verstehbar wird. Der Begriff der Zeit, oder besser, die unterschiedlichen Zeitbegriffe der Physik enthalten die Möglichkeit eines solchen Verständnisses. In gegenseitiger Abhängigkeit stellen RT und QT Konzepte zur Verfügung, die sowohl Internalisierung als auch Konkretion der Zeit als theoretisch formulierbar erscheinen lassen.

Ein wesentlicher Punkt aus Gebsers Sicht ist dabei jedoch noch immer nicht getroffen. Konkretion in ihrer abstrakten Formulierung ist ganz verschieden vom konkreten Prozeß selbst, sie kann gewissermaßen instruktiv, aber nicht originär sein. Der Verweis auf Konkretion geschieht in der Theorie auf einem Metaniveau der Abstraktion, von dem aus ein Ereignis beschrieben, vorgestellt, bedacht werden kann, aber keineswegs erlebt. In diesem Sinn ist, sofern die Signifikanz von Konkretion einmal akzeptiert ist, für *jedes* abstrakte Gedankengebäude das Problem entstanden, daß es Elemente, die ihm ausdrücklich angehören, nicht realisieren kann. Dies ist ein Paradoxon, welches dazu führt, daß eine Universaltheorie, die RT und QT in der vorgestellten Weise verwendet, entweder nicht logisch konsistent oder nicht abgeschlossen sein kann. In diesem Sinn muß auch der Einheitsmythos der Physik letztlich als ein gebrochener Mythos gelten.

7.2. Physik und Psychologie

Wie für jeden Menschen, so ist auch für den Physiker der einzige Bereich, in dem er konkret erlebt, der psychische. Diese Erkenntnis ist es im Grunde, die immer wieder und in letzter Zeit immer häufiger Naturwissenschaftler verschiedenster Disziplinen dahin bringt, sich mit den vermeintlich »minderwertigen« subjektiven und irrationalen Bereichen der Natur zu beschäftigen, die in der Psyche zu finden sind.[183] Der Physik-Nobelpreisträger Wolfgang Pauli war einer der radikalsten Sucher auf diesem Gebiet. In einem Brief an Heisenberg schrieb er[184]:

> Ich vermute nämlich, daß der alchimistische Versuch einer psycho-physischen Einheitssprache nur deshalb gescheitert ist, weil diese auf eine sichtbare konkrete Realität bezogen wurde. Heute haben wir aber in der Physik eine unsichtbare Realität (der atomaren Objekte), in die der Beobachter mit einer gewissen Freiheit eingreift (wobei er vor die Alternative »die Wahl und das Opfer« gestellt ist); wir haben in der Psychologie des Unbewußten Vorgänge, die nicht immer eindeutig einem bestimmten Subjekt zugeschrieben werden können. Der Versuch eines psycho–physischen Monismus erscheint mir nun wesentlich aussichtsreicher, wenn die zugehörige (noch nicht bekannte, in Hinsicht auf das Gegensatzpaar psychisch-physisch neutrale) Einheitssprache auf eine tiefere unsichtbare Realität bezogen würde. ... Bei dieser Auffassung wird die traditionelle Ontologie und Metaphysik zum Opfer, aber auf die Einheit des Seins fällt die Wahl.

Ein weiteres offensichtliches Kriterium für die Signifikanz der Psychologie für die Physik ergibt sich aus dem Prozeß der Theoriebildung, die ja ein zentrales Ereignis physikalischer Erkenntnis

---

[183]Sogar in der Mathematik ist dies bereits vereinzelt zu beobachten. Siehe z.B. Reinhard Oliviers Arbeit *Das mentale System* (Vorabdruck 1992), die auf der Grundannahme basiert, daß Mathematik »tiefste psychische Realität« sei: »Mathematische Methoden sind psychologische Prinzipien« (S. V.3).
Ein solcher Ansatz verabschiedet die Vorstellung von platonischen Wahrheiten, die im Sinne des externen Realismus »irgendwo dort draußen« existieren und ihrer Entdeckung harren. Mit Peter Sloterdijk könnte man sagen: Jede platonische Wahrheit bedarf der Ergänzung durch eine »diogenesische Lebensäußerung«.

[184]Der Brief, der hier zur Rede steht, ist in Heisenbergs Nachruf auf Pauli publiziert: Werner Heisenberg, Wolfgang Paulis philosophische Auffassungen, *Die Naturwissenschaften* 24, 661 (1959).

ist. Es würde zu weit führen, hier auch nur einen ausschnittsweisen Überblick über die zahlreichen historischen Beispiele zu geben, die belegen, welch immens wichtige Rolle die konkrete psychische Aktivität bei der Entstehung von Hypothesen, Modellen und Theorien spielt. Primas hat in der Überschrift zu Kapitel 2.5 seines Buches völlig zu Recht konstatiert: »Es gibt keine Einsicht ohne innere Bilder«.[185] Diese Bilder sind oft und in vielfältiger Weise selbst Gegenstand der Reflexion geworden: sei es bei Plato als Ideen, bei Kant als synthetische Urteile a priori oder bei Jung, erstmals unter entschieden empirischem Vorzeichen, als psychologische Archetypen.

Woher kommen diese inneren Bilder? Wie entstehen sie? Ob Physik *oder* Psychologie für die Erforschung solcher Fragen zuständig sind, darf heute nicht mehr als sinnvolle Alternative gelten. Vielmehr ist hier die gemeinsame, kooperative Tätigkeit von Physik *und* Psychologie erforderlich, um weiterzukommen. Lediglich in einem streng reduktionistischen Wissenschaftsprogramm wären die angedeuteten Fragen letztlich und ausschließlich Fragen an die Physik. Im Sinne schwacher Reduktion, die Emergenz einschließt, sind sie immer interdisziplinäre Fragen.

Die Bedeutung der Psychologie im Kontext des vorliegenden Artikels wird zusätzlich unterstrichen durch den Gesichtspunkt, unter dem Gebsers Begriff der Integration zu sehen ist. Damit ist, wie bereits erwähnt, eine Integration des dominanten mentalen Bewußtseins mit seinen archaischen, magischen und mythischen Vorstufen gemeint. Man muß sich klarmachen, daß der Begriff des Bewußtseins in der Terminologie der modernen Psychologie mit Gebsers Vorstellung von der mentalen Bewußtseinsstruktur koinzidiert. Das Unbewußte dagegen wird bei Gebser weit differenzierter behandelt – eben in Form der archaischen, magischen und mythischen Strukturen, die spezifische Unterschiede aufweisen. Nachdem der Begriff des Unbewußten heute etlichen psycho-

[185]Hans Primas, *Chemistry, Quantum Mechanics, and Reductionism*, Springer, Berlin, 1983, S. 32. Die Abschnitte 2.5 und 2.6 diskutieren dieses Problem auf der Basis der Jungschen Psychologie.

logischen Denkrichtungen als zu unspezifisch, wenn nicht sogar einfach unzutreffend, erscheint, ist es zu vermuten, daß Gebsers Ansätze auch hier zu einer künftigen Klärung beitragen können.

Das bereits erwähnte Konzept der Archetypen nach Jung interpretiert Gebser als psychologischen Hinweis auf die Relevanz einer integralen (arationalen) Bewußtseinsstruktur, da die Archetypen sowohl außerhalb der mentalen Dualismen als auch außerhalb von Raum und Zeit angesiedelt sind[186]:

> Nur die Erscheinungsformen der »Archetypen« sind psychische Phänomene, die, indem sie sich gleichnishaft oder bildnismäßig äußern, irrationalen Charakter tragen. Die Archetypen selbst, beziehungsweise die archetypischen Strukturen, sind von »ewiger Präsenz«; das aber besagt, daß sie zeitfrei sind... Sie sind zudem für den Intellekt (die Ratio) unbekannt und unformulierbar, was auch besagt, daß sie nicht bloß irrational sind, sondern arational, sofern ihre Unbegreifbarkeit und Unvorstellbarkeit uns nicht daran hindert, sie in die Wahrnehmbarkeit zu heben.

Diese Interpretation befindet sich durchaus in Übereinstimmung mit Jungs eigenen Vorstellungen[187]:

> Obgleich es keine Existenzform gibt, die uns nicht ausschließlich psychisch vermittelt wäre, so kann man doch nicht alles als bloß psychisch erklären. Dieses Argument müssen wir folgerichtigerweise auch auf die Archetypen anwenden. Da ihr An-und-für-sich-Sein uns unbewußt ist und sie dennoch als ein spontanes Wirksames erfahren werden, so bleibt uns vorderhand wohl nichts anderes übrig, als ihre Natur ihrer hauptsächlichen Wirkung nach als »Geist« zu bezeichnen... Damit wäre die Stellung des Archetypus jenseits der psychischen Sphäre bestimmt, analog der Stellung des physiologischen Triebes, welcher unmittelbar im stofflichen Organismus wurzelt und mit seiner psychischen Natur die Brücke zum Stoff überhaupt bildet.

Es kann, so muß man nach diesen kursorischen Bemerkungen schließen, heute bei gründlicher Betrachtung kaum ein ernsthafter Zweifel mehr daran bestehen, daß die Psychologie zum Verständnis fundamentaler physikalischer Probleme ebenso notwendig ist wie umgekehrt. Am Beispiel der »Zeit«, auf das ich nun zurückkomme, wird das noch deutlicher, da präziser formulierbar.

---

[186] Jean Gebser, *Ursprung und Gegenwart*, dtv, München, 1988, S. 541.

[187] Carl Gustav Jung, Theoretische Überlegungen zum Wesen des Psychischen, *Grundwerk II*, Walter, Olten, 1990, S. 58.

Die Folgerung aus Abschnitt 7.1, daß ein konkretes Konzept von Zeit zugleich auf ihre interne Relevanz verweist, ist aus psychologischer Warte unmittelbar verständlich. Wie bereits angedeutet, gibt es keine andere Möglichkeit, Zeit konkret zu erfahren, als psychisch intern – externe Zeitmessung mit Uhren ist zunächst immer Ortsmessung, aus der ein Zeitbegriff anschließend abstrahiert werden kann. Der Ursprung des Motivs, überhaupt Zeit messen zu wollen, dürfte in ihrer internen, konkreten Erfahrung zu suchen sein. Dieses Bild ist konsistent mit der Tatsache, daß interne konkrete Zeit irreversibel ist: der Begriff der Irreversibilität ist in seinem Ursprung psychisch motiviert.[188]

Ein Punkt, der sich direkt anschließt, besteht in der Individualität der Zeiterfahrung. Wenn konkrete und interne Zeit mit τ identifizierbar sind, dann ist klar, daß diese Zeit in rigorosem Sinn ausschließlich individuelle Relevanz hat. Es ist demnach unmöglich, τ in seiner umfassenden Bedeutung von beiden, Konkretion und Internalität, an anderen »Systemen« als an der eigenen Psyche zu identifizieren. Dieser Punkt ist deshalb so wichtig, weil er verstehen läßt, warum im Rahmen der Physik ein wesentliches Problem im Zusammenhang mit dem Zeitoperator existiert: das Problem des operationalen Zugangs zu seinen Eigenwerten. Diese Eigenwerte charakterisieren die konkrete interne Zeit τ eines untersuchten »Systems«, die aber aus der Sicht eines externen Beobachters folglich gerade nicht konkret und intern ist. Was der Beobachter bestenfalls leisten kann, kann er im Rahmen einer Abstraktion leisten, mit der er die Internalität der Zeit weg von sich selbst auf das System bezieht. Diese Abstraktion führt zu anthropomorphen Formulierungen, die im Bereich der Physik zwar eigentlich ungern gehört, aber dennoch oft verwendet werden. Sie entstehen aus der Unmöglichkeit, die Konzepte der Internalität und Konkretion zusammen zu externalisieren. In psychologischer

[188] Auf die Bedeutung des abstrakten internen Raums, der dual zum externen konkreten Raumbegriff existiert, gehe ich hier nicht näher ein. Es wäre allerdings denkbar, das abstrakte Raumkonzept zum Beispiel mit den psychischen Archetypen als inneren abstrakten Strukturen in Verbindung zu bringen.

Terminologie ausgedrückt, könnte man vermuten, daß sie mit einer Projektion der vermiedenen eigenen konkreten internen Wahrnehmung zusammenhängen.

Projektion im hier angesprochenen Sinn bedeutet soviel wie Verlagerung unbewußter interner Inhalte der Psyche auf externe bewußte Bereiche – wobei der Tatbestand, daß es sich um eine Projektion handelt, zunächst ebenfalls unbewußt ist. Es ist interessanterweise auf sehr einsichtige Art und Weise möglich, die Antinomien, die sich in der physikalisch betonten Diskussion als wesentlich erwiesen haben, auf den psychologischen Bereich zu übertragen. Eine Vierteilung psychischer Grundfunktionen, die dazu (analog zu den 2 × 2 Raum- und Zeitbegriffen aus der Physik) erforderlich ist, hat zum Beispiel Jung angegeben[189]: Es handelt sich um die von ihm so bezeichneten Funktionen Empfinden, Denken, Fühlen und Intuition. Eine knappe und bündige Erläuterung dieser Funktionen lautet[190]:

> Das Empfinden macht uns mit den Tatsachen bekannt. Das Denken bestimmt, in welche allgemeinen Begriffe die Tatsachen sich fassen lassen. Das Fühlen sagt uns, ob uns die Tatsachen gefallen oder nicht. Das Intuieren deutet an, woher die Tatsachen gekommen sind, wohin sie führen und was für Verbindungen zu anderen Tatsachen sie haben können.

Jung

Der Tatsachenbegriff, wie er in diesem Zitat verwendet wird, meint Fakten der Außenwelt, nicht psychische Fakten wie innere Bilder etc. Er beschränkt sich damit auf Objekte der Funktion, die Jung als Empfinden bezeichnet hat: Empfinden im Sinne der Sinneswahrnehmung von Objekten in der Außenwelt. Demgegenüber könnte man Intuition als eine dazu komplementäre, zweite Wahrnehmungsfunktion interpretieren, deren »Objekte« aus der psychischen Innenwelt herrühren. Indem die Wahrnehmung von Fakten (in konstruktivistischem Sinn) Systeme gewissermaßen »erzeugt«, gilt: Empfinden erzeugt Außensysteme, Intuition erzeugt Innensysteme.

---

[189] Carl Gustav Jung, Allgemeine Beschreibung der Typen, in *Grundwerk I*, Walter, Olten, 1988, S. 199–282.

[190] Edward F. Edinger, *Der Weg der Seele*, Kösel, München, 1990, S. 235.

Denken und Fühlen sind die sogenannten Urteilsfunktionen der Psyche, man könnte sie auch als modellbildende Funktionen bezeichnen. Während das Denken (der rationale Intellekt) Fakten analytisch kategorisiert und kausal gerichtet verbindet, beurteilt das nicht-rationale Fühlen Fakten auf »ganzheitliche« Weise und betont mehr den Zweck denn die kausale Ursache. Denken erzeugt Außenmodelle, Fühlen erzeugt Innenmodelle.

Empfinden und Fühlen sind Funktionen, die sich auf konkrete Sachverhalte beziehen, sie haben damit den Charakter von Funktionen, die sich mit Gewißheiten beschäftigen. Dagegen sind Denken und Intuition von abstrakter Natur, sie bewegen sich im Bereich der Möglichkeiten. Es ist in diesem Zusammenhang interessant zu bemerken, daß im Rahmen abstrakten Denkens die Vorstellung zeitlicher Reversibilität relevant ist: Möglichkeiten sind ja potentiell, können also bezüglich ihrer Wirkung auf der Faktenebene immer zurückgenommen bzw. neu gestaltet werden. Dagegen schafft Empfinden Tatsachen mit Gewißheitscharakter. Empfinden ist irreversibel, die Wahrnehmung eines Faktums kann nicht ungeschehen gemacht werden. Ein analoger Zusammenhang läßt sich in Bezug auf die Funktionen Intuition und Fühlen nur dann formulieren, wenn der für externe Gegebenheiten entwickelte Zeitbegriff hier überhaupt sinnvoll verwendbar ist. In diesem Fall würde die Wahrnehmung interner Fakten, die Intuition, die abstrakte reversible Seite repräsentieren, die Funktion des Fühlens würde mit der konkreten irreversiblen Seite korrespondieren.

In Abbildung 7.1 sind die vier psychischen Grundfunktionen und ihre Zuordnung zu den diskutierten Charakteristika schematisch zusammengefaßt. Im allgemeinen kann davon ausgegangen werden, daß das mental-rational dominierte Bewußtsein des modernen abendländischen Menschen von einer der beiden Funktionen Denken oder Empfinden beherrscht wird. Beide zählen zum »Außen«modus des Bewußtseins, der – in zugegebener Vereinfachung – dem »Innen«modus des Unbewußten gegenübersteht. Der Innenmodus betrifft also insbesondere die »Nachtseite« der Psyche, das Irrationale, Verdrängte, das nicht Akzeptierte, das Minderwertige, das Verhaßte und was dergleichen mehr zu nennen

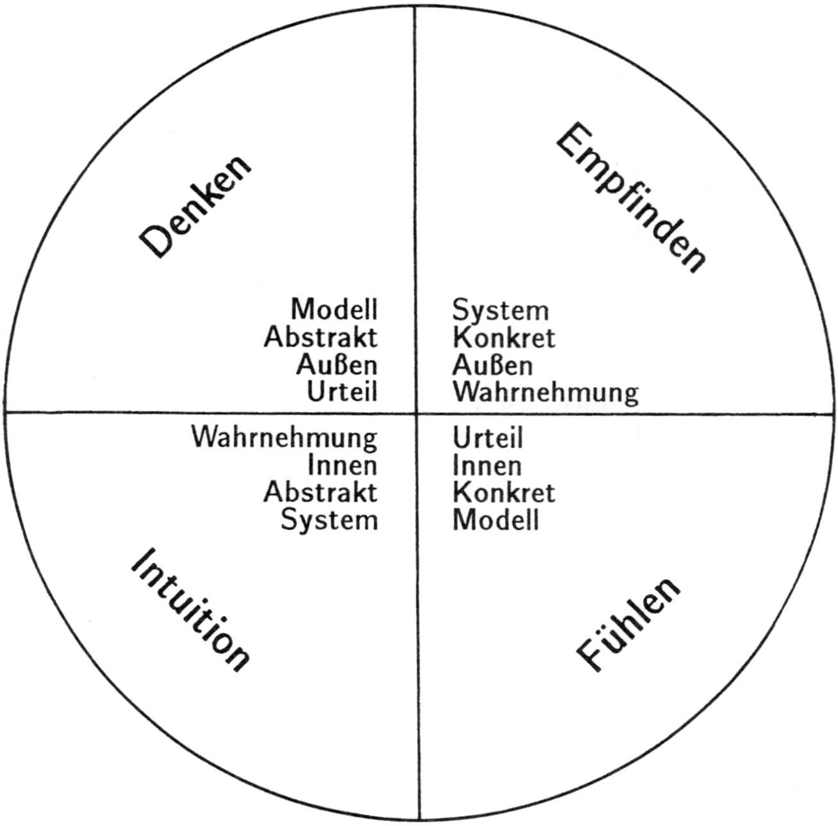

Abbildung 7.1: Die vier psychischen Grundfunktionen nach Jung, die sich in zwei Urteilsfunktionen und zwei Wahrnehmungsfunktionen gliedern. Die obere Hälfte des Schemas bezieht sich auf die bewußte, die untere auf die unbewußte Ebene der Psyche. Die Zuordnung zu einer Reihe von im Text näher besprochenen Dichotomien ist im Zentrum der Darstellung angedeutet.

wäre. (Er betrifft aber genauso einen potentiell extrem fruchtbaren Bereich der Psyche, sofern er nur aus der Repression befreit werden kann.)

Mit diesen Argumenten wird nachvollziehbar, warum die Faktizität von internen konkreten Erlebnissen und Erfahrungen im allgemeinen so sträflich unterbewertet, ja vernachlässigt wird. Erst in jüngerer Vergangenheit, seit der mit James, Freud, Jung und anderen Pionieren der Psychologie beginnenden Beschäftigung mit den unbewußten Bereichen der Psyche, beginnt man sich vereinzelt um eine Emanzipation der internen Fakten gegenüber den externen zu bemühen. (Dies ist zugleich eine Bemühung um die konkrete interne Zeit gegenüber dem ebenfalls konkreten externen Raum und der daraus abgeleiteten abstrakten Zeit.) Ich halte es nicht für übertrieben zu sagen, daß diese Tendenz gegenwärtig noch mehrheitlich von Verständnislosigkeit und weitgehendem Desinteresse begleitet wird, sofern sie überhaupt zur Kenntnis genommen wird.

Wie in Abschnitt 6.1 im Detail ausgeführt worden ist, scheinen im Lauf der kulturhistorischen (bzw. im engeren Sinn wissenschaftshistorischen) Entwicklung die Differenzierungen von Konkretion und Abstraktion sowie von Internalität und Externalität bisher nicht explizit geleistet worden zu sein. Vor diesem Hintergrund läßt sich ein Großteil der begrifflichen und inhaltlichen Konfusion erklären, die in den Naturwissenschaften entstanden ist. Es gibt zwar bereits verschiedene Ansätze sowohl in der Physik[191] als auch in der Psychologie[192], welche zwei verschiedene Typen von Zeit diskutieren. Meines Erachtens kann jedoch erst in einer inseparablen Verkoppelung von Physik und Psychologie sichtbar werden, auf welche Weise sich eine Lösung im Sinne von Gebsers Integration abzeichnen könnte.

Dabei ist letztlich nicht die Psychologie als theoretisches Wissensgebiet relevant, sondern die psychische Aktivität des einzelnen Menschen. (Eine integrale Lösung kann es auch nur für den Einzelnen geben, und der Glaube an jegliche Art von »kollektiven

[191]Zum Beispiel ist dies in einem theoretischen Rahmen (»conformal invariance«) möglich, der von Hoyle und Narlikar (*Action at a Distance in Physics and Cosmology*, Freeman, San Francisco, 1974) vorgeschlagen wurde. Ein jüngerer formaler Ansatz stammt von Asterios Janussis, A Lie-admissible complex time model and relativity theorem, *Hadr. J.* 13, 425–434 (1990).

[192]J. de la Harpe, *Genèse et Mesure de Temps*, Neuchatel, 1941. Die Vorstellungen von de la Harpe werden diskutiert in Jean Piaget, *Die Bildung des Zeitbegriffs beim Kinde*, Suhrkamp, Frankfurt, 1974, S. 373ff.

Heilsbringern« weist immer auf ein grundsätzliches Mißverständnis hin.) Die Rolle der Psychologie als Wissenschaft beschränkt sich zunächst darauf aufzuzeigen, wo die Problematik eigentlich liegt. Ich möchte dazu noch einmal Jung zitieren, der diesen Punkt sehr eindringlich formuliert hat[193]:

> Erreicht die Komplexität (eines Systems) gar die des empirischen Menschen, so mündet seine Psychologie unvermeidlicherweise in den psychischen Prozeß selber. Sie kann sich von letzterem nicht mehr unterscheiden, sondern wird zu ihm selber. Der Effekt aber ist, daß dadurch der Prozeß Bewußtsein erlangt. Damit verwirklicht die Psychologie den Drang des Unbewußten nach Bewußtheit Sie ist Bewußtwerdung des psychischen Prozesses, aber in tieferem Sinne keine Erklärung desselben, indem alle Erklärung des Psychischen nichts anderes sein kann als eben der Lebensprozeß selbst. Sie muß sich als Wissenschaft selber aufheben, und gerade darin erreicht sie ihr wissenschaftliches Ziel.

Der entscheidende Punkt kann dabei durch die abstrakten Konzepte der *Internalität* und der *Konkretion* erfaßt werden. Sie beziehen sich theoretisch in miteinander verschränkter Form auf die Konzepte von Raum und Zeit[194], sind aber in der konkreten Praxis inseparabel. Diese Praxis, auf die hier nur instruktiv hingewiesen werden kann, ist in der abendländischen Form der Erkenntnissuche im traditionell vernachlässigten Element der *konkreten Handlung* zu finden. In der Handlung verliert die dualistisch-rationale Trennung der Welt in Teile, wie sie das intellektuelle Denken benötigt, ihre fundamentale Relevanz. Der damit ins Bild rückende holistische Standpunkt erscheint, soweit die psychologische Ebene betroffen ist, im affektiv betonten Gefühlsbereich[195]:

---

[193]Carl Gustav Jung, Theoretische Überlegungen zum Wesen des Psychischen, *Grundwerk II*, Walter, Olten, 1990, S. 65.

[194]Der Schweizer Psychiater Luc Ciompi hat in seinem Buch *Außenwelt – Innenwelt (Die Entstehung von Zeit, Raum und psychischen Strukturen)* (Vandenhoeck & Ruprecht, Göttingen, 1988) den anspruchsvollen Versuch unternommen, alle diese Konzepte in der originellen Form einer Synthese von Freud und Piaget zu verbinden, soweit ihre psychologische Seite betroffen ist. Mir erscheint dieser Ansatz lesenswert und inspirierend.

[195]Reinhard Olivier, Über die Depressivität, unveröffentlichtes Manuskript eines Vortrages vom *dies academicus* der Universität Bonn am 3.6.1992, S. 8. Hervorhebungen vom Verfasser.

Es ist das Gefühl, das uns *Einheiten* wahrnehmen und erlernen läßt, während andere, die daran nicht teilnehmen, nur Einzelnes unverbunden sehen. Die *Bedeutung* und das Erleben kommen aus einer bestimmten Koinzidenz, die nicht *abstrakt* zwingend herzuleiten ist, sondern erst und nur im Gefühl vollziehbar wird und ihren *Sinn* erhält.

Auf die Bedeutung der Konzepte *Bedeutung* beziehungsweise *Sinn* wird in den Kapiteln 8 und 9 in großem Umfang eingegangen werden. Der psychologische Blickwinkel wird dort durch den Blickwinkel der kognitiven Wissenschaften verallgemeinert und zugleich aktualisiert. Doch auch die Physik hat, wie sich zeigen wird, in dieser Hinsicht wichtige Elemente beizutragen. So gesehen, wird sich der Bedeutungsbegriff als fundamentaler Begriff für die intrinsische Verschränkung von Physik und Psychologie erweisen.

So futuristisch oder möglicherweise sogar postmodern eine derartige Verschränkung manchem Leser erscheinen mag, so fern liegt mir diesbezüglich jeglicher Anspruch auf ihre Entdeckung. In einem Brief an seinen vormaligen Assistenten an der ETH Zürich, Markus Fierz, machte Wolfgang Pauli am 10. August 1954 einige Andeutungen über seine Sicht des Verhältnisses von Innen und Außen. Pauli schrieb diese Notizen damals unter dem Vorbehalt, daß er sie für eine öffentliche Diskussion nicht für geeignet hielt. Heute erst, fast vierzig Jahre später, wird deutlich, wie außerordentlich hellsichtig und relevant sie tatsächlich waren. Der betreffende Briefausschnitt lautet[196]:

> Dies alles führte mich dann auf weitere, etwas mehr phantastische Gedankengänge. Es könnte doch sein, daß wir die Materie, z.B. im Sinne des *Lebens* betrachtet, nicht »richtig« behandeln, wenn wir sie so beobachten, wie wir es in der Quantenmechanik tun, *nämlich vom inneren Zustand des »Beobachters« dabei ganz absehend.* Es kommt mir so vor, wie wenn die nicht beachteten »Nacheffekte« der Beobachtung dann *doch* eintreten würden (als Atombomben, allgemeine

[196]Kalervo V. Laurikainen, *Beyond the Atom. The Philosophical Thought of Wolfgang Pauli*, Springer, Berlin, 1988, S. 144. Wolfgang Paulis grundlegende und sehr fortschrittliche Überlegungen zu Themen aus dem heute zunehmend aktueller werdenden Grenzgebiet zwischen Physik, Psychologie und Erkenntnistheorie habe ich in einer Serie von Beiträgen unter dem Titel »Wolfgang Pauli und die Alchemie« in der *Zeitschr. Grenzgeb. Psych.* (1992/1993) dargestellt. Sie werden demnächst in Buchform erscheinen.

> Angst, »Fall Oppenheimer« z.B. etc.), aber in einer *unerwünschten Form.* Die berühmte »Unvollständigkeit« der Quantenmechanik (Einstein) ist doch irgendwie–irgendwo tatsächlich vorhanden, aber natürlich gar nicht behebbar durch Rückkehr zur klassischen Feldphysik (das ist nur ein »neurotisches Mißverständnis« Einsteins), sie hat vielmehr zu tun mit *ganzheitlichen Beziehungen zwischen »Innen« und »Außen«, welche die heutige Naturwissenschaft nicht enthält.*
> (...)
> Dabei bin ich mir darüber im klaren, daß hier die drohende Gefahr eines Rückfalls in primitivsten Aberglauben besteht, daß dies noch viel schlimmer wäre als Einsteins regressives Gebunden–Bleiben an die klassische Feldphysik, und daß alles darauf ankommt, die positiven Resultate und Werte der ratio dabei festzuhalten.

Nach den vorangegangenen Erörterungen könnte man ergänzen: nicht nur die Quantenmechanik ist »unvollständig«, sondern die Physik als Wissenschaft ist insgesamt nicht abschließbar im Sinne von Vollständigkeit und Widerspruchsfreiheit. (Die Quantenmechanik hat dies allerdings erst klar herausgearbeitet.) Diese Formulierung erinnert – wie ähnliche frühere – an das Gödelsche Theorem, das genau einen solchen Sachverhalt für spezielle formale Systeme mathematisch streng beschreibt.[197] Die Frage nach der Existenz einer Universaltheorie muß somit immer dann negativ beantwortet werden, wenn diese Theorie die Elemente der Konkretion und Internalität enthalten soll. Nachdem diese Forderung bereits in der Physik auftritt, ist bereits dort der Anspruch auf Universalität, wenn er unzulässigerweise verabsolutiert wird, fehlgeleitet.

Statt der Frage nach einer Universaltheorie sind andere Fragen sinnvoll. Eine davon ist die im obigen Zitat von Pauli angesprochene nach der Art der Beziehungen zwischen »Innen« und »Außen«, eine andere wäre die nach der Art der Beziehungen zwischen Fakten und Modellen, zwischen Dynamik und Struktur, zwischen Abstraktion und Konkretion oder zwischen Objekt und Subjekt. Alle diese Fragen laufen letztlich auf paradoxe Inhalte hinaus, die in typischer Weise die Grenzen des mentalen Bewußtseins andeuten. Das zentrale Paradoxon besteht darin, daß sich im Spannungsfeld von Einheit und Dualität (als redu-

[197]Einzelheiten dazu werden in Abschnitt 8.1 behandelt, siehe auch Fußnoten 219 und 220.

zierter Form der Pluralität) wiederum eine Dualität zu erkennen gibt, die zugleich Einheit ist.[198]

Indem dieses Paradoxon die Grenzen des mentalen Bewußtseins anzeigt, impliziert es die Frage, was jenseits dieser Grenzen liegt. In Gebsers Terminologie gibt es hier verschiedene Möglichkeiten. Auf der einen Seite liegen dort mythische, magische und archaische Bewußtseinsstrukturen (das Unbewußte der Psychologie). Ein Rückfall in diese Strukturen wird von Gebser jedoch ähnlich negativ (»defizient«) gesehen, wie Pauli davor warnt, die positiven Errungenschaften der mentalen *ratio* aufzugeben, und wie Jung von der Gefahr einer Inflation des Bewußtseins mit unbewußten Inhalten spricht. Es muß also um etwas anderes gehen, wenn die Entwicklung »effizient« sein soll. Dieser andere Weg ist mit Gebsers Idee der Integration, der integralen Bewußtseinsstruktur, gemeint. Es ist anzunehmen, daß Paulis Vorstellung eines »psycho-physischen Monismus«[199] intentional in die gleiche Richtung zielt, und daß der Individuationsprozeß bei Jung ebenfalls ähnliche Bedeutung hat. Alle Formulierungen, die hier möglich sind, haben notwendigerweise die intrinsische Schwäche, die Konkretion nicht konkret enthalten zu können.

Dennoch sollte es unter expliziter, bewußter Anerkennung dieser Schwäche möglich sein, das Integrations*konzept* Gebsers in seinem Bezug zu Physik und Psychologie besser zu verstehen. Es

---

[198] Unter Zuhilfenahme von Gebsers Terminologie ist dieses Argument gewissermaßen aus einer unreflektierten Sicht des mentalen Bewußtseins skizziert. Es ist eine sehr nützliche Übung, sich zumindest abstrakt vorzustellen, wie der Gedankengang zu modifizieren ist, wenn andere Bewußtseinsstrukturen beteiligt sind. Dazu muß man der mentalen Synthese von Dualitäten die mythische Ergänzung (Komplementarität) von Polaritäten, das magische Einheitserlebnis und die archaische Ganzheit der Identität zur Seite stellen (siehe Gebsers synoptische Übersicht am Ende seines Werkes). Man sieht schon auf den ersten Blick, daß der angesprochene Problemkreis Einheit – Dualität lediglich die bekannte intrinsische Problematik dialektischer Synthese reflektiert. Das mentale Synthese-Konzept erscheint dann als eine ins Mentale projizierte magische Einheits*vorstellung*.

[199] Diese Formulierung ist insofern mißverständlich, als man darunter ein universelles Einheitskonzept verstehen könnte, dessen allgemeine Relevanz hier gerade bezweifelt wird.

wäre zu hoffen, daß daraus ein Integrationskonzept für die Naturwissenschaften entstehen könnte, das gar nicht so sehr die Wissenschaften selbst als vor allem die Wissenschaftler beträfe. (Ich erinnere an Finkelsteins provokative Aussage, daß erst auf einem gewissen Niveau der Naturbetrachtung Beobachter sich gegenseitig erfahren können.)

Gebser hat den Versuch unternommen, in einer bezüglich der einzelnen Wissenschaften neutralen Begriffsbildung einen ersten Schritt in Richtung auf diese Integration zu gehen. Die zentralen Begriffe dabei sind die des *Systems*, der *Systase* und der *Synairese*. Ich habe im folgenden einige Textpassagen zusammengestellt, die einer knappen Vorstellung dieser Begriffe dienen. Zum Begriff des Systems[200]:

> Jedes kategoriale System ist ein ideelles Ordnungsschema, durch welches reale Erscheinungstatsachen fixiert und absolutiert werden; damit ist es ein dreidimensionales Gerüst und hat statischen und räumlichen Charakter. Kategoriale Systeme reichen zu einer Weltbewältigung nur aus innerhalb der dreidimensionalen Weltvorstellung und Begriffswelt. Man wird sich deshalb daran gewöhnen müssen, auch *akategoriale* Elemente anzuerkennen. Die akategoriale Größe par excellence ist die »Zeit« als Intensität. Ihre bindende, gänzlichende Funktion kommt in ihrer akategorialen Wirksamkeit zum Ausdruck. *Das bisherige kategoriale Denken muß durch die zusätzliche akategoriale Realisationsart ergänzt werden.* Wir werden keinen Schritt in der Bewältigung der Aufgaben, die unserer Epoche gestellt sind, vorwärtskommen, bringen wir nicht den Mut auf, die bloß räumlich konzipierten Systeme dreidimensionaler Art zu überwinden. *Das heißt nicht, sie abschaffen; aber es heißt, sie auf die ihnen eigenen Größen und Extensitäten reduzieren.* Die bisher fälschlich räumlich fixierten Intensitäten benötigen ein eigenes Ordnungskonzept, die Systase.

Zum Begriff der Systase[201]:

> Mit dem Ausdruck »Systase« umschreiben wir die Wirksamkeit aller akategorialen Elemente, also alle Manifestationsarten und Aspekte der »Zeit«, die ihres raumlosen Charakters wegen nicht Gegenstand kategorialer Systematik sein können, weil sie keine »Gegebenheiten« sind, sondern gewissermaßen »Gebungen«. Die Systase ist ein Zusammentreten oder ein Zusammenfügen der Teile zur Ganzheit. (...)

---

[200] Jean Gebser, *Ursprung und Gegenwart*, dtv, München, 1988, S. 383.

[201] Jean Gebser, *Ursprung und Gegenwart*, dtv, München, 1988, S. 419f.

> Die Anerkennung der Wirksamkeit innerhalb jeden Systems dessen, was wir als akategoriale Systase bezeichnen, befähigt uns, an Stelle einer bloß mentalen Synthese die integrale Synairese zu setzen. Die Synairese ist der aperspektivische Vollzug des zusammenfassenden Wahrnehmens von Systase und System.

Und schließlich zum Begriff der Synairese[202]:

> Die durch die Systase ermöglichte Synairese integriert die Erscheinungen und befreit uns von Raum und Zeit... Denn Raum und Zeit sind nur bedingte Realitäten und als solche doppelt bezogen: erstens »objektiv« als transitorische Struktur unseres Universums, zweitens »subjektiv« als transitorische Struktur und Spiegelung durch unser Bewußtsein. (...) Dieser Entwurf, mit Hilfe der unsystematischen Systase die notwendige Integration zu ermöglichen, die in der Synairese vollziehbar wird, verläßt den dreidimensionalen Bereich des Rationalen, ohne deshalb in die bloß zweidimensionale Welt der bewegten Polarität zurückzuführen oder womöglich Zuflucht zu der Einheits–Bezüglichkeit des Magischen zu nehmen. Sie ist keineswegs irrational noch prärational, sondern arational.

Seit etlichen Jahren ist in den Wissenschaften ein deutlicher Trend zu sehen, in dessen Verlauf der erste der drei genannten Begriffe, der des Systems, zunehmend an Beachtung gewinnt. Dieser Trend äußert sich in einer zunehmenden Popularität eines interdisziplinären Ansatzes, der Systemtheorie genannt wird. Insbesondere scheinen mir hier die Stichworte *Komplexität* und *Bedeutung* betonenswert, die in der gegenwärtigen Fachdiskussion bereits einen gewissen Stellenwert verbuchen können.[203] Obwohl die Systemtheorie gegenüber typischen Tabubereichen der Wissenschaft, wie zum Beispiel der Parapsychologie, bei aller notwendigen Kritik eine erfreulich neue Offenheit zeigt, scheint es mir, daß sie das Zeitthema in seiner vollen Bedeutung (d.h. inklusive Internalität und Konkretion) noch weitgehend ausblendet. Damit hat sie, sofern dieser Schein nicht trügt, noch nicht die Möglichkeit geschaffen, aus der traditionellen Anschauung statischer Begriffe und Strukturen hinauszuweisen. Hören wir dazu noch einmal Gebser[204]:

---

[202] Jean Gebser, *Ursprung und Gegenwart*, dtv, München, 1988, S. 422.

[203] Siehe dazu vor allem Abschnitt 9.1.

[204] Jean Gebser, *Ursprung und Gegenwart*, dtv, München, 1988, S. 380.

> Unserem bisherigen Bewußtsein liegt von allen möglichen Zeitformen der mental-rationale Zeitbegriff am nächsten. Erst in dem Augenblick, da wir uns Rechenschaft über ihn ablegen und ihn als Teiler erkennen, wird uns bewußt, daß dieses Fragment des Zeitlichen nur der *Auslöser* einer weltumgestaltenden Bewußtseinsstruktur sein kann. Der Zeitbegriff ist lediglich das Initialthema für die Bewußtwerdung der aperspektivischen Welt. Solange es Geltung hat, gilt noch das Teilende, Zerstörende, Auflösende, das aber teilend, zerstörend und auflösend den Weg für eine neue Wirklichkeit freilegt. Was aber freigelegt wird, das ist mehr als der bloße Begriff »Zeit«: es ist das *Achronon, also das Frei- und Befreitsein von jeder Zeitform; es ist die Zeitfreiheit.*

Was Gebsers Systase ausdrückt, ist, aus mentaler Sicht, dual zum Systembegriff zu sehen. In der Terminologie der Diskussion über Raum und Zeit in Abschnitt 7.1 dürfte die Systemvorstellung auf externe konkrete Gegebenheiten im Raum Bezug nehmen, die man als *Strukturen* zusammenfassen kann. Die Systase dagegen bezieht sich auf interne konkrete »Gebungen« in der Zeit, also auf den Prozeß, die *Dynamik* als solche. Gebser beschränkt sich in seiner Darstellung, vielleicht aus pädagogischen Gründen, auf die konkreten Aspekte. Was dabei ausgespart bleibt, sind die zugehörigen abstrakten Komponenten. Sie repräsentieren meines Erachtens jedoch nicht zu vernachlässigende, unter dem Aspekt der physikalischen Symmetrie sogar unumgängliche Darstellungsmodi, die erforderlich sind, um ein vollständiges Gesamtbild zu erhalten. Aus mental-rationaler Sicht kann man diese Modi mit Hilfe der erörterten Raum-Zeit-Konzeption in ein solches Gesamtbild einbeziehen.

Gebsers Sprechweise zu diesem komplexen Thema ist jedoch nicht durchgehend mental zu verstehen. Das macht es auf der einen Seite so schwierig, ihm gerade in diesen wichtigen Betrachtungen zu folgen, auf der anderen Seite ermöglicht es ihm aber vermutlich erst, überhaupt in schriftlicher Form dazu Stellung zu nehmen. Während er die Systase gewissermaßen als den Schritt aus dem Mentalen hinaus kennzeichnet, ist die Synairese als ein Zustand nach diesem Schritt und jenseits des Mentalen zu verstehen. Sie charakterisiert eine völlig neue Existenzform, nämlich diejenige der integralen Bewußtseinsstruktur.

Systase ist akategorial insofern, als sie, physikalisch, psychologisch oder systemtheoretisch gesprochen, einen *instabilen*, vorübergehenden, ephemeren Zustand darstellt, etwa im Sinne eines »aha«-Erlebnisses, dem erneute Kategorisier ung folgt bzw. folgen kann. Es ist möglich, das Entstehen bzw. das Verstehen von *Bedeutung* in dieser Weise systematisch bzw. systatisch zu interpretieren. Erst unter der Bedingung, daß ein solcher instabiler Zustand stabilisiert werden kann (man beachte, daß dies keinesfalls so mühelos und nebenbei zu realisieren ist, wie es bisweilen dargestellt wird) spricht Gebser von Synairese, nämlich als »dauernd wirkendem Vollzug des Ursprünglichen im Gegenwärtigen«.[205] Unter Zuhilfenahme der Analogie des »aha«-Erlebnisses dürfen wir uns Synairese als einen *Zustand der Bedeutungsfülle* vorstellen, der aber - soviel ist sicher - mehr enthält, als es die mentale Abstraktion andeuten kann. Dessenungeachtet ist es natürlich sowohl gerechtfertigt als auch wünschenswert, den kognitiven Modus »Bedeutung«, seine Charakteristika und Randbedingungen seiner Existenz, soweit es geht, abstrakt zu behandeln. Dies ist das Ziel der beiden folgenden Kapitel, die sich im Spannungsfeld von Physik, Kognitionswissenschaften und Erkenntnistheorie bewegen werden.

[205]Jean Gebser, *Ursprung und Gegenwart*, dtv, München, 1988, S. 522.

8. Wissensdarstellung

Der Begriff des Wissens wird in der geisteswissenschaftlichen Tradition unter mehreren Blickwinkeln gesehen.[206] Im engeren Sinn ist Wissen, im Gegensatz zu Glauben oder Meinen etwa, an die Existenz von Kriterien für *Wahrheit* gebunden. Wissen in diesem Sinnn hat objektiv »wahr« zu sein und kann im Licht der in Kapitel 3 geführten Diskussion mit epistemischem Wissen in Verbindung gebracht werden. Etwas weiter gefaßt ist ein Wissensbegriff, der auf *Gewißheit* beruht, und der subjektive Überzeugungen, zum Beispiel eben auch Wissen in Form von Glaubensinhalten, einschließt. Der Anspruch von Gewißheit für Wissen kann schließlich noch durch den Anspruch der *Evidenz* modifiziert werden: der Einsicht davon, »daß ein gewisser Sachverhalt gelte oder nicht gelte«.[207]

In diesem letzteren Sinn scheint der Wissensbegriff am ehesten mit metischem Wissen in Zusammenhang gebracht werden zu können. Wissen aus Evidenz schließt Wissen aus Wahrheit ein, soweit Wahrheit als eine spezielle Form von Evidenz angesehen werden kann. Wissen, das objektive Wahrheitskriterien verwendet, wird indessen den Wissensbegriff, der auf Evidenz beruht, im allgemeinen als »unwahr« einstufen. So sind Kriterien für Wissen wie »wichtig, interessant, lohnend, riskant, symmetrisch, schön, absurd, harmonisch« im Rahmen einer epistemischen Einschätzung schlicht irrelevant, unter metischer Perspektive dagegen »wichtig«. Gleiches gilt für Wissensquellen wie »Erfahrung, sinnliche Evidenz, klare und distinkte Ideen, Tradition, Autorität, Offenbarung, Neuheit, Schönheit, Intuition, Analogie«. Beide Aufzählungen sind unvollständig, verdeutlichen

[206] Michael Brüggen, Wissen (Art.), in *Handbuch philosophischer Grundbegriffe, Band 6*, Kösel, München, 1974, S. 1723–1739.

[207] Die Rolle der Evidenz für den Wissensbegriff (und darüber hinaus) ist vor allem von Husserl betont worden, von dem auch das angeführte Zitat stammt: Edmund Husserl, *Logische Untersuchungen*, Halle 1900/01, Teil I, S. 14.

aber hinreichend, wie groß die *praktische* Bedeutung der nicht-epistemischen Komponente von Wissen ist.[208]

Nach den Vorarbeiten der vorangegangenen Abschnitte soll im folgenden versucht werden, eine Vorstellung zu skizzieren, die auf naturwissenschaftlich präziser Basis ein tieferes Verständnis des Verhältnisses von epistemischem und metischem Wissen im genannten Sinn erlaubt. Dazu wird zunächst eine historische Frühform der kognitiven Wissenschaften, der *Kognitivismus*, beleuchtet, dessen Schwerpunkt – in der verwendeten Terminologie – auf kategorialer Wissensdarstellung und -verarbeitung liegt. Einfacher ausgedrückt, handelt es sich dabei um das Einordnen von Wissen in Kategorien (»Schubladen«) mit Metakategorien (»Gruppen von Schubladen«) etc. Diese Form von Wissensdarstellung weist bezüglich bestimmter Argumente Schwachpunkte auf, die sich durch eine Erweiterung der kategorialen auf akategoriale Wissensdarstellung beheben lassen.[209] Die Wirkungsbereiche von Episteme und Metis können dementsprechend mit kategorialer bzw. akategorialer Wissensdarstellung in Verbindung gebracht werden.

Nicht-»schubladisierende«, akategoriale Wissensdarstellung hat sehr interessante Eigenschaften, die es ermöglichen, den Begriff der *Bedeutung*, der sich einer kategorialen Beschreibung gegenüber ja notorisch querstellt, präziser zu formulieren, als dies bisher getan wurde. Bedeutung kann so zu einem Schlüsselbegriff im Rahmen metischen Wissens werden und wird im Lauf der weiteren Erörterungen, insbesondere in Kapitel 9, auf weitere, ebenso wichtige Begriffe und deren Inhalte angewandt werden.

Auch in diesem Zusammenhang erscheint erneut Jean Gebser mit seinem Werk als hellsichtiger Prophet zukünftiger Entwicklungen. Gebser sah im akategorialen Modus der Wissensdarstel-

[208] Sie sind entnommen aus Yehuda Elkana, *Anthropologie der Erkenntnis*, Suhrkamp, Frankfurt, 1986, S. 46ff.

[209] Im Detail wurden bestimmte Aspekte beider Arten von Wissensdarstellung untersucht in: Harald Atmanspacher, Categoreal and acategoreal representation of knowledge, *Cognitive Systems* 3, 259–288 (1992). Das vorliegende Kapitel 8 stützt sich wesentlich auf diese Arbeit.

Ein historischer Ansatz kann „sympatisch" sein. „T.O.T."
Eine physikal. Theorie kann „sympatisch" sein. „nützlich."

lung denjenigen Modus, der, ebenso über die mentale Kategorisierung wie über ihr nichtkategoriales, mythisches Gegenstück hinausführend, in einer integralen Bewußtseinsstruktur zum Tragen kommt. Wie sich zeigen wird, scheint es in der Tat so zu sein, daß Fortschritte in den kognitiven Wissenschaften in der Theorie auf eine derartige Möglichkeit hinweisen. Auf die Frage, inwieweit sie sich praktisch-konkret realisieren läßt, kann hier nur andeutungsweise und – bestenfalls – instruktiv eingegangen werden.

8.1. Schwachpunkte des Kognitivismus

Wissen und der Prozeß des Wissenserwerbs sind in vielerlei Hinsicht die zentralen Gegenstände des Gebietes der kognitiven Wissenschaften, zu denen im wesentlichen Psychologie und Neurophysiologie zählen. Die konzeptuellen Wurzeln der kognitiven Wissenschaften reichen in die 40er Jahre unseres Jahrhunderts zurück, als Wissenschaftler wie John von Neumann, Alan Turing und Norbert Wiener versuchten, eine natürliche Grundlage für epistemologische Fragen der Naturwissenschaften zu finden.[210] Aus den entsprechenden kybernetischen Ansätzen heraus entwickelte sich in den 50er Jahren die wissenschaftliche Richtung des Kognitivismus, vor allem verbunden mit den Namen der Amerikaner Noam Chomsky, Marvin Minsky und Herbert Simon.[211] Die traditionelle Richtung des Kognitivismus betrachtet Kognition als einen internen Modus der Datenverarbeitung (also der Wechselwirkung interner Kategorien), mit dessen Hilfe die externe Welt, die sogenannte Realität, dargestellt werden kann. Dabei wird angenommen, daß dieser interne Modus grundsätzlich ge-

[210]Gute Übersichten über diese frühen Ursprünge kann man der biographischen Literatur entnehmen: S. Heyms, *John von Neumann and Norbert Wiener*, MIT Press, Cambridge, 1980; Andrew Hodges, *Alan Turing: The Enigma*, Simon & Schuster, New York, 1983.

[211]Nähere Ausführungen zur Geschichte des Kognitivismus sind zu finden in: Howard Gardner, *The Mind's New Science: A History of the Cognitive Revolution*, Basic Books, New York, 1988, Kap. 5. Siehe auch Francisco Varela, *Kognitionswissenschaft – Kognitionstechnik*, Suhrkamp, Frankfurt, 1990, Kap. 3.

nauso funktioniert wie ein externes Rechnersystem (Computer). Auf dieser Basis führt die traditionelle Form des Kognitivismus ohne Umschweife zu der Hypothese, die Fähigkeiten des menschlichen Gehirns seien durch Rechner modellierbar. Insbesondere ist unter diesem Aspekt das Vermögen der Intelligenz betroffen. Das diesbezügliche programmatische Ziel ist die technische Realisierung von künstlicher Intelligenz. Das entsprechende Forschungsziel läßt sich mit zwei Fragen umreißen:

— Wie wird die externe Realität durch interne Kategorien dargestellt?

— Wie wechselwirken interne Kategorien miteinander?

Obwohl, wie sich herausstellen wird, beide Fragen in engem Zusammenhang miteinander stehen und letztendlich nicht klar voneinander getrennt werden können, beschäftige ich mich hier vorläufig mit der ersten. Im Verlauf der Diskussion wird deutlich werden, wo die Zusammenhänge liegen und wo die Gründe für die Inseparabilität zu suchen sind.

Zunächst einige einleitende Bemerkungen zu den Begriffen »Kategorie« und »Darstellung«, die im vorliegenden Kapitel von besonderer Bedeutung sind. Im Grunde kann man unter einer Darstellung zwei sehr unterschiedliche Dinge verstehen.[212] Zum einen ist es nämlich möglich, damit den Vorgang des Darstellens zu bezeichnen, also gewissermaßen einen *dynamischen Prozeß*; zum anderen kann man darunter das Resultat dieses Prozesses fassen, also das *strukturelle Konzept* des Dargestellten. Hier findet sich erneut, wie in den vorangegangenen Kapiteln, die Antinomie von Dynamik und Struktur an entscheidender Stelle wieder. Während der dynamische Aspekt von Darstellung als Informationstransfer

[212]Das Konzept der Darstellung (im englischen Sprachgebrauch: *representation*) findet sich in verschiedenen Publikationen mit unterschiedlichen Schwerpunkten diskutiert. Ich verweise auf die folgenden Literaturstellen: Gerhard J. Dalenoort, Toward a general theory of representations, *Psych. Res.* 52, 229–237 (1990); Hilary Putnam, *Repräsentation und Realität*, Suhrkamp, Frankfurt, 1991; Francisco Varela, *Kognitionswissenschaft - Kognitionstechnik*, Suhrkamp, Frankfurt, 1990; Joseph Margolis, *Science without Unity*, Blackwell, Oxford, 1987, vor allem Kapitel 6.

interpretiert werden kann, bezieht sich ihr struktureller Aspekt auf die Speicherung von Information. Um beide Möglichkeiten, den Begriff der Darstellung zu verstehen, klar voneinander zu differenzieren, wird er im folgenden (sofern Mißverständnisse entstehen könnten) ausschließlich in seinem dynamischen Sinn benutzt. Für die strukturelle Bedeutung von Darstellung wird der Begriff der Kategorie verwendet. Er verallgemeinert den Begriff des Symbols, der in der Fachliteratur oft auftaucht, und bezieht sich auf die interne Darstellung externer Daten oder Fakten, wie sie in Form von Modellen geschieht.

Etliche der Ideen, die im Lauf dieses Kapitels formuliert werden, sind zum Teil durch Alfred Whiteheads detaillierte und intensive Studien in seinem Werk »Prozeß und Realität«[213] motiviert. Darüber hinaus werden jedoch auch wichtige Ideen ausgeführt, die bei Gebser im Zusammenhang mit dem Begriff des *Akategorialen* auftauchen. Durch eine klare konzeptuelle Unterscheidung zwischen dynamischer Darstellung und struktureller Kategorie ergibt sich die Möglichkeit, zwischen solchen Darstellungen, die zu Kategorien führen, und solchen, die dies unter Umständen nicht tun, zu unterscheiden. Letztere Art von Darstellung kann in einem sehr präzisen Sinn als akategoriale Darstellung bezeichnet werden. Um dies zu verstehen, ist ein wenig Detailkenntnis aus der Theorie nichtlinearer dynamischer Systeme erforderlich, die ich versuchen werde, im Anschluß an einige grundsätzliche Bemerkungen zu vermitteln.

Im traditionellen Verständnis einer Darstellung im kognitivistischen Sinn scheinen ausschließlich kategoriale Darstellungen gemeint zu sein, d.h. die Möglichkeit nicht- oder außer-kategorialer Wissensdarstellung wird nicht erwogen. In anderen Worten: von jeder dynamischen Darstellung wird implizit angenommen, daß sie eine Kategorie produziert. In diesem Sinne bildet sie Ereignisse (z.B. Fakten, Daten) der externen Realität als interne Kategorien (z.B. Modelle, Theorien) ab. Im Rahmen eines solchen Ansatzes

[213] Alfred North Whitehead, *Process and Reality*, verbesserte Auflage, Free Press, New York, 1978.

kann man drei konzeptuelle Komponenten spezifizieren, mit denen man es im wesentlichen zu tun hat.

1. Eine *externe Realität* S besteht aus Elementen e_i, die als *Ereignisse (Fakten)* in S bezeichnet werden. Wechselwirkungen zwischen Ereignissen sind als mathematische Abbildungen, sogenannte Morphismen, zwischen verschiedenen geordneten Mengen von Ereignissen formulierbar. Im Rahmen physikalischer Betrachtungsweise wird jedes individuelle Elementarereignis e_i durch drei konkrete Raumkoordinaten q_1, q_2, q_3 und eine abstrakte Zeitkoordinate t charakterisiert. Der Begriff der Koordinate impliziert eine sogenannte metrische Struktur in S. Das bedeutet, daß Abstände zwischen Ereignissen eindeutig bestimmt werden können. Zwei Ereignisse e_i und e_j sind nur dann identisch, wenn $i = j$ ist: jedes Ereignis ist also nur mit sich selbst identisch.

2. Eine *interne Realität* Σ besteht aus Elementen k_i, die als *Kategorien* in Σ bezeichnet werden. Dual zur Struktur von S kann man in Σ an drei abstrakte Raumkoordinaten η_1, η_2, η_3 und eine konkrete Zeitkoordinate τ denken.[214] Eine Kategorie ist eine geordnete Menge von Objekten (dies können zum Beispiel Symbole sein), und Wechselwirkungen zwischen verschiedenen Kategorien sind als Morphismen zwischen den entsprechenden Mengen formulierbar. Im Gegensatz zum Elementarereignis ist eine Kategorie im allgemeinen nicht ein einzelnes, individuelles Element, sondern eine Menge von Elementen. Dementsprechend gibt es in Σ eine hierarchische Anordnung von Kategorien, die zum Beispiel durch einen zunehmenden Abstraktionsgrad charakterisiert werden können. Der »elementaren« internen Kategorie in

[214] Diese Vorstellung kann hier nicht näher spezifiziert werden, siehe dazu die Abschnitte 6.2 und 7.1 sowie dort gegebene Literaturhinweise. Sie bedarf aber auch hier des Kommentars, daß sie im allgemeinen *nicht* im Sinne eines metrischen Raums, sondern vielmehr im Sinne eines topologischen Raumes verstanden werden sollte. Hier sind Abstände *nicht* eindeutig festlegbar, und der Begriff der »Koordinaten« ist daher etwas irreführend.

Σ entspricht das *allgemeinste* konzeptuelle Modell von externen Fakten in S.

3. Eine *dynamische Darstellung* f ist eine Abbildung von S nach Σ (symbolisch: $S \rightarrow \Sigma$), die Elementen $e_i \in S$ (Ereignissen) Elemente $k_i \in \Sigma$ (Kategorien) zuordnet. Eine exakte derartige Abbildung ist allerdings nicht immer möglich. Sie ist nur dann möglich, wenn die Zugehörigkeit eines Ereignisses zu einer Kategorie entscheidbar ist, d.h. das Ereignis entweder zur Kategorie gehört oder nicht. In diesem Fall spricht man von einer Booleschen Struktur der Darstellung, andernfalls von einer nicht-Booleschen Struktur.

Abbildung 8.1a illustriert den Prozeß der Darstellung, wie er durch die Punkte (1)-(3) formuliert wird, in schematischer Form. Zwei wesentliche Voraussetzungen, die für die aufgeführten Punkte unabdingbar sind, sind dabei noch nicht explizit ausgesprochen worden. Es handelt sich darum, daß erstens S und Σ sowohl als *separate* als auch als *separable* Realitäten aufgefaßt werden, etwa vergleichbar mit Descartes' *res extensa* und *res cogitans*. Zweitens wird davon ausgegangen, daß eine Abbildung nur im Sinne der Darstellung von S nach Σ stattfindet, nicht jedoch umgekehrt von Σ nach S. Beide Voraussetzungen sind im allgemeinen nicht haltbar, wie im folgenden dargestellt werden wird. Aus diesem Grund können die Punkte (1)-(3) zwar als eine definitorische Ausgangsbasis dienen, müssen aber letztendlich Gegenstand einer modifizierenden Betrachtung sein. Im gleichen Atemzug ist damit gesagt, daß die Richtung des Kognitivismus, wie sie sich in den Punkten (1)-(3) gespiegelt findet, erweiterungsbedürftig ist. Die erforderliche Erweiterung liegt, wie sich zeigen wird, in der Möglichkeit akategorialer Darstellung.

Die beiden Haupteinwände gegen das übliche Schema kategorialer Wissensdarstellung im beschriebenen Sinn sind durch zwei Schlagworte charakterisierbar, die quer durch alle Bereiche wissenschaftlicher Beschäftigung zunehmendes Interesse gewinnen. Es handelt sich um die Konzepte der *Ganzheit* und der *Bedeutung*. Sie sind nicht unabhängig voneinander. Der Begriff der Bedeutung

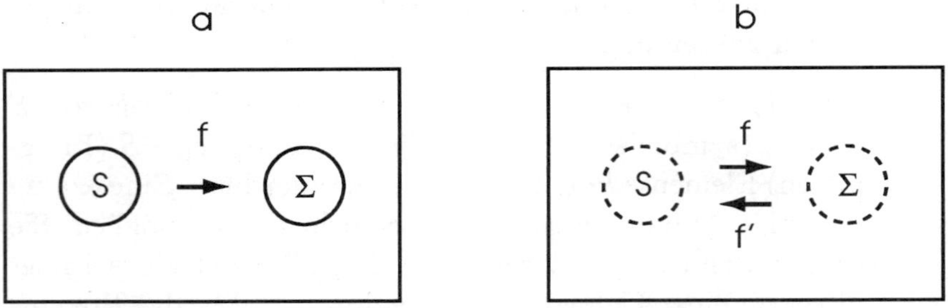

Abbildung 8.1: Zwei Modelle für Wechselwirkungen zwischen externer Realität S und interner Realität Σ. a) S und Σ stellen separable Realitäten dar, und Ereignisse in S werden durch eine Abbildung f von S nach Σ dargestellt. b) S und Σ sind im allgemeinen nicht separabel, und die Abbildung zwischen ihnen führt sowohl von S nach Σ als auch von Σ nach S. Jede Darstellung f korrespondiert mit einer inversen Darstellung f'.

drückt, wie es bereits in Kapitel 7 angedeutet wurde und später (Kapitel 9) im Detail ausgeführt werden wird, ebenso einen ganz bestimmten Gesichtspunkt von Ganzheit aus wie der Begriff der Ganzheit für die Behandlung des Themas Bedeutung wichtig ist.

Der Typus von Ganzheits-Argument, der im folgenden vorgestellt werden soll, beruht im wesentlichen auf einem phänomenologischen Ansatz hinsichtlich der externen Realität S. Ein solcher Ansatz impliziert, daß Ereignisse $e \in S$ nur dann als Ereignisse gelten sollen, wenn sie sich in Form von Wechselwirkungen äußern. Ereignisse in diesem Sinn sind kontextabhängige *phaenomena*, und nicht wechselwirkungsfreie und kontextfreie *noumena.* Folglich ist jegliches Ereignis gewissermaßen durch seine Wahrnehmung seitens eines wahrnehmenden Systems, sei es einer Meßapparatur oder eines menschlichen Sinnesorgans, definiert. Das Ereignis als Phänomen existiert *qua* Wechselwirkung mit seiner »Umgebung«.

Diese Vorstellung stellt eine strenge Abgrenzung von externer Realität S und interner Realität Σ in Frage. Betrachten wir zum Beispiel eine Situation, in der ein Beobachter A einen anderen Beobachter B beim Beobachten eines Ereignisses beobachtet.[215] Aus der Sicht von A gehört die entsprechende Wechselwirkung ausschließlich zu S. Beobachter B dagegen wird die gleiche Wechselwirkung als eine Wechselwirkung zwischen S und Σ beschreiben, nämlich als eine Abbildung $e \rightarrow k$. Insofern sich die Abgrenzung von S und Σ auf *jedes* individuelle Σ beziehen soll (nicht auf ein bestimmtes), ist damit die Forderung einer eindeutigen Zuordnung von Ereignissen zu S verletzt. Was für A zu S zählt und damit extern objektivierbar ist, hat für B den zusätzlichen Aspekt der Internalität, indem es gerade von außen nach innen abgebildet wird.

Das Verständnis von Ereignissen in S als interaktive Phänomene ruft eine zusätzliche Komplikation hervor: es zerstört die Gerichtetheit der Darstellung von S nach Σ. Wie Abbildung 8.1b schematisch zeigt, impliziert die interaktive Natur von Ereignissen, daß jede Darstellung $f : S \rightarrow \Sigma$ zugleich auch eine Darstellung $f' : \Sigma \rightarrow S$ ist.[216] Dies ist leicht einzusehen, wenn man den oben beschriebenen Sachverhalt aus der Sicht von A interpretiert. Aus A's Perspektive handelt es sich bei der Beobachtung des Ereignisses durch B um einen wechselseitigen Einfluß zwischen B und dem wahrgenommenen Ereignis. Zusätzlich zur Wahrnehmung im Sinne von f liegt also eine (»wahrgebende«) Abbildung f' vor, die, um es konkret zu sagen, einen Einfluß bereits existierender Kategorien k auf die Wahrnehmung des Ereignisses e ausübt (was sich psychologisch als Voreingenommenheit, Befangenheit etc. bemerkbar machen kann und wissenschaftstheoretisch unter die Rubrik »Theoriegeladenheit von Fakten« fällt). In Abbildung 8.1b zeigt sich dies in Form einer rekursiven, rückbezüglichen Abbildung, die zugleich den illusionären, irreführenden Charakter einer allgemein verbindlichen strengen Abgrenzung der Realitäten S und Σ verdeutlicht.

---

[215] Friedrich Dürrenmatt, *Der Auftrag. Vom Beobachten des Beobachters der Beobachter*, Diogenes, Zürich, 1986, hat dieses Thema in literarische Form gebracht.

[216] Im englischen Sprachgebrauch läßt sich dieser Doppelbezug sehr treffend anhand des Begriffspaares *representation/presentation* ausdrücken.

Die Rückbezüglichkeit, die in einer derartigen doppelseitigen Wechselwirkung zum Ausdruck kommt, illustriert im übrigen sehr deutlich, wie konstruktivistisch dominierte (f') und sensualistisch dominierte (f) erkenntnistheoretische Denkschemata zusammenhängen.[217] Auf der Ebene der internen Realität Σ, auf der die abstrakten Kategorien existieren, gibt es den induktiven Einfluß der Fakten aus S *und* den deduktiven Einfluß der Modelle auf S. Ebenso gibt es auf der Ebene der externen Realität S, auf der die konkreten Fakten existieren, die entsprechenden Einflüsse in umgekehrter Weise. Diese Betrachtungsweise veranschaulicht bereits in grober Form, wie die Dualität von Fakten und Modellen auf der einen Seite und diejenige von Innen und Außen auf der anderen Seite in der kognitiven Praxis realisiert ist.

Sie führt darüber hinaus zu der Einsicht, daß die wesentlichen Voraussetzungen, die zur Aufrechterhaltung der Punkte (1)-(3) erforderlich sind, bereits unter der Annahme, Ereignisse seien lediglich als Wechselwirkungen relevant, schlicht nicht gegeben sind. Statt der Separabilität von S und Σ und der Gerichtetheit der Abbildung zwischen beiden muß in Betracht gezogen werden, daß dynamische Darstellungen generell doppelseitige Abbildungen zwischen S und Σ sind, und daß Ereignisse $e \in S$ und Kategorien $k \in \Sigma$ nicht generell separabel sind.

Das Kriterium der Separabilität auf der Faktenebene äußert sich unter anderem darin, daß im Bereich experimenteller Forschung die Randbedingungen von Versuchen so festzulegen sind, daß das Verhalten eines untersuchten Systems möglichst keinen

[217]Siehe die entsprechende Bemerkung in Fußnote 49. Die mit solcher Rückbezüglichkeit verbundene Problematik findet in der kognitiven Wissenschaft zunehmende Beachtung. Was ihre psychologische Seite betrifft, sei hier stellvertretend auf die Arbeiten von Emrich hingewiesen, dessen 3-Komponenten-Modell sich auf der Basis der Definitionen (1)-(3) zwanglos als elegantes Kognitivismus-erweiterndes Konzept verstehen läßt (Hinderk M. Emrich. *Psychiatrische Anthropologie*, Pfeiffer, München, 1990). Soweit die neurophysiologische Seite betroffen ist, seien im gleichen Atemzug die Arbeiten von Martin Heisenberg genannt, zum Beispiel dargestellt in Martin Heisenberg, Über Universalien der Wahrnehmung und ihre genetischen Grundlagen, in *Mannheimer Forum 1989/90*, Piper, München, 1990, S. 11–69.

Einflüssen aus seiner Umgebung unterliegt. Systeme werden vorzugsweise als abgeschlossene Systeme präpariert und studiert. Auf diese Weise werden experimentelle Resultate reproduzierbar, was für die Formulierung von universell gültigen Modellen unabdingbar ist. Der Nachteil eines solchen Ansatzes besteht darin, daß »abgeschlossene« Systeme in der Natur bestenfalls näherungsweise vorkommen. In der Regel sind natürliche Systeme »offen«, und gerade durch den Austausch mit der Umgebung können sich komplexe Verhaltensweisen ausbilden, die unter isolierten Bedingungen niemals entstehen würden.[218]

Auf der Modellebene kann Separabilität durch die Forderung gekennzeichnet werden, daß ein sogenanntes vollständiges Modell einen gewissen Gültigkeitsbereich mit klar definierten Grenzen hat. Sämtliche Sachverhalte innerhalb des derart »abgeschlossenen« Gültigkeitsbereiches werden durch das Modell beschrieben. Ein wesentliches Problem hinsichtlich abgeschlossener Modelle besteht, wie Gödel für einen Spezialfall aus der Zahlentheorie bewiesen hat, in der Entscheidbarkeit ihrer Aussagen. Das Gödelsche Theorem[219] beweist, daß im Rahmen widerspruchsfreier und abgeschlossener Modelle unentscheidbare Aussagen existieren: »Alle widerspruchsfreien axiomatischen Formulierungen der Zahlentheorie enthalten unentscheidbare Aussagen«.[220] Diese Unentscheidbarkeit ist so zu verstehen, daß es im Rahmen eines Modells zutreffende Aussagen gibt, die aber in diesem gleichen Rahmen nicht als »wahr« bewiesen werden können. In dieser

[218] Das Studium solcher Systeme begann in der Nichtgleichgewichts-Thermodynamik (à la Prigogine und Mitarbeiter) und der Synergetik (à la Haken). Mittlerweile hat sich als zentrales Fachgebiet, welches sich mit derartigen Systemen beschäftigt, die nichtlineare Dynamik etabliert.
In der Quantentheorie ist, wie bereits erwähnt, das Phänomen der Inseparabilität unter dem Begriff der quantenmechanischen Nichtlokalität sogar rigoros als formale Eigenschaft verankert.

[219] Kurt Gödel, Über formal unentscheidbare Sätze der Principia Mathematica und verwandter Systeme, *Monatshefte für Mathematik und Physik* 38, 173–198 (1931); Ernest Nagel und James R. Newman, *Der Gödelsche Beweis*, Oldenbourg, München, 1987.

[220] Douglas Hofstadter, *Gödel, Escher, Bach*, Klett, Stuttgart, 1985, S. 19.

Hinsicht ist das Modell gerade unvollständig, oder – um die Analogie zur Faktenebene beizubehalten – »offen«.

Eine zweite wichtige Aussage der Gödelschen Arbeit betrifft den Zusammenhang zwischen abgeschlossenen Modellen und ihrer Widerspruchsfreiheit. Allein mit modellinternen Mitteln läßt sich nämlich im allgemeinen nicht beweisen, daß alle Aussagen des Modelles untereinander frei von Widersprüchen sind. Dafür kann erst mit modellfremden Mitteln gesorgt werden. In abgeschlossenen Modellen kann daher grundsätzlich nicht von ihrer inneren Widerspruchsfreiheit ausgangen werden. Besonders anschaulich ist dies durch solche Modelle demonstrierbar, deren Umfang möglichst beschränkt ist. Hier zeigt sich oft sehr klar, wie logische Selbstbezüglichkeit (die dann deutlich erkennbar wird) in logische Paradoxien einmündet – man denke nur an das unter diesem Aspekt berühmt gewordene Zitat »Alle Kreter lügen« von Epimenides aus Kreta.

Die Doppelseitigkeit der Beziehung zwischen externer Realität S und interner Realität Σ und die damit verbundene Rückbezüglichkeit ist im gleichen Sinn als logische Selbstreferenz zu verstehen, nicht als Zirkularität im zeitlichen Ablauf. Dieser Unterschied ist deswegen wichtig, weil der Zeitbegriff der Physik üblicherweise mit der Bedeutung einer linearen, gerichteten Zeit verwendet wird.[221] Logische Selbstreferenz steht in keinerlei Widerspruch zu empirischem Wissen – ganz im Gegenteil wird sie zum Teil sogar als ein Denkansatz betrachtet, der notwendigerweise auftaucht, wenn es um die Konstruktion logischer Schemata geht, die mit der empirischen Erfahrung (sei sie externer oder interner Natur) konsistent sind.[222] So gesehen kann der Doppelbezug von f und f' als illustrativer Ausdruck einer gleichermaßen vorhande-

[221]Zirkulare Zeit hat ihren eigenen Stellenwert, der sich nach Gebser im Zusammenhang mit der mythischen Bewußtseinsstruktur zeigt. Interne Zeit, wie sie in Kapitel 7 vorgeschlagen wurde, wäre ein Kandidat für eine entsprechende Interpretation. Darauf gehe ich hier nicht näher ein, verweise aber auf Gebser, S. 238ff (Kapitel 5.2).

[222]George Spencer-Brown, *Laws of Form*, Julian Press, New York, 1972; Douglas Hofstadter, *Gödel, Escher, Bach*, Klett, Stuttgart, 1985.

nen Relevanz von aristotelischer *causa efficiens* (von außen nach innen) und *causa finalis* (von innen nach außen) gewertet werden. Auf der anderen Seite kann er leicht mißverstanden werden, indem er *zwei* Richtungen eines Informationsflusses andeutet, ohne daß Sender und Empfänger (S und Σ) streng unterscheidbar sind: in selbstbezüglichen Wechselwirkungen ist jeder Sender immer zugleich auch Empfänger und umgekehrt.

Die letztgenannte Interpretation bezieht sich auf Sender und Empfänger als *strukturelle* Einheiten, zwischen denen ein Austausch von Information stattfindet: Information wird vom Sender zum Empfänger gesendet. Man kann jedoch den Schwerpunkt der Betrachtung auch auf das Senden der Information, also auf die *Dynamik* des Informationsflusses selbst, legen. In der entstehenden Dichotomie spiegelt sich die bereits angesprochene Dichotomie von strukturellem und dynamischem Gebrauch des Begriffes der Darstellung, diesmal allerdings in informationstheoretischer Sprechweise. Angesichts der Tatsache, daß die allgemeinen Konzepte von Struktur und Dynamik in der Tat mathematisch-physikalisch dual zueinander sind, scheint es bemerkenswert, daß sich diese Dualität offensichtlich auch im nicht-formalen Sprachgebrauch ihren Platz verschafft hat.

Wie in Kapitel 5 ausführlich dargestellt wurde, ist die *Dualität* jedoch nicht die einzige Relation, die zwischen Struktur und Dynamik existiert. Ein entscheidender Punkt besteht darin, daß im Rahmen des formalen Ansatzes (der Verbandstheorie), der zur Demonstration der Dualität verwendet wurde, die dualen Konzepte von Struktur und Dynamik zugleich als *Einheit* erscheinen. Dies ist im Sinn der Einheit eines relativistischen Raumzeit-Kontinuums, auf das die Einheit der Konzepte von Struktur und Dynamik ja zielt, unmittelbar einleuchtend. Die verbandstheoretische Formulierung reicht hier jedoch, was ihre Konsequenzen betrifft, weiter als ihre relativistische Komponente. Sie drückt nämlich nicht nur aus, daß Struktur und Dynamik als Systemeigenschaften in Raum und Zeit »einheitlich« gesehen werden müssen, sondern sie weist darüber hinaus auch auf eine *ganzheitliche* Gleichberechtigung des »dualistischen« mit einem »vereinheitlichendem« Ansatz hin. Beide manifestieren sich auf der Modell- *und* auf der Faktenebene und können als komplementäre Betrachtungsmodi gelten. Diversifizierung und Vielfalt der externen Realität werden so als Ergänzung zur relativistischen Einheit von Raum und Zeit verstehbar, und Theorien- bzw. Modellpluralismus stehen der Einheitsvorstellung einer universellen »Weltformel« in der internen Realität zur Seite.

Zusätzlich zu den Problemkreisen *Ganzheit* und *Nicht-Separabilität* ist es das Thema *Bedeutung*, das auf natürliche Weise zu Argumenten gegen traditionelle kognitivistische Auffassungen von kategorialer Wissensdarstellung führt. Es tut dies unter zwei verschiedenen Aspekten: einmal unter dem Aspekt, wie Bedeutung *strukturell* zu verstehen sei, und zum anderen unter dem Aspekt, auf welche Weise Bedeutung *dynamisch* freigesetzt wird. Semantische Theorien, die sich mit Bedeutung befassen, können dementsprechend in zwei Klassen eingeteilt werden.[223]

Denotative Semantik betont den konzeptuellen Ort von Bedeutung im strukturellen Sinn. Im wesentlichen versucht dieser Ansatz, Bedeutung »irgendwo« zwischen S und Σ zu lokalisieren, also zwischen der Kategorie k und dem Ereignis e, die sich jeweils denotativ zugeordnet sind. Die zentrale Frage ist dabei: Wo sitzt die Bedeutung eines Ereignisses bzw. einer Kategorie? *Funktionale Semantik* betrachtet Bedeutung als dynamischen Prozeß. In ihrem Rahmen ist Bedeutung nicht lokalisierbar, sondern besteht im Prozeß ihrer eigenen Freisetzung. Sie kann daher nicht präzisiert werden, ohne daß dieser Prozeß genau verstanden ist.

Im Anschluß an die vorangegangene Diskussion der Komplementarität von Struktur und Dynamik erscheint es naheliegend, daß auch hier eine Kontroverse über die Gültigkeit des einen *oder* anderen Ansatzpunktes, also über denotative *oder* funktionale Semantik, fehlgeleitet ist. Statt dessen ist die Frage vernünftig, wel-

[223]Ich verdanke den Hinweis auf diese grundsätzliche Klassifizierung Daniel Memmi, LIMSI, Paris. Detailliertere Bemerkungen zu verschiedenen Gruppen von semantischen Theorien finden sich in Petros A.M. Gelephitis, Survey of theories of meaning, *Cognitive Systems* 2, 141–162 (1988).

cher Ansatz für welche Problemstellung der geeignete ist. Der denotative Ansatz wird offensichtlich in dem Moment irrelevant, in dem es um eine holistische Perspektive geht, aus der Ereignisse $e \in S$ und Kategorien $k \in \Sigma$ inseparabel sind. In diesem Kontext wird die Bedeutung eines Ereignisses ebenso wenig durch die zugehörige Kategorie geliefert, wie ein Faktum durch ein Modell »erklärt« wird. Auf der anderen Seite wird der funktionale Ansatz nutzlos, sobald eine Trennung von S und Σ erforderlich wird (wobei sich ein gewisser Grad der Beliebigkeit bezüglich der exakten Lage der Trennlinie nie vermeiden läßt). Dies ist vor allem dann der Fall, wenn es um Probleme der Operationalisierung geht, sei es auf der Modellebene der Theoriebildung oder auf der Faktenebene der experimentellen Messung. Der denotative Ansatz bietet Relevanz in Bezug auf Fragen des (nicht-holistischen) operationalen Zugangs, während der funktionale Ansatz sich auf eine (nicht-operationale) holistische Perspektive bezieht.

Diese Ausführungen legen die Frage nahe, ob es möglich ist, beide Ansätze zugleich, also gewissermaßen in integraler Form, zu realisieren. Dies würde implizieren, daß Bedeutung simultan erlebt (dynamischer Aspekt) und verstanden (struktureller Aspekt) werden kann. An der Existenz einer derartigen »integralen Semantik« sind indessen starke Zweifel gerechtfertigt, solange sie auf rein abstrakte Weise angestrebt wird. Gerade der dynamische Erlebnisaspekt ginge in einem solchermaßen abstrakten Bestreben verloren. Wenn die Möglichkeit einer Integration überhaupt zu verwirklichen sein sollte, dann muß sie – das zeigt eben die Theorie! – das konkrete Gegenstück zur Abstraktion mitenthalten, nämlich das aktive Erlebnis.

Im folgenden Abschnitt 8.2 wird ein Modus diskutiert werden, der immerhin in die Richtung einer solchen Konkretisierung weist. Dieser Modus wird zwar auf der Basis eines abstrakten Modells vorgestellt. Es ist jedoch äußerst wichtig, sich vor Augen zu halten, daß es dabei keineswegs primär um das theoretische Modell als solches geht, sondern vielmehr um seine *instruktive* Komponente, was die Praxis der Integration von konkretem Erlebnis und abstraktem Verstänndnis anbelangt. Bevor dies in detaillierter Form zur Sprache kommen wird, sind allerdings noch einige Vorbemerkungen zum Thema Bedeutung aus informationstheoretischer Sicht zweckmäßig.

Informationstheorie in der Gestalt, wie sie 1949 von Claude Shannon entworfen worden ist[224], dient der Charakterisierung von strukturellen bzw. dynamischen Eigenschaften von Systemen in Bezug auf ihren Informationsgehalt bzw. dessen Übermittlung. Diese Charakterisierung kann sich entweder auf Systeme in S oder in Σ beziehen. Informationsübermittlung ist dann (entsprechend den Definitionen (1) und (2)) entweder in Form von Morphismen zwischen Ereignissen in S oder in Form von Morphismen zwischen Kategorien in Σ darstellbar. Sie beschäftigt sich jedoch prinzipiell *nicht* mit der Wechselwirkung zwischen Ereignissen in S und Kategorien in Σ. Dies hängt damit zusammen, daß Shannons Informationskonzept rein syntaktischer Natur ist, die Wechselwirkung zwischen S und Σ aber Semantik beinhaltet, sei es auf der funktionalen oder auf der denotativen Ebene. Syntax allein wäre ausreichend, ginge es lediglich um kontextfreie, *noumena*-artige, isolierte und damit unbeobachtbare Ereignisse. Beobachtung ist aber bereits eine Wechselwirkung und zerstört den isolierten Charakter des Ereignisses. So gesehen, sieht sich jegliche Einschränkung auf eine rein syntaktische Beschreibung auf der Faktenebene den gleichen Einwänden gegenüber wie die Vorstellung einer kontextfreien, universellen Theorie (siehe dazu auch Kapitel 6).

Sobald das Thema der Bedeutung und sein Gebiet, die Semantik, auf dem Plan erscheinen, ist es unabdingbar, daß Fragen des Kontextes wirklich ernst genommen werden. Zum Beispiel kann es durchaus passieren, daß aus einer Anzahl von Symbolfolgen mit gleicher Shannon-Information für einen *bestimmten* Empfänger unter *bestimmten* Bedingungen lediglich eine einzige dieser Folgen Bedeutung enthält, d.h. verstanden werden kann. In derartigen Fällen von Kontextualität werden semantische und

[224] Claude Shannon, *The Mathematical Theory of Communication*, publiziert zusammen mit einem Beitrag von Warren Weaver, University of Illinois Press, Urbana, 1949.

pragmatische Gesichtspunkte unverzichtbare Elemente eines informationstheoretischen Ansatzes.

Obgleich diese Erkenntnis ihre Wirkung erst neuerdings zu entfalten beginnt, ist sie keineswegs erst neuerdings formuliert worden. Schon Warren Weaver hat sich 1949 dezidiert in entsprechender Weise geäußert.[225] Es hat sich allerdings herausgestellt, daß angemessene qualitative Definitionen oder sogar quantitative Maße (incl. Meßverfahren) für semantische bzw. pragmatische Information nicht immer leicht zu finden sind. Nichtsdestoweniger ist beides nicht ausgeschlossen, wenn sorgfältig beachtet wird, auf welche Weise qualitative Präzision und quantitativer Zugang in diesem Zusammenhang überhaupt möglich sind.[226] Drei Punkte sind dabei besonders zu beachten:

1. Im allgemeinen ist jede Definition bzw. Messung von Bedeutung *kontextuell*, also systemspezifisch. Dies steht im Gegensatz zur traditionellen Forderung nach *universellen* Definitionen und Meßgrößen. Der Begriff der Kontextualität, der

---

[225]So findet sich in erstaunlicher Voraussicht der späteren Entwicklung das Thema der Bedeutung als zentrales Problem in Weavers Beitrag »Recent contributions to the mathematical theory of communication« zum gemeinsamen Buch mit Shannon. Zum Beispiel ist laut Weaver (Seite 117) »... der Einfluß des Kontextes einer der signifikantesten und schwierigsten Aspekte von Bedeutung« (Übersetzung vom Verfasser).

[226]Wesentliche Anstöße hierzu stammen von Ernst von Weizsäcker, dessen Konzept der pragmatischen Information 1974 publiziert wurde (Ernst von Weizsäcker, Erstmaligkeit und Bestätigung als Komponenten der pragmatischen Information, in *Offene Systeme I*, Hrsg. E.v. Weizsäcker, Klett, Stuttgart, 1974, S. 83–113). Dieses Konzept wurde von Kornwachs und von Lucadou aufgegriffen und weiterentwickelt (Klaus Kornwachs und Walter von Lucadou, Pragmatic information in nonclassical systems, in *Cybernetics and Systems Research*, Hrsg. R. Trappl, North Holland, Amsterdam, 1982, S. 191–197; siehe auch Walter von Lucadou, *Psyche und Chaos*, Aurum, Freiburg, 1989). Möglichkeiten des quantitativen Zuganges wurden 1985 von Gernert vorgeschlagen (Dieter Gernert, Measurement of pragmatic information, *Cognitive Systems* 1, 169–176 (1985)) und erstmals 1990 im Rahmen von empirischen Untersuchungen des Verhaltens physikalischer Systeme angewandt (Harald Atmanspacher and Herbert Scheingraber, Pragmatic information and dynamical instabilities in mutimode cw dye lasers, *Can. J. Phys.* 68, 728–737 (1990)). Bezüglich weiterer Details verweise ich auf Kapitel 9.

hier Eingang findet, bezieht sich auf räumlich-strukturelle wie auf zeitlich-dynamische Aspekte. Eine räumliche oder zeitliche Verschiebung eines Ereignisses kann bereits ausreichend sein, um seine Bedeutung zu verändern.

2. Quantitative operationale Maße für Bedeutung können sinnvollerweise nur dann verwendet werden, wenn der nichtholistische Standpunkt eingenommen wird (der einer strukturell-denotativen Semantik entspricht). Das erfordert, daß das zu untersuchende System als externes Objekt betrachtet wird, also aus der Perspektive eines externen Beobachters. Dieser Standpunkt liefert keinen direkten Zugang zur internen Dynamik des Systems, obgleich sie sich natürlich implizit in der Reaktion des Systems (seinem output) auf gezielte Veränderungen seiner Umgebung (input) zeigt. Was extern meßbar ist, läßt sich grundsätzlich in Form von charakteristischen output/input-Beziehungen darstellen.

3. Die qualitative Dynamik eines Systems, die mit Fragen der funktionalen Semantik in Verbindung steht, kann präzise formuliert werden, doch geht dabei der direkte quantitative Zugang verloren. (Er würde im allgemeinen sogar die Dynamik verändern.) Schlüsselbegriffe hierbei sind Selbstorganisation, Selbstreferenz und schließlich die Selbsterzeugung von Bedeutung, auf die in Kapitel 9.1 näher eingegangen werden wird. Unter dem dynamischen Aspekt wird das System nicht »von außen« gesehen, sondern aus der Sicht eines internen Teilnehmers an der Dynamik. Als Meßgrößen, die einer *indirekten* Quantifizierbarkeit dienen, werden hier Korrelationen, internes Gedächtnis, Alter etc. wichtig, die im terminologischen Bereich des internen Zeitbegriffes liegen.

Diesen Punkten entsprechend sollte man weder erwarten, auf dem dynamischen Niveau der Freisetzung von Bedeutung (funktionale Semantik) quantitative Maße zu erhalten, noch wird auf dem strukturellen Niveau von Bedeutung (denotative Semantik) auf der Basis von input/output-Beziehungen ein qualitatives Bild der Entstehung von Bedeutung möglich sein. Obwohl beide, der interne dynamische und der externe strukturelle Blickwinkel, in einem ganz bestimmten Sinn dual zueinander sind, sind sie doch *zusammen* notwendig für ein vollständiges Verständnis von Bedeutung. Die Situation ist einigermaßen kompliziert und wurde in den Kapiteln 5 bis 7 eingehend diskutiert. Erstens sind die physikalischen Begriffe Dynamik und Struktur in rigoroser mathematischer Weise als dual zu betrachten. Dies liegt daran, daß eine mathematische Struktur (nunmehr auf der Modellebene) existiert, die beide Aspekte der Faktenebene vereinigt. Was ist dann das dynamische Gegenstück dieser Modellstruktur? – Zweitens handelt es sich auch hier um eine kontextabhängige Situation, mit der die Physik (ebenso wie andere Disziplinen, die auf dem regulativen Prinzip der Universalität aufbauen) im großen und ganzen unvertraut ist. Dennoch kann die Situation zum Teil als physikalisches Problem betrachtet und behandelt werden.

Die Notwendigkeit, eine Darstellung zu finden, die kontextfreie Modelle erweitert, sollte damit klar sein – jedenfalls, solange es überhaupt als sinnvoll erachtet wird, mit Hilfe abstrakter Modelle konkrete Sachverhalte zu beschreiben. Es ist nicht allzu schwer zu erraten, was das bedeutet: die Gesamtsituation wird selbstbezüglich, und zwar in einem sehr fundamentalen Sinn. Das dynamische Gegenstück einer mathematisch abstrakten Struktur ist nämlich wiederum dual zu einem konkreten dynamischen Prozeß zu sehen, einem Prozeß, der tatsächlich und faktisch abläuft. Der offensichtlichste Bereich, in dem ein solcher Prozeß stattfinden kann, ist der kognitive Apparat des betroffenen Wissenschaftlers – sein Gehirn. In der Tat gibt es zahlreiche Beispiele für eine dementsprechende Korrespondenz von abstrakten Ideen und konkreter psychischer (manchmal sogar physischer) Aktivität im »erleuchtenden Moment«, in dem Zusammenhänge verstanden, Erkenntnisse gefunden werden.[227] Diese Korrespondenz motiviert eine Zuordnung von konkreten dynamischen Prozessen im Gehirn zu mathematischen Modellstrukturen, die zum Beispiel

[227]Siehe hierzu die in Fußnote 54 gegebenen Literaturhinweise.

über archetypische Inhalte der Psyche (ebenfalls interne, abstrakte, strukturelle Gebilde) angeregt werden können.[228] Der psychische Prozeß als interne Dynamik kann nun ebenso in externem Sinn, zum Beipiel im Sinne der Neurophysiologie, betrachtet werden. Dort wird das Gehirn als physiologische Struktur studiert, die sich durch bestimmte Formen von input/output-Verhalten beschreiben läßt. Die dazugehörige konkrete Faktenebene ist formal die gleiche wie die physikalischer Systeme. Auf diese Weise schließt sich der Zirkel von konkreter externer physikalischer Struktur (und dazu dualer konkreter interner physikalischer Dynamik) über abstrakte interne mathematische Struktur (sowie dazu dualer abstrakter externer Theoriendynamik) zurück zur konkreten externen Struktur.

Als Folge der entstandenen Selbstbezüglichkeit ist zu erwarten, daß die mit der damit erreichten Abgeschlossenheit verbundenen logischen Komplikationen, zum Beispiel in Form von Paradoxien, auftreten. Wie bereits angedeutet, können solche Probleme unter bestimmten Aspekten als Scheinprobleme entlarvt werden.[229] Da das menschliche Gehirn das einzige uns bekannte System ist, das zu interner Teilnahme an seiner Dynamik (seiner Psychologie) *und* zu externer Beobachtung seiner Strukturen in der Lage ist, dürfte *für uns* das Problem *als Ganzes* als ein Problem des Bewußtseins des Menschen seiner selbst erscheinen – ein selbstbezügliches Problem in sich.

[228] Der Begriff der psychologischen Archetypen wird hier im Sinne der Jungschen Terminologie verwendet, siehe C.G. Jung, *Grundwerk Band 2*, Walter, Olten, 1990. Interessante Erörterungen zur Verbindung zwischen Archetypen und dem Prozeß der Theoriebildung finden sich beispielsweise in Hans Primas, *Chemistry, Quantum Mechanics, and Reductionism*, Springer, Berlin, 1983, Kapitel 2.5 und 2.6. Die Kenntnis formaler Ansätze zur Beschreibung entsprechender Korrespondenzen verdanke ich Diskussionen mit Reinhard Olivier sowie der Lektüre seines unveröffentlichten Manuskripts *Das mentale System* (Vorabdruck 1992).

[229] Insbesondere der Ansatz von George Spencer-Brown, *Laws of Form*, Dutton, New York, 1979, ist in dieser Hinsicht vielversprechend.

8.2. Akategoriale Wissensdarstellung

Die Argumente des vorangegangenen Abschnittes bedingen, daß ein sinnvolles Modell von Bedeutung ihren dynamischen sowie ihren strukturellen Aspekt zu berücksichtigen hat. Im Idealfall sollten beide Aspekte in integraler Form, gewissermaßen zusammen, in ein solches Modell eingehen. Dies ist jedoch in schriftlicher Form naturgemäß unmöglich, da die geschriebene Sprache *sui generis* strukturelle Abstraktion überbetont und somit den dynamisch-konkreten Aspekt ins Hintertreffen geraten läßt. Es ist eine bemerkenswerte Erscheinung der abendländischen Kultur, daß dieses Ungleichgewicht die Entwicklung weiter Bereiche der Wissenschaften, aber auch die gesellschaftliche Entwicklung, in beträchtlichem Maße beeinflußt und gefärbt hat.

Obwohl die folgende Argumentation selbst nicht anders als abstrakt sein kann, liegt ihr Schwerpunkt auf der Frage, wie die Freisetzung von Bedeutung *sowohl* strukturell *als auch* dynamisch verstanden werden kann. Etwas plakativer ausgedrückt, wird es also sowohl um das Verstehen als auch um das Entstehen von Bedeutung gehen. Vor allem das Entstehen, die *konkrete* Signifikanz des *Prozesses* der Bedeutung, sollte dabei als unerläßlicher Bestandteil von Kommunikation im weitesten Sinn deutlich werden. In anderen Worten (die hoffentlich weniger unbescheiden sind als sie vielleicht klingen): zentraler Gegenstand des gegenwärtigen Abschnitts ist eine *abstrakte* Beschreibung des Vorgangs, wie Bedeutung *konkret* freigesetzt wird.

Bevor dieses Unternehmen gestartet werden kann, sind einige einführende Bemerkungen zur generellen Idee des gesamten Ansatzes angebracht. Beginnen wir mit einem einfachen Beispiel aus der Alltagserfahrung. Jedermann kann sich eine Situation vorstellen, in der er etwas zum ersten Male »verstanden« hat, zum Beispiel – wenngleich dies für viele weit zurückliegen mag – wie eine gewisse Anzahl von Buchstaben ein Wort bildet. Eine solche Situation ist *kontextuell* insofern, als sie eine *einmalige* konkrete Erfahrung darstellt: das berühmte »aha«-Erlebnis. Sie ist *uni-*

versell insofern, als dieses Erlebnis bleibende Folgen für *alle* weiteren Begegnungen mit dem betreffenden Wort hat. Beide Blickwinkel sind erforderlich, um die Bedeutung von Bedeutung möglichst vollständig zu erfassen, doch es ist allein das »aha«-Erlebnis, welches den Eindruck hervorruft, daß Bedeutung konkret freigesetzt worden ist. Jede bloße Rekonstruktion oder jeder bloße erneute Gebrauch eines Wortes mit bereits erkannter Bedeutung kann diesen Eindruck nicht erzeugen.

Dieses Beispiel verdeutlicht, daß konkrete subjektive Teilnahme in Form von Erfahrung bzw. Erlebnis *zusammen* mit abstrakter objektiver Vorstellung gebraucht werden, wenn Bedeutung erzeugt werden soll. Dabei kann man zwischen *Konkretheit* als *hinreichender* Bedingung und *Abstraktion* als *notwendiger* Bedingung differenzieren. Es ist jedoch nicht ausgeschlossen (wenn nicht sogar zu vermuten), daß diese Zuordnung ein mehr oder weniger willkürliches Produkt einer historischen Entwicklung ist, und daß die umgekehrte Zuordnung ebenso relevant sein könnte, wenn die Entwicklung anders stattgefunden hätte.

Bei dem gegebenen Beispiel handelt es sich um ein abstraktes Beispiel, das entsprechender Aufarbeitung seitens des Lesers bedarf. Es kann, aber muß nicht, Bedeutung freisetzen, je nachdem, ob der Leser etwas Konkretes damit verbindet, verbinden will oder verbinden kann. Ein Beispiel, das die Konkretion nachdrücklicher provoziert, ist in Abbildung 8.2a dargestellt. Die Figur, die dort zu sehen ist, zeigt einen sogenannten Necker-Würfel: das Gerüst eines dreidimensionalen Würfels in seiner zweidimensionalen Projektion.

Bezüglich der Lage des Würfels bietet diese Figur zwei Wahrnehmungsoptionen, die aus der Zweideutigkeit, welche sich aufgrund der Projektion ergibt, problemlos vorstellbar sind. Die dazugehörige konkrete Erfahrung entsteht durch die kognitive Aktualisierung des dreidimensionalen Würfels aus seiner wahrgenommenen zweidimensionalen Projektion. Die Realisierung dieser Erfahrung ist indessen von beschränkter Dauer: nach einer Weile wird die zunächst aktualisierte Option durch die andere, komple-

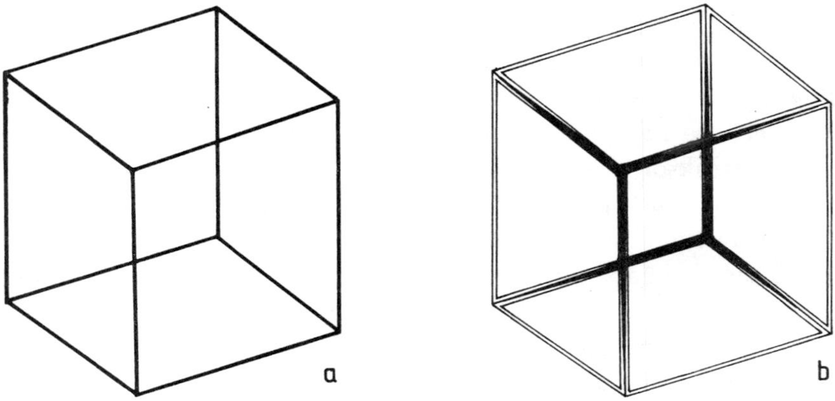

Abbildung 8.2: Zwei verschiedene Möglichkeiten, einen auf eine zweidimensionale Fläche projizierten dreidimensionalen Würfel darzustellen. a) Der Necker-Würfel als zweideutiger visueller Reiz. b) Ein paradoxer, logisch unmöglicher Würfel, wie er bereits in Abbildung 6.3 auftauchte.

mentäre Konfiguration abgelöst. Dieser Übergang wird von einem »aha«-Erlebnis (möglicherweise von mäßiger Intensität, je nach psychischem Engagement) begleitet, das nicht auftritt, wenn man sich beide Optionen lediglich abstrakt vorstellt.[230]

Die zentrale Intention dieses Abschnittes besteht darin, eine angemessene formale Beschreibung dieses Übergangs zwischen koexistierenden Wahrnehmungsoptionen zu geben. Der Übergang wird dabei als eine dynamische Instabilität betrachtet, die von einer vorübergehend stabilen Kategorie (um eine solche handelt es sich bei der kognitiven Aktualisierung des Würfels) zu einer zweiten Kategorie, nämlich der alternativen Wahrnehmungsoption, führt. Diese Beschreibungsweise beruht auf der Vorstellung einer interpretativen Analogie von Kategorien und Attraktoren

[230]Eine Reihe von psychologischen Wahrnehmungs-Experimenten mit dem Necker-Würfel wurde von Borsellino und Mitarbeitern durchgeführt (siehe A. Borsellino, A. de Marco, A. Alazetta, S. Rinesi, and R. Bartolini, Reversal time distribution in the perception of visual ambiguous stimuli, *Kybernetik* 10, 139–144 (1972); F. Aicardi and A. Borsellino, Statistical properties of flip-flop processes associated to the chaotic behavior of systems with strange attractors, *Biol. Cybern.* 55, 377–385 (1987).

von dynamischen Systemen.[231] Dabei wird ein externer Reiz, zum Beispiel ein wahrgenommenes Ereignis, als eine Anfangsbedingung für ein gehirnintern arbeitendes dynamisches System betrachtet, die nach einer gewissen transienten Übergangszeit auf einen Attraktor, der die Kategorie darstellt, einschwingt. Diese Vorstellung hat etliche interessante Konsequenzen, auf deren Gesamtheit ich hier nicht näher eingehen kann. Ein wichtiger Punkt im Zusammenhang mit dem Thema Bedeutung besteht darin, daß sich der Zustand des Systems während der transienten Einschwingphase als bedeutungsfreisetzender Zustand interpretieren läßt. Zur Freisetzung von Bedeutung wird somit die Destabilisierung eines Attraktors (einer Kategorie) benötigt, der den jeweils gegenwärtigen *status quo* der kognitiven Tätigkeit charakterisiert. Die transiente Phase, in der sich das System außerhalb von Attraktoren befindet, kann in diesem Sinn als bedeutungsfreisetzender Zustand verstanden werden.

Diese Interpretation ist ohne eine Einführung in einige grundlegende Konzepte der Theorie nichtlinearer dynamischer Systeme (Anfangsbedingungen, Attraktoren, Stabilität, transiente Phase etc.) nicht leicht nachvollziehbar. Die folgenden Bemerkungen sind daher dazu gedacht, diese Konzepte, soweit nötig, näher zu erklären. Auf mathematischen Aufwand wird dabei verzichtet. Das führt zwar manchmal zu einem Verlust an Genauigkeit, dürfte sich im Sinne der allgemeinen Verstehbarkeit aber vorwiegend positiv bemerkbar machen.

Der Begriff des nichtlinearen dynamischen Systems bezieht sich im Grunde genommen auf zwei verschiedene Ebenen: Modellebene und Faktenebene. Auf der Faktenebene ist damit ein physikalisches System gemeint, dessen Variablen einer nichtlinearen zeitlichen Entwicklung, also einer nichtlinearen Dynamik, unter-

---

[231] Sie wurde unter empirischem Vorzeichen von Christine A. Skarda and Walter J. Freeman vorgeschlagen (How brains make chaos in order to make sense of the world, *Behavioral and Brain Sciences* 10, 161–195 (1987)). Wichtige theoretische Anregungen und Beiträge stammen von John S. Nicolis (Chaotic dynamics applied to information processing, *Rep. Prog. Phys.* 49, 1109–1196 (1986)).

liegen. Ein sehr einfaches konkretes Beispiel ist ein Pendel, dessen Variablen etwa seine Position und seine Geschwindigkeit sind. Im Lauf der Zeit ändern sich beide – zum Beispiel wird sich die Dynamik eines gedämpften Pendels so entwickeln, daß es nach einer gewissen Zeit seine Ruhelage erreicht und dort verharrt, wenn es nicht erneut angestoßen wird.

Auf der Modellebene wird ein dynamisches System mathematisch beschrieben. Dies geschieht vorzugsweise durch sogenannte Differentialgleichungen, in denen die Variablen durch Größen x_i dargestellt werden. Dabei ist i ein Index, der unter der Annahme, daß es n solcher Variablen gibt, von 1 bis n läuft. Die Kopplungen zwischen den Variablen werden durch eine Matrix beschrieben, die im allgemeinen *nichtlineare* Beiträge enthält. Nichtlineare Kopplungen sind nicht etwa als Ausnahmefall zu betrachten, sondern stellen ganz im Gegenteil die Regel dar, sofern man Systeme ohne grob vereinfachende Annahmen beschreiben will.

Die Dynamik eines Systems, also die zeitliche Entwicklung seiner Variablen, wird üblicherweise in einem mehrdimensionalen abstrakten Raum dargestellt, den man als Phasenraum bezeichnet. Die Achsen dieses Phasenraumes sind die Variablen des Systems, so daß seine Dimension mit der Anzahl n der Variablen identisch ist. Für den obigen Fall eines Pendels mit zwei Variablen, Ort und Geschwindigkeit, ist zum Beispiel $n = 2$. Der Phasenraum ist demnach eine zweidimensionale Fläche. Würde man das Pendel etwa im dreidimensionalen Anschauungsraum mit je drei Komponenten für Ort und Geschwindigkeit beschreiben, so würde die Dimension des Phasenraums auf 6 ansteigen. Entsprechend kann man sich vorstellen, daß für die Darstellung eines Systems, das aus N Pendeln besteht, im Prinzip ein $6N$-dimensionaler Phasenraum erforderlich wäre.

Nun ist es oft möglich, solch unvorstellbare Räume dadurch zu vereinfachen, daß man sogenannte kollektive Variablen einführt. Man betrachtet dann zum Beispiel nicht mehr die Geschwindigkeiten aller einzelnen Pendel, sondern ersetzt sie durch eine Größe, die alle gemeinsam beschreibt, etwa eine Temperatur, eine Konzentration, ein mittleres Potential etc. Auf diese Weise wird die Dimension stark reduziert, und die Darstellung der Dynamik des Systems wird übersichtlicher.

Die Lösung des Differentialgleichungssystems für die Variablen ergibt deren zeitliche Entwicklung, also eine Anzahl von n Funktionen $x_i(t)$. Um die Eigenschaften dieser Lösung zu studieren und um verschiedene Klassen von Lösungen zu unterscheiden, ist es wesentlich zu wissen, wie sie sich unter dem Einfluß geringfügiger Störungen verhalten. Eine entsprechende Untersuchung nennt man Stabilitätsanalyse. Mit ihrer Hilfe wird geprüft, wie stabil die Lösung gegenüber Störungen ist.

Die entscheidenden Größen, die eine solche Stabilitätsanalyse liefert, sind die sogenannten Lyapunov-Exponenten[232] λ_i, die angeben, wie schnell zwei Lösungen, die sich nur um einen geringen Betrag (eben die Störung) unterscheiden, konvergieren oder divergieren. Ein positives λ_i kennzeichnet die Tatsache, daß Störungen vergrößert werden, während sie bei negativem λ_i ausgedämpft werden. Systeme mit einem oder mehreren positiven λ_i kann man daher als intrinsisch instabil bezeichnen: auftretende Störungen werden aufgrund der nichtlinearen Kopplungen zwischen den Variablen, also aufgrund der internen Dynamik des Systems, verstärkt. Die Summe aller derer λ_i, die positiv sind, wird als dynamische Entropie oder Kolmogorov-Sinai-Entropie[233] K bezeichnet.

Beide, λ und K können sowohl auf der Faktenebene (durch Messung) als auch auf der Modellebene (durch Rechnung) bestimmt werden. Ihre Einheit ist 1/sec. Daraus folgt, daß ihr Kehrwert ein Zeitmaß ist. Der Wert von K (der sich ausschließlich auf divergierende Lösungen bezieht) gibt einen Anhaltspunkt für das Zeitintervall, innerhalb dessen die Lösungen »noch nicht sehr weit« auseinandergelaufen sind, also in gewissem Sinn noch mit-

---

[232]Namensgeber ist der russische Mathematiker Aleksander Mikhailovich Ljapunov (1857-1918).

[233]Siehe Fußnote 113.

einander zu tun haben. Die Größe $1/K$ bietet, wie in Kapitel 5 angedeutet, eine Möglichkeit, auf indirekte externe Weise operationalen Zugang zum Konzept einer internen Zeit zu bekommen.

Die Summe *aller* (nicht nur der positiven) Ljapunov-Exponenten kann verwendet werden, um eine elementare Klassifizierung nichtlinearer dynamischer Systeme anhand ihrer Stabilität zu geben:

— Wenn die Summe aller λ größer als Null ist, spricht man von Systemen mit *stochastischem* oder *zufälligem* Verhalten. Ihre Dynamik ist in globalem Sinn instabil.

— Wenn die Summe aller λ gleich Null ist, spricht man von *konservativen* Systemen. Hier werden, global gesehen, Störungen weder verstärkt noch ausgedämpft – sie bleiben erhalten. Daher werden solche Systeme als stabil, jedoch nicht asymptotisch stabil bezeichnet.

— Wenn die Summe aller λ kleiner als Null ist, spricht man von *dissipativen* Systemen. Sie sind asymptotisch stabil, d.h. Störungen werden nach genügend langer Zeit (daher asymptotisch) ausgedämpft und das betreffende System verhält sich wie vor der Störung. Die Darstellung der Dynamik eines solchen Systems benötigt lediglich einen begrenzten Teil des Phasenraums, den man einen *Attraktor* nennt.

Es sind vor allem die dissipativen Systeme, die im Rahmen der Thematik dieses Abschnittes interessant sind. Der Begriff des Attraktors rührt daher, daß ein Zustand des Systems (zum Beispiel eine sogenannte *Anfangsbedingung*: ein Zustand, von dem ab man die zeitliche Entwicklung betrachtet), der in einer gewissen Umgebung des Attraktors liegt, im Lauf der Zeit vom Attraktor »angezogen« wird. Die Umgebung, für die dies gilt, heißt *Attraktionsgebiet*. Der Zustand eines Systems wird sich also aus jeder Anfangsbedingung, die im Attraktionsgebiet liegt, zum Attraktor hin entwickeln.

Zusätzlich zu verschiedenen allgemeinen Klassen von Systemen kann mit Hilfe der Ljapunov-Exponenten auch zwischen verschiedenen Typen von Attraktoren differenziert werden. Wenn jedes einzelne λ_i negativ ist, so liegt ein sogenannter *Fixpunkt* als Attraktor vor. Er kennzeichnet eine stationäre Lösung, bei der keinerlei zeitliche Änderung der Variablen erfolgt. Dies tritt zum Beispiel im Fall des gedämpften Pendels nach einer hinreichend langen Dämpfungszeit ein. Ist der Attraktor ein *Grenzzyklus*, so sind alle λ_i negativ bis auf denjenigen, der (tangential) in Richtung der Lösung zeigt. Das Verhalten des Systems auf einem Grenzzyklus ist periodisch, d.h. ein bestimmter Punkt auf dem Attraktor wird nach einem bestimmten Zeitintervall (der Periode) immer wieder durchlaufen. Im Fall eines k-fach periodischen Systems ist der Attraktor die Oberfläche eines k-Torus, und es gibt k verschwindende λ_i. Hat ein System mindestens drei unabhängige Variablen ($n \geq 3$), so kann die Bedingung einer negativen Summe von λ_i, die zur Existenz eines Attraktors erforderlich ist, durch eine Kombination positiver *und* negativer λ_i gewährleistet werden. Diese Situation definiert einen sogenannten *chaotischen* oder *seltsamen Attraktor*. Das entsprechende Verhalten des Systems heißt *deterministisches Chaos*.[234]

Abbildung 8.3 zeigt das Stabilitätsverhalten eines dissipativen Grenzzyklus (8.3a) im Vergleich zu periodischer Bewegung in einem konservativem System (8.3b). Im dissipativen Fall werden Störungen nach einer charakteristischen Zeit $1/\lambda$ ausgedämpft, so daß der Zustand des Systems immer auf den asymptotisch stabilen

[234] Die begriffliche Konstruktion des *deterministischen Chaos* weist durch ihren Bestandteil »deterministisch« auf die Existenz exakter mathematischer Gleichungen auf der Modellebene hin. Von »Chaos« ist die Rede, weil auf der Faktenebene das konkrete Verhalten solcher Systeme irregulär erscheint und nicht beliebig vorhersagbar ist.
Eine gut lesbare, weitgehend nicht-formale Einführung in die Theorie des deterministischen Chaos stammt von Jim Crutchfield, Doyne Farmer, Norman Packard und Rob Shaw, den Mitgliedern der Santa-Cruz-Gruppe, die sich um die Entwicklung dieses Gebietes zu Beginn der 80er Jahre große Verdienste erworben hat (Chaos, *Scientific American* 255, 38–49 (1986)). Mathematische Aspekte dieses Forschungszweiges sind auf moderatem Niveau dargestellt in Heinz Georg Schuster, *Deterministic Chaos*, Physik Verlag, Weinheim, 1987. Eine ausgezeichnete Darstellung für Leser mit mathematisch-physikalischer Vorbildung wurde von Ronald W. Leven, Bernd-Peter Koch und Bernd Pompe veröffentlicht: *Chaos in dissipativen Systemen*, Akademie Verlag, Berlin, 1989.

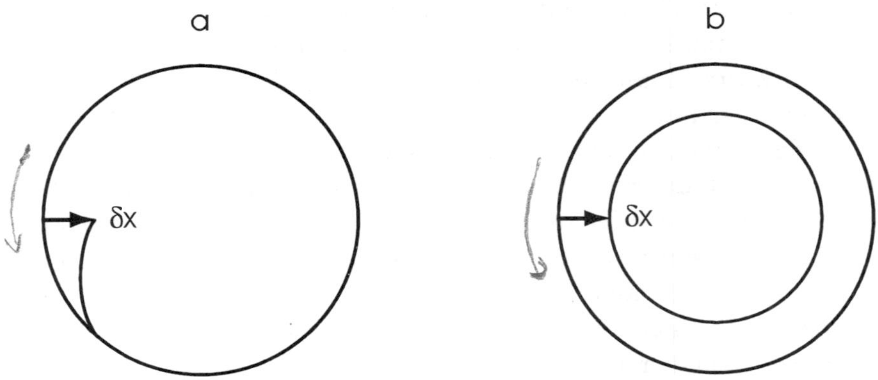

Abbildung 8.3: Stabilitätsverhalten von periodischen dynamischen Systemen. a) Im Fall eines dissipativen Grenzzyklus werden Störungen innerhalb eines charakteristischen Zeitintervalles ausgedämpft, das dem inversen Ljapunov-Exponenten bzw. der inversen dynamischen Entropie entspricht. Der Zyklus selbst ist als Attraktor asymptotisch stabil. b) Im Fall eines konservativen Systems bleiben Störungen aufrecht erhalten und führen zu einer global anderen Konfiguration im Phasenraum. Sie ist stabil, jedoch nicht asymptotisch stabil.

Attraktor zurücklaufen (relaxieren) wird. In konservativen Systemen, beispielsweise im Fall eines reibungslosen Pendels, wird die Dynamik des Systems durch eine Störung in einen anderen Teil des Phasenraumes verlagert, in dem sich das System so lange aufhält, bis es erneut gestört wird. Aus diesem Grund spricht man bei konservativen Systemen nicht von Attraktoren. Konservative Systeme werden von Störungen sehr viel nachhaltiger beeinflußt als dissipative Systeme.

Bevor der Ausflug in die Terminologie beendet und das eigentliche Thema dieses Abschnittes wieder aufgegriffen werden kann, hier noch einige Hinweise auf informationstheoretische Gesichtspunkte der obigen Erläuterungen. Es ist möglich, die Existenz von Störungen des internen Systemzustandes so zu interpretieren, daß sie der Unkenntnis eines externen Beobachters bezüglich dieses Zustandes entsprechen. Kein Beobachter kann den Zustand eines Systems exakt, also mit verschwindender Ungenauigkeit, festlegen. Die unvermeidlich verbleibende Unschärfe – nicht zu verwechseln mit der Unschärfe der Quantentheorie – kann als Informationsinhalt des Zustandes bezogen auf einen Beobachter definiert werden, der den Zustand mit begrenzter Auflösung mißt oder anderweitig bestimmt. Die zeitliche Entwicklung dieses Informationsinhaltes kann dann ebenso studiert werden wie diejenige kleiner Störungen. Was sich dabei zeigt, ist, daß das System intern Information mit einer Rate K (der dynamischen Entropie) erzeugt, während die Kenntnis eines externen Beobachters mit der gleichen Rate im Lauf der Zeit abnimmt. Für dissipative Systeme kann dies lediglich im Fall chaotischer Attraktoren geschehen, da nur dann positive λ_i existieren, die zur Definition von K erforderlich sind. Auf diese Weise ist leicht einzusehen, in welchem Sinn die Vorhersagbarkeit chaotischer Systeme eingeschränkt ist: Die Information eines Beobachters nimmt nach einer Zeit $1/K$ so weit ab, daß seine Kenntnis über den Zustand des Systems nur noch sehr ungenau ist.

Das Studium der Informationsdynamik in nichtlinearen dynamischen Systemen steht in enger Beziehung zu Fragen der Prozessierung von Information im Sinne von Shannon. Die Änderung des Informationsinhaltes eines Systemzustandes kann unter diesem Aspekt dynamisch als Informationsübermittlung interpretiert werden. Demgegenüber wird der strukturelle Aspekt der Speicherkapazität durch die globalen strukturellen Eigenschaften eines Attraktors beschrieben.[235] (Zentrales Stichwort hierbei sind fraktale Dimensionen[236], wie sie im allgemeinen für chaotische Attraktoren charakteristisch sind.) Unter diesem allgemeinen Blickwinkel ist es möglich, die Relation zwischen Informationsübertragung und -speicherung sowie diejenige zwischen dynamischer

[235] Diese Analogievorstellungen wurden im Detail in einem Artikel von Rob Shaw ausgearbeitet: Strange Attractors, Chaotic Behavior, and Information Flow, *Z. Naturforsch.* 36a, 80–112 (1981).

[236] Das Konzept einer fraktalen, nicht-ganzzahligen Dimension geht auf den Mathematiker Hausdorff zurück (Felix Hausdorff, *Math. Annalen* 79, 157–179 (1919)) und wurde von Benoit Mandelbrot weiterentwickelt und popularisiert (Benoit B. Mandelbrot, *The Fractal Geometry of Nature*, Freeman, San Francisco, 1983).

Darstellung und Kategorie, wie sie in Abschnitt 8.1 diskutiert wurden, ähnlich zu interpretieren wie die Relation von dynamischen und strukturellen Eigenschaften von Attraktoren.

Darüber hinaus schließt die Dualität von Struktur und Dynamik, wie sie hier vorkommt, die Dualität von externen und internen Betrachtungsweisen ein. Die dynamischen Stabilitätseigenschaften eines Systems beziehen sich jeweils auf *individuelle* Referenzzustände, die *intern* existieren (jedes System *ist* ja in einem bestimmten Zustand, und in diesem Sinne verhält es sich auch *deterministisch*) und gegenüber denen »Störungen« wirken. Die Kenntnis eines *externen* Beobachters über den Zustand des Systems ist dagegen generell durch Ungenauigkeiten beschränkt, so daß dieser spezielle individuelle Zustand *nicht determinierbar* ist. Im Rahmen einer statistischen anstelle einer individuellen Interpretation gilt umgekehrt, daß der Zustand eines Systems *extern determinierbar* ist, nämlich eben auf statistische Weise. *Intern* ist er jedoch *nicht deterministisch*, da individuelle Zustände sich einer statistischen Behandlung entziehen.

Nach diesen Erläuterungen zur Terminologie wird der von John Nicolis stammende Vorschlag zum Verständnis des Problems der Wechselwirkung zwischen externer Realität S und interner Realität Σ im Detail um einiges einsichtiger. Die Abbildung eines externen Reizes (eines Ereignisses $e \in S$) auf eine interne Kategorie $k \in \Sigma$ wird im Rahmen dieses Vorschlages durch eine Dynamik modelliert, die von einer Anfangsbedingung (die dem stimulierenden Reiz entspricht) auf den dazugehörigen Attraktor (der der strukturellen Kategorie entspricht) führt.

Eine solche Interpretation, die offensichtlich in der Tradition des Kognitivismus steht, ist natürlich erweiterungsbedürftig. Die erforderliche Erweiterung ist aber im Rahmen des Modells möglich. Die Rückwirkung von Σ auf S könnte zum Beispiel dadurch beschrieben werden, daß Fluktuationen in der Dynamik (Störungen) vom Attraktor wegführen und – gewissermaßen aus der internen Kategorie heraus – Reize »vortäuschen«, die dann als tatsächliche externe Reize wahrgenommen werden. Die Wahrscheinlichkeit solcher Vorkommnisse hängt natürlich wieder von den Stabilitätseigenschaften des Attraktors ab: ein sehr stabiler Attraktor wird als starker »Zensor« wirken und sie weitgehend unterdrücken, während schwache Stabilität zu einer relativen Häufigkeit solcher intern generierter Reize führen kann. Da schwach stabile Attraktoren leichter verlassen werden können als stark stabile, ist es zu erwarten, daß die Wahrnehmung der externen Realität durch Destabilisierung der Attraktoren (verringerte Zensur) vielseitiger, aber auch komplizierter werden wird.[237]

Der zweite Punkt, der als Defizit des traditionellen Kognitivismus genannt wurde, bezieht sich auf die Inseparabilität von S und Σ, der zusätzlich zur separierenden Betrachtungsweise Rechnung getragen werden muß. Dies geschieht im angesprochenen Modell insofern, als man zwar Dynamik und Struktur eines Attraktors begrifflich trennen kann, daß jedoch beide auch nur Aspekte des jeweiligen Attraktors als solchem sind. Unter diesem Blickwinkel sind die strukturelle Kategorie (als Geometrie des Attraktors verstanden) und die dynamische Darstellung f bzw. f' (als Dynamik entsprechend der Lösung eines Differentialgleichungssystems verstanden) auch als inseparabel anzusehen.[238]

In Abbildung 8.4a ist die Entwicklung von einer Anfangsbedingung auf einen Attraktor anhand des Beispiels eines Fixpunktes (im Unterschied zum Grenzzyklus in Abbildung 8.3a) illustriert.

---

[237] Forschungen von Emrich über gewisse Wahrnehmungseigenarten (visuelle Tiefeninversion) schizophrener Personen haben empirische Hinweise dafür ergeben, daß hier die Zensorkomponente außerordentlich schwach zu sein scheint (Hinderk M. Emrich, *Psychiatrische Anthropologie*, Pfeiffer, München, 1990, Kapitel III; siehe auch dort gegebene weitere Referenzen). In gewissem Sinne sehen solche Personen die externe Realität »realer«, als es Personen mit starker Zensorkomponente möglich ist.

[238] Mathematisch zeigt sich dies darin, daß es zwischen strukturellen und dynamischen Invarianten, die der Charakterisierung von Attraktoren dienen, Identitätsbeziehungen gibt. Diese Beziehungen gelten allerdings nur *auf dem Attraktor*, nicht im Attraktionsgebiet. Die Existenz derjenigen Abweichungen, die sich dort zeigen (etwa in der Relaxation von Fluktuationen während des entsprechenden kurzen Zeitintervalls), steht in Übereinstimmung damit, daß eine Trennung von S und Σ vom kognitiven System überhaupt vorgenommen wird.

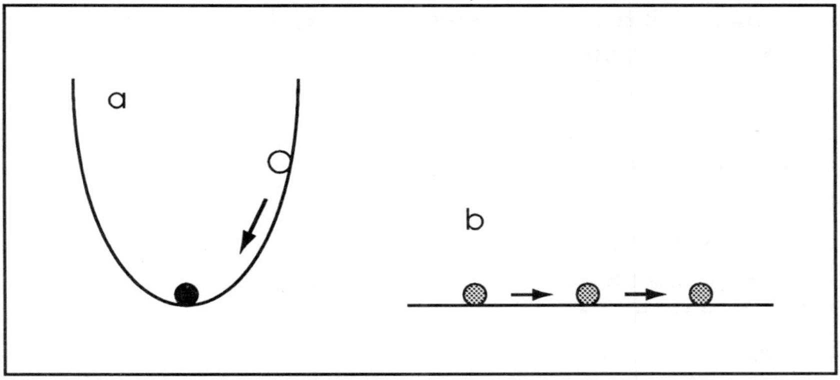

Abbildung 8.4: Stationäre Systeme und ihr Zusammenhang mit kategorialer Darstellung (ausgefüllte Punkte: asymptotisch stabile Zustände, schattierte Punkte: stabile Zustände, leere Punkte: instabile Zustände). a) Eine Anfangsbedingung (externer Reiz) relaxiert auf einen Fixpunkt-Attraktor, wenn das System dissipativ ist. Dies entspricht dem trivialen Spezialfall einer stationären, nicht-dynamischen kategorialen Darstellung. b) In konservativen Systemen ist jede Anfangsbedingung stabil, jedoch nicht asymptotisch stabil. Es gibt keine Relaxation, da es keinen Attraktor gibt. Der entsprechende Darstellungsmodus kann als nicht-kategorial bezeichnet werden, da jede Störung einen anderen, neuen Zustand herbeiführt.

Während Abbildung 8.3 Phasenraumdarstellungen zeigt, handelt es sich bei Abbildung 8.4 um Darstellungen in einem Potentialbild. Der Fixpunkt korrespondiert dabei mit dem Minimum des quadratischen Potentials (dessen Form durch die Wechselwirkungsmatrix der Variablen vorgegeben ist), und das Attraktionsgebiet, in dem die Anfangsbedingung liegt, entspricht den Wänden des Potentials. Jede solche Anfangsbedingung, die vom Minimum verschieden ist, wird nach einer bestimmten Zeit ins Minimum (den Attraktor) führen. Es ist offensichtlich, daß das gewählte Beispiel insofern trivial ist, als ein Fixpunkt als Attraktor keine eigene Dynamik besitzt. Das Modell zeigt seine volle erklärende Kraft erst dann, wenn man chaotische Attraktoren betrachtet. Dort ist die Dynamik nicht-trivial, weder stationär noch periodisch, und der durch den Attraktor modellierte Informationsspeicher hat eine nicht-triviale Speicherkapazität. Unter diesen Voraussetzungen kann ein Attraktor strukturell tatsächlich als Kategorie betrachtet werden, während seine Dynamik (bzw. der transiente Prozeß von der Anfangsbedingung auf den Attraktor und umgekehrt) eine dynamische Darstellung repräsentiert.[239]

Im Gegensatz zu einer kategorialen Darstellung mit dissipativen Systemen, wie sie Abbildung 8.4a zeigt, ist in Abbildung 8.4b der entsprechende konservative Fall schematisiert. Jeder externe Reiz bringt das System in einen jeweils anderen Zustand, in dem es verbleibt, bis die nächste Störung es erneut deplaziert. Ein derartiger Darstellungsmodus weist einen überwältigenden Grad von Beliebigkeit auf. Mit seiner Hilfe wäre jede Art von Wiedererkennung von Mustern etc. unmöglich. Er erfüllt aus diesem Grund nicht die Kriterien, die üblicherweise mit Wissensdarstellung verbunden werden. Formal äußert sich dies in der Abwesenheit der asymptotischen Stabilität, die benötigt wird, um beispielsweise externe Reize mit geringfügigen Unterschieden dennoch in die gleiche Kategorie fallen zu lassen. Im konservativen Fall ist dies nicht gewährleistet, so daß man hier von nicht-kategorialer Darstellung sprechen kann. Sie würde, kognitiv betrachtet, zu einer verwirrenden Vielfalt von Sinneseindrücken führen, deren eventuelle Gemeinsamkeiten völlig unbeachtet blieben.

An dieser Stelle sollte vorsichtshalber betont werden, daß es sich bei nicht-kategorialer Darstellung nicht um den Modus handelt, der mit akategorialer Darstellung gemeint ist. Letztere bezeichnet vielmehr einen Darstellungsmodus, der weder kategorial noch nicht-kategorial ist. Der Ansatz von John Nicolis beschränkt sich, soweit er meines Wissens ausgearbeitet ist, auf die traditionelle Version der kategorialen Darstellung, wie sie im Rahmen des Konzeptes syntaktischer Information formuliert werden kann. Nicolis weist darauf hin, daß das Thema Bedeutung, also Fragestel-

[239]Zahlreiche experimentelle Untersuchungen hinsichtlich der neurophysiologischen Relevanz nichtlinearer dynamischer Systeme wurden und werden von Agnes Babloyantz und Mitarbeitern in Brüssel durchgeführt (siehe z.B. A. Destexhe, J.A. Sepulchre, and A. Babloyantz, A comparative study of the experimental quantification of deterministic chaos, *Phys. Lett. A* 132, 101–106 (1988)). Die Evidenz dieser Experimente wird zwar im einzelnen noch kontrovers diskutiert, insgesamt dürften aber an der Existenz chaotischer Prozesse im Gehirn kaum mehr ernsthafte Zweifel bestehen.

lungen im Bereich semantischer und pragmatischer Information, vermutlich als Problem der Wechselwirkung von Kategorien untereinander zu behandeln ist. Im folgenden Rest dieses Abschnitts wird versucht, eine entsprechende Erweiterung des Modells anzudeuten, das den Erfordernissen genügt, die in Kapitel 8.1 aufgezeigt wurden. Im Rahmen dieser Erweiterung wird die Freisetzung von Bedeutung als Wechsel oder Bildung von Kategorien beschrieben. Im Modell äußert sich dies als Übergang zwischen zwei Attraktoren oder als Erzeugung eines neuen Attraktors.

Betrachten wir als Beispiel dazu noch einmal den Necker-Würfel in Abbildung 8.2a. Die Zweideutigkeit des Wahrnehmungsreizes, der von ihm ausgeht, besteht darin, daß der Würfel in seiner dreidimensionalen Konfiguration sowohl von schräg unten (*su*) als auch von schräg oben (*so*) erscheinen kann. Im Lichte der vorangegangenen Überlegungen können beide Optionen als Kategorien interpretiert werden, doch kann zu einem gegeben Zeitpunkt lediglich je eine von beiden kognitiv aktualisiert werden. Die bereits erwähnten Experimente von Borsellino *et al.*[240] zeigen, daß die jeweilige *status quo*-Kategorie, sagen wir *su*, nach einer charakteristischen Zeitspanne von einigen Sekunden verlassen und von der Aktualisierung der anderen, *so*, gefolgt wird usw.

In der Terminologie der nichtlinearen Dynamik stellt sich diese Situation als alternierend ablaufende Relaxation einer Anfangsbedingung (externer Reiz) auf einen Attraktor (interne Kategorie) und dessen anschließende Destabilisierung dar, die den Übergang in den anderen Attraktor einleitet. Die Destabilisierung kann ebenso als Folge einer Veränderung der nichtlinearen Kopplungen (und einer damit verbundenen Umwandlung eines anziehenden Attraktors in einen abstoßenden »Repellor«) eintreten wie aufgrund interner Fluktuationen bzw. Störungen, die möglicherweise resonant verstärkt werden. Unter der Annahme der letzteren dieser beiden Möglichkeiten gibt Abbildung 8.5 eine Vorstellung davon, wie das resultierende Flip-Flop-Verhalten im Rahmen eines Potentialbildes verstanden werden kann.

---

[240]Siehe Fußnote 230.

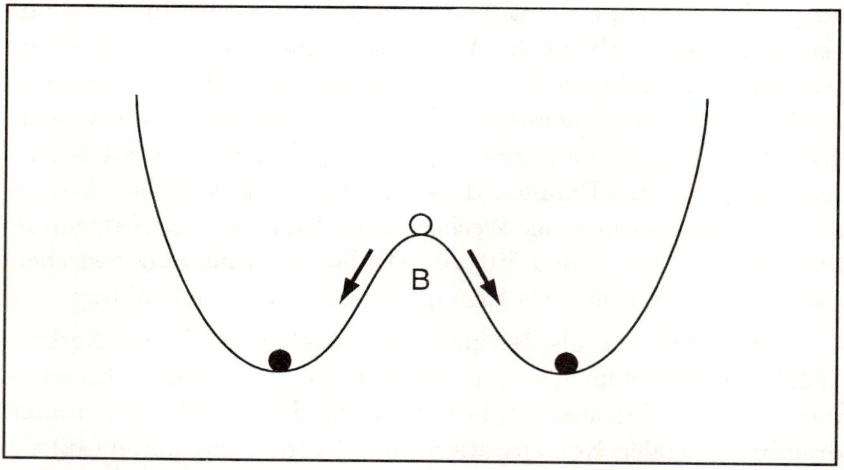

Abbildung 8.5: Illustration eines Potentials, dessen zwei Minima als Wahrnehmungskategorien des Necker-Würfels interpretiert werden können. Das lokale Maximum B zwischen den Minima ist von besonderer Bedeutung für den Begriff einer akategorialen Darstellung, die weder kategorial noch nicht-kategorial ist. Der Zustand B ist zwar in ***strukturellem*** Sinn instabil, kann jedoch möglicherweise ***dynamisch*** stabilisiert werden.

Die Minima des in Abbildung 8.5 dargestellten Potentials bezeichnen zwei koexistierende Attraktoren, die zunächst beide als Ziel einer beliebigen Anfangsbedingung zur Verfügung stehen. Jedes Potentialtal stellt ein Attraktionsgebiet für das entsprechende Minimum dar. Anfangsbedingungen innerhalb des einen Tales relaxieren auf *su*, Anfangsbedingungen innerhalb des anderen Tales relaxieren auf *so*. Beide Attraktionsgebiete werden durch das lokale Maximum B des Gesamtpotentials voneinander getrennt. Da beide Attraktoren asymptotisch stabil sind und da die Umgebung von B konkav (negativ gekrümmt) ist, handelt es sich bei B um einen instabilen Zustand. der in Gegenwart geringfügiger Störungen nicht aufrecht erhalten werden kann.

Im Zusammenhang mit dem Gebiet der Semantik, das in der einen oder anderen Weise das ganze Kapitel durchzieht, weist B eine wesentliche Eigenschaft auf, die für einen Zustand, in dem Bedeutung freigesetzt wird, erforderlich ist: B ist ein Zustand, der die Dualität von Internalität und Externalität aufhebt. Wird der Zustand B exakt eingenommen, so gehört er zu keinem der beiden Attraktionsgebiete. Erst unter dem Einfluß von Fluktuationen kann er zur Anfangsbedingung für einen der beiden Attraktoren werden. Als Anfangsbedingung für den Attraktor *so* betrachtet, agiert B als externer Reiz für die interne Kategorie *so*, als Anfangsbedingung für *su* stellt B einen externen Reiz für die interne Kategorie *su* dar. (Es ist in diesem Zusammenhang bemerkenswert, daß alle Flächen des Würfels ihre Orientierung bezüglich »innen« und »außen« vertauschen, wenn sich die wahrgenommene Konfiguration ändert.)

Die (mehr oder weniger alltägliche) Erfahrung eines »aha«-Erlebnisses als Erlebnis der Freisetzung von Bedeutung befindet sich in Übereinstimmung mit der Instabilität von B. Der Augenblick der Einsicht ist nicht fixierbar. Sobald ihr Inhalt verstanden und »kategorisiert« wurde, ist das Erlebnis vorbei. Der Kontext der Entdeckung der Bedeutung eines externen Reizes und der Kontext seiner rationalen Rekonstruktion sind dual zueinander, und zwar in einem Sinn, der – wie bereits angesprochen – eng mit der Dualität von Internalität und Externalität auf der Modellebene zusammenhängt. Kann der Zustand B dann in gleicher Weise, wie in ihm diese Dualität aufgehoben erscheint, auch die der Kontexte aufheben? Ist es möglich, beide Konfigurationen des Würfels »zugleich«, gemeinsam wahrzunehmen? Ist ein kognitiver »Zustand der Bedeutung« erreichbar, der nicht zwischen Entstehungskontext und Begründungskontext unterscheidet?

Sollten diese Fragen überhaupt in irgendeiner Weise positiv beantwortbar sein, dann nur, wenn eine weitere Dualität, nämlich die von strukturellen und dynamischen Aspekten in einem Zustand wie B als aufgehoben betrachtet werden kann. In diesem Punkt ist Abbildung 8.5 nicht mehr in der Lage, als Illustration zu dienen, da der dort dargestellte Attraktor, ein Fixpunkt, den Aspekt des *konkreten dynamischen Prozesses* nicht enthält. Die Dualität von Externalität und Internalität kann somit zunächst nur insoweit als aufgehoben betrachtet werden, wie die *abstrakte Struktur* von Attraktoren betroffen ist. Die Tatsache, wie oft auf der Basis dieser nahezu unbemerkten Einschränkung auf das Abstrakte argumentiert wird, weist einmal mehr darauf hin, wie sehr eine bewußte Berücksichtigung des Elementes der Konkretion im allgemeinen vernachlässigt wird. Retrospektiv wird es nicht schwerfallen, einzusehen, daß die in Abbildung 8.5 illustrierte Situation den Grenzfall eines sowohl zeitunabhängigen stationären Attraktors als auch stationären Zustandes B repräsentiert.

Was benötigt wird, um den in strukturellem Sinn instabilen Zustand B zu stabilisieren, ist ein konkreter dynamischer Prozeß. In der Tat ist eine Stabilisierung von B denkbar, wenn man entsprechende dynamische Eigenschaften in die Diskussion von Abbildung 8.5 einarbeitet. Zum Beispiel ist ein System vorstellbar, dessen nichtlineare Kopplungen implizit vom Wert der Variablen abhängen. Auf derartige Weise könnte es möglich sein, die Evolution des Systems so zu beeinflussen, daß es durch rückgekoppelte »Kräfte«, die gegen die anziehende Wirkung der Attraktoren gerichtet sind, in unmittelbarer Umgebung von B gehalten wird.

Diese Idee zielt auf eine dynamische Aktualisierung eines Zustandes, der potentiell Bedeutung trägt. Ein Zustand wie B in Abbildung 8.5 ist *strukturell* als solcher Zustand denkbar, doch seine Realisierung ist immer an einen *dynamischen* Prozeß gebunden. Da B im Rahmen einer rein strukturellen Darstellung instabil ist, kann somit von dem Erfordernis einer dynamischen Stabilisierung von B gesprochen werden. Solch eine Stabilisierungsprozedur ist in zahlreichen Beispielen aus allgemeinen Erfahrungsbereichen im Hinblick auf die *externe* Realität anzutreffen. Viele Variationen von akrobatischen Balanceakten beruhen auf einer sensiblen dynamischen Nachführung des zu balancierenden Gegenstandes in Bezug auf einen Zustand, der ohne die Nachführung instabil wäre. Ebenso können etliche sportliche Aktivitäten, wie etwa Segeln oder Radfahren, anhand der diskutierten Prinzipien verstanden werden. Ihre Realisierung in der *internen* Realität ist indessen, sofern sie überhaupt möglich ist, ungleich schwieriger.

Die dynamische Stabilisierung eines strukturell instabilen Zustandes mündet in den gleichen Typ scheinbarer Widersprüchlichkeit, wie er bereits früher aufgetaucht ist. Es scheint ein Charakteristikum für die Aufhebung traditioneller Dualitäten zu sein, daß sie in irgendeiner Form jeweils auf »paradoxe« Inhalte hinauslaufen. Um sie in verbaler Form greifbar zu machen, ist es – und hier komme ich endlich zum Titel des gegenwärtigen Abschnittes – angebracht, den dynamisch stabilisierbaren, strukturell instabilen Zustand B (der zugleich intern und extern, konkret und abstrakt ist), mit dem Begriff einer *akategorialen Darstellung* zu belegen. Er ist zugleich *kategorial* (im Sinne seiner dynamischen Stabilisierung) und *nicht-kategorial* (im Sinne seiner strukturellen Instabilität). Ebenso ist er weder kategorial noch nicht-kategorial. Das »Wissen«, das in solch einem Zustand kodiert ist, bezieht sich auf Bedeutung, d.h. auf semantische Information.

An dieser Stelle sei bemerkt, daß das vorgeschlagene Modell akategorialer Darstellung tatsächlich mit kognitiven Zuständen, wie sie in der Praxis vorkommen, in Zusammenhang gebracht werden kann. Die Erfahrungen von meditativ geübten Personen stehen im Einklang mit der oben beschriebenen Phänomenologie. Richard Baker-roshi, in den USA lebender Zen-Meister, berichtet, daß es ihm möglich sei, einen kognitiven Zustand einzunehmen, »in dem beide Konfigurationen des Necker-Würfels simultan wahrnehmbar sind«.[241] Mein Eindruck von dieser Beschreibung ist seinerzeit gewesen, daß Bakers Begriff der simultanen Wahrnehmung nicht im Sinne einer Aktualisierung der visuellen Erfahrung beider Konfigurationen zur gleichen Zeit zu verstehen ist, sondern eher im Sinne einer Wahrnehmung der Potentialität beider Konfigurationen, also etwa als koexistierende Möglichkeiten. Nichtsdestoweniger scheint diese Art von Wahrnehmung von *Möglichkeiten* im Gegensatz zu *Aktualitäten* sehr konkreter Natur zu sein, nicht etwa lediglich abstrakt vorgestellt.

Baker betont, daß er »mit den beiden Konfigurationen spielen« könne, so daß die Aufmerksamkeit von der Möglichkeit einer Konfiguration zu derjenigen der anderen graduell verschiebbar ist,

[241]Dieses Zitat ist aus dem Gedächtnis übersetzt und stammt aus einem Gespräch mit Baker aus dem Jahre 1991.

ohne daß dabei eine der beiden aktualisiert würde. Dieses Detail paßt sehr gut in die Vorstellung einer dynamischen Stabilisierung eines an sich instabilen Zustandes, wie sie diskutiert wurde. Es kann als kognitive Aktivität interpretiert werden, die mehr oder weniger den anziehenden Wirkungen der Attraktoren entgegengerichtet ist und auf diese Weise zu einer akategorialen Darstellung führt. Dabei ist es gerade die Notwendigkeit der Aktivität, die akategoriale von nicht-kategorialer Darstellung unterscheidet. Populäre Tendenzen, die Beschränkungen, die im Rahmen kategorialer Darstellung existieren, auf (mühelose) nicht-kategoriale Weise zu transzendieren, halte ich nicht für aussichtsreich.

Um dem Leser ein Gefühl für das mögliche Ausmaß des problematischen Charakters zu geben, der mit der kognitiven Realisierung akategorialer Wissensdarstellung verbunden sein kann, sei abschließend Abbildung 8.2b, ein paradoxer Würfel, behandelt. Im Unterschied zum Necker-Würfel ist dieser Würfel nicht zweideutig, sondern logisch unmöglich: eben paradox. Die Wahrnehmung dieses Würfels weicht in wesentlichen Einzelheiten von der des Necker-Würfels ab. Betrachtet man die obere Hälfte des Würfels als den Reiz, der als Anfangsbedingung im Rahmen der dynamischen Beschreibung dient, so führt diese Anfangsbedingung in die Kategorie *so*. Wenn man jedoch bei der Betrachtung der Figur mit deren unterer Hälfte fortfährt, so gerät man unweigerlich in *su*. Es gibt demzufolge keine asymptotisch stabile Konfiguration, die man auch nur für kurze Zeit erreichen könnte.

Die Betrachtung des paradoxen Würfels *als Ganzes* führt zu einem Zustand, der im Vergleich zur Betrachtung von oberer oder unterer Hälfte *je für sich* instabil ist. Für den Würfel als Ganzes kann dieser Zustand durch die wechselweise abstoßenden Wirkungen seiner (oberen und unteren) Teile *dynamisch* stabilisiert werden. Die Stabilität wird durch dadurch erzeugt, daß das der Gesamtfigur inhärente Paradoxon zeitlich sequentiell abgetastet, also »zerlegt« wird. Der stabilisierte Zustand *ist* jedoch der paradoxe Zustand, der logisch unhaltbar und daher instabil in *strukturellem* Sinn ist.

Diese Situation stellt sich in einer bestimmten Weise umgekehrt zur Situation einer dynamischen Stabilisierung wie im Fall des Necker-Würfels dar. Dort ist die Ausgangsinterpretation der Situation eine strukturelle Instabilität (ein lokales Maximum des Potentials), die schließlich dynamisch stabilisiert werden kann. Im Fall des paradoxen Würfels ist die Ausgangsinterpretation eine dynamische Stabilisierung, die strukturell, nämlich vom logischen Standpunkt aus, destabilisiert wird. Der Unterschied zwischen beiden manifestiert sich in der Reihenfolge von dynamischem Erleben und strukturellem Verstehen. Im erstgenannten Fall geht die strukturelle Instabilität der dynamischen Stabilisierung voraus. Im zweiten Fall ist es umgekehrt: hier beginnt die Wahrnehmung als dynamisch stabil, wird aber, sobald das strukturelle Verstehen einsetzen soll, destabilisiert, indem der paradoxe Charakter des ehemals stabilen Zustand aktiv wird.

Mit diesem Unterschied ist eine tiefliegende Asymmetrie zwischen beiden Fällen verbunden, für die man sich sensibilisieren kann, wenn man Abbildung 8.2b tatsächlich zu erleben *und* zu verstehen sucht. Die entsprechende strukturelle Destabilisierung als letzte Phase des Wahrnehmungsprozesses kann – dies ist nicht nur meine eigene Erfahrung – einen Zustand ernsten psychischen Unwohlseins auslösen, während die dynamische Stabilisierung als finale Phase eine eher positive Stimmungslage hinterläßt. Sollte diese Asymmetrie einen generellen Trend andeuten, so könnte sie einen Hinweis darauf geben, auf welche Weise es für den menschlichen kognitiven Apparat vorzuziehen ist, Wissen akategorial darzustellen. Unglücklicherweise scheinen sich die wirklich großen Schritte im Verständnis bedeutungstragender Ereignisse gerade umgekehrt zu vollziehen.

9. Bedeutung

Im geisteswissenschaftlichen Sektor, wo ohne Zweifel das Zentrum der Beschäftigung mit dem Bedeutungsbegriff liegt, gibt es im wesentlichen zwei Gebiete, die ihn im engeren Sinn zum Gegenstand haben: die *Semiotik* und die *Hermeneutik*. Der hermeneutische Ansatz geht weit ins 19. Jahrhundert auf die Werke Schleiermachers und Diltheys[242] zurück und findet seinen zeitgenössischen philosophischen Exponenten in Hans-Georg Gadamer. Die Quintessenz einer hermeneutischen Annäherung an den Bedeutungsbegriff besteht darin, daß sie bei der Suche nach Bedeutung primär die *Ganzheit* des zu Verstehenden betrachtet und nicht versucht, seine Bedeutung anhand einer analytischen Zerlegung dieses Ganzen in seine Teile zu ergründen. (Das heißt keineswegs, daß eine ganzheitliche Betrachtung als solche analytische Denkmethoden von vornherein und grundsätzlich ausschließen muß.) Das Verfahren der Beleuchtung eines Ganzen von allen Seiten wird durch die figürliche Metapher des hermeneutischen Zirkels illustriert.

Es ist wichtig sich vor Augen zu halten, daß die formale Struktur eines hermeneutischen Zirkels oft nicht von einem logischen Zirkel zu unterscheiden ist. Der wesentliche Unterschied zwischen beiden liegt nämlich gerade nicht auf der formalen Ebene, sondern im Blickwinkel auf das Problem. In den Naturwissenschaften ist in den letzten Jahrzehnten eine Metapher salonfähig geworden, die im Grunde sehr hermeneutisch ist, und deren Eingang in die naturwissenschaftliche Sprechweise von daher eigentlich als untypisch gesehen werden kann. Es geht um die Metapher des Selbstbezugs, deren streng logischer Inhalt für sich genommen oft problematisch ist. Das Thema Selbstbezug ist genau in dem Maße kein Selbstbetrug der Naturwissenschaften, in dem sie begreifen, daß ihr streng logisch-analytischer Rahmen notwendig, aber einseitig ist. Die Aktualität der holistischen Ergänzung wird durch

[242] Friedrich Daniel Schleiermacher (1768-1834), Wilhelm Dilthey (1833-1911).

das Schlagwort der Selbstorganisation als inzwischen weltweit etabliertem Forschungsgebiet hinreichend demonstriert. Jüngere Forschungsarbeiten, auf die in Abschnitt 9.1 eingegangen wird, lassen eine präzise formulierbare Verbindung zwischen selbstorganisierten Systemen und der »Selbsterzeugung« von Bedeutung in solchen Systemen erwarten.

Ein typischer Zirkel, der hermeneutisch verstanden wie logisch mißverstanden werden kann, ist der von Henne und Ei. Hermeneutisch interpretiert, versucht der Zirkel, die Bedeutung des Evolutionsprozesses als Ganzem am Beispiel der Gattung Huhn einsichtig zu machen. Im Rahmen einer logischen Interpretation ist die Henne Ursache für das Ei, das Ei jedoch auch wieder Ursache für die Henne. Diese Sicht mündet in das Problem, das die Henne begrifflich als Ursache und als Wirkung zugleich angesehen wird.

Aus historischer Perspektive, wie sie in Abschnitt 6.1 ausgeführt wurde, kann dieses logische Problem als ein Produkt einseitiger Begriffsbildung betrachtet werden. Die Einseitigkeit bezieht sich dabei auf den Begriff der Kausalität, der seit mehreren Jahrhunderten ausschließlich als gleichbedeutend mit der aristotelischen *causa efficiens* verstanden wurde. Bei Aristoteles wird sie durch die *causa finalis*, die »Zweckursache«, ergänzt. Stellt man der Kausalität (der Frage »warum?«) die Finalität (die Frage »wozu?«) zur Seite, so läßt sich die Henne-Ei-Problematik als gekoppelte kausal-final-Kette auflösen. Das Ei ist dann die kausale »Ursache« der Henne ebenso wie sein finaler »Zweck«. Der logische Widerspruch ist verschwunden.[243] In diesem Sinn ist es durchaus denkbar, daß eine Wiederbelebung *aller* aristotelischer *causae* eine bereicherte Sicht innerhalb der Naturwissenschaften produzieren könnte.

---

[243] Diese Sichtweise ist nicht nur beim Thema Selbstbezug naheliegend, sondern berührt darüber hinaus beispielsweise auch das Thema Zufall. Der Physiker Wolfgang Pauli hat in diesem Zusammenhang angedeutet, daß der Begriff des Zufalls in seinem heutigen Verständnis (das, was übrigbleibt, wenn alles andere kausal erklärt ist) als »Substitut« für die psychologisch verdrängte Finalität entstanden sein könnte. (Wolfgang Pauli, Naturwissenschaftliche und erkenntnistheoretische Aspekte der Ideen vom Unbewußten, *Dialectica* 8, 283–301 (1954).)

In diesem gedanklichen Zusammenhang liegt im übrigen eine reizvolle Möglichkeit, das jüngst vermehrt diskutierte Stichwort der *Intentionalität* einzuordnen.[244] Intentionalität setzt eine bestimmte Zielvorstellung für Handlung, den intentionalen Zweck, der als Bedeutung der Handlung im Sinne einer *causa finalis* interpretiert werden kann. Die Handlung wird wegen ihrer Bedeutung unternommen – die Bedeutung ist ihr finaler Zweck. Die Zielvorstellung existiert solange ausschließlich auf der abstrakten Modellebene (Σ) als Konzept, bis sie aktuell auf der konkreten Faktenebene (S) als Ereignis realisiert wird, d.h. bis das Ziel erreicht ist. Die Aktivitäten auf dem Weg zum Ziel dienen der Intention und stehen im Kontext der Frage »wozu?«.

Der zweite Bereich der Geisteswissenschaften, in dem es um Bedeutung geht, ist der der Semantik, einem Teilgebiet der auf Pierce[245] zurückgehenden, am Ende des 19. Jahrhunderts entstandenen Semiotik. Die Semiotik gliedert sich als Lehre von den Symbolen in die drei Untergebiete Syntaktik, Semantik und Pragmatik. Die Syntaktik beschäftigt sich mit den Beziehungen der Symbole untereinander (z.B. Grammatik), Gegenstand der Semantik ist die Beziehung zwischen Symbolen und dem, was sie symbolisieren, und die Pragmatik kennzeichnet die Beziehungen

[244]Dieser Begriff wurde von John Searle (Berkeley) in die Auseinandersetzung um künstliche Intelligenz und andere Probleme der kognitiven Wissenschaften eingebracht: John R. Searle, *Intentionalität*, Suhrkamp, Frankfurt, 1987. Das Konzept der Intentionalität hat jedoch bereits eine längere Geschichte; zum Beispiel nimmt es bei Edmund Husserl, *Logische Untersuchungen*, Halle 1900/01, Teil II/I, siehe etwa S. 349, 392, einen zentralen Stellenwert (allerdings mit anderer Bedeutung) ein.
Mindestens ebenso reizvoll wie eine nähere Betrachtung der unterschiedlichen Auffassungen von Intentionalität dürfte der Versuch sein, dieses Konzept auf die unbewußten Bereiche der Psyche zu erweitern und so zu einem Ansatz zu gelangen, der *Synchronizität* im Sinne Jungs (Carl Gustav Jung, Synchronizität als ein Prinzip akausaler Zusammenhänge, in: Carl Gustav Jung und Wolfgang Pauli, *Naturerklärung und Psyche*, Rascher, Zürich, 1952, S. 1–108) einschließen könnte. Dies würde allerdings den vorliegenden Rahmen bei weitem sprengen und muß separaten zukünftigen Arbeiten vorbehalten bleiben.

[245]Charles Sanders Pierce (1839-1914), zunächst Astronom und Physiker, wurde zusammen mit William James und John Dewey vor allem als Begründer der philosophischen Richtung des Pragmatismus bekannt.

zwischen Symbolen und ihren Benutzern. Obwohl diese drei Untergebiete als konzeptuelle Einheiten getrennt voneinander darstellbar sind, sind sie in der konkreten Praxis inseparabel.

Bsp.

Betrachtet man etwa eine naturwissenschaftliche Theorie semiotisch, so ist der mathematische *Formalismus* ihre Syntax, die *Interpretation* ihr semantischer Bereich und das Feld der *Anwendungen* reicht in die Pragmatik. Dabei ist völlig klar, daß ein Formalismus ohne Interpretation und Anwendung lediglich im abstrakten Sinn relevant sein kann. Die Entwicklung des mathematischen Formalismus eines theoretischen Konzeptes als konkreter Prozeß ist *niemals* von dessen Bedeutung (Semantik) und Verwendung (Pragmatik) trennbar.[246]

Auf der konzeptuellen Ebene ist es dennoch im Sinne einer präzisen Begriffsbildung oft sinnvoll, die verschiedenen Bereiche zu unterscheiden, sofern man sich der genannten Einschränkung bewußt bleibt. In Bezug auf den Entwurf einer Informationstheorie von Shannon hat Weaver im gemeinsam publizierten Buch[247] erstmals einen Überblick über alle drei semiotischen Aspekte von Information gegeben.

Im Anschluß an Shannons Arbeit zur syntaktischen Komponente von Information schlugen kurz später Bar Hillel und Carnap[248] ein Maß für semantische Information (Bedeutung) vor, das darauf beruht, inwieweit der Empfänger einer Nachricht aus dieser logische Folgerungen zu ziehen in der Lage sei. Wiederum

---

[246]Vor dem Hintergrund dieser *praktischen* Relevanz erscheint die von Werner Heisenberg und Carl Friedrich von Weizsäcker getroffene Unterscheidung zwischen dem Entdecker und dem Erfinder in Bezug auf die Frage der Verantwortung des Wissenschaftlers (siehe Werner Heisenberg, *Der Teil und das Ganze*, Piper, München, 1969, S. 266/267) zumindest gegenstandslos, wenn nicht gar fragwürdig. Siehe hierzu auch die Bemerkungen am Ende von Abschnitt 9.1.

[247]Claude Shannon and Warren Weaver, *The Mathematical Theory of Communication*, University of Illinois Press, Urbana, 1949. Weavers Beitrag befindet sich auf den Seiten 94–117.

[248]Yehoshua Bar Hillel and Rudolf Carnap, *Brit. J. Phil. Science* 4, 147–157 (1953); Yehoshua Bar Hillel and Rudolf Carnap, in *Language and Information*, Hrsg. Y. Bar Hillel, Reading, Ma., 1964, S. 221–275.

einige Jahre später war es Ernst von Weizsäcker[249], der mit seinem Konzept von pragmatischer Information als Bedeutungsmaß die praktische Inseparabilität von Gebrauch, Interpretation und Formalismus konsequent und explizit anerkannte. Der folgende Abschnitt wird mit einer ausführlichen Vorstellung dieses Konzeptes beginnen. Es wird sich zeigen, wie weitreichend und instruktiv der entsprechende Ansatz, auch und gerade für die Naturwissenschaften, sein kann.

9.1. Bedeutung und Komplexität

Die Idee, Bedeutung anhand eines geeigneten Maßes für pragmatische Information zu charakterisieren, wurde im Anschluß an von Weizsäckers Vorschlag von Kornwachs und von Lucadou[250] weitergeführt. Die grundlegende konzeptuelle Vorstellung dabei ist die, daß die Bedeutung einer Symbolfolge, wenn überhaupt, dann nur durch ihren Gebrauchswert bestimmbar ist. Diese Vorstellung verallgemeinert den semantischen Informationsbegriff von Carnap und Bar Hillel insofern, als der Gebrauchswert (der pragmatische Wert) einer Nachricht *nicht mehr allein* auf logische Folgerungen eingeschränkt betrachtet wird.

Die grundsätzliche Erweiterung des Konzeptes der pragmatischen Information gegenüber syntaktischer Information (à la Shannon) besteht darin, daß der Kontext der Informationsübermittlung mitberücksichtigt wird. Das heißt zum Beispiel, daß der pragmatische Wert einer Nachricht entscheidend von der Vorge-

[249]Ernst von Weizsäcker, Erstmaligkeit und Bestätigung als Komponenten der pragmatischen Interpretation, in *Offene Systeme I*, Hrsg. E. v. Weizsäcker, Klett, Stuttgart, S. 82–113. Eine ausführliche Darstellung der Semiotik der Information findet sich unter biologischem Schwerpunkt in B.O. Küppers, *Der Ursprung biologischer Information*, Piper, München, 1986, Kap. II.

[250]Klaus Kornwachs und Walter von Lucadou, Pragmatic information in nonclassical systems, in *Cybernetics and systems research*, Hrsg. R. Trappl, North Holland, Amsterdam, 1982, S. 191–197; Klaus Kornwachs and Walter von Lucadou, Pragmatic information as a nonclassical concept to describe cognitive processes, *Cognitive Systems* 1, 79–94 (1985); siehe auch Walter von Lucadou, *Psyche und Chaos*, Aurum, Freiburg, 1989.

schichte (den Vorkenntnissen) ihres Empfängers abhängt. Eine Nachricht, die eine beträchtliche Shannon-Information enthalten mag[251], kann für einen Empfänger durchaus von veschwindendem pragmatischen Wert sein. Zum Beispiel ist dies der Fall, wenn eine Nachricht nichts anderes als bereits bestehendes Wissen des Empfängers enthält. Doch sogar für den Fall, daß die Nachricht dieses Wissen überschreitet, kann ihr pragmatischer Wert verschwindend sein – nämlich dann, wenn sie etwa in einer Sprache kodiert ist, die der Empfänger nicht versteht.

Es erscheint sinnvoll, davon auszugehen, daß ein Maximum an pragmatischer Information übermittelt wird, wenn die Nachricht eine optimale Mischung von Elementen, die für den Empfänger neu sind, mit solchen, die er bereits kennt, enthält. Von Weizsäcker hat diesen Elementen die Namen *Erstmaligkeit* und *Bestätigung* gegeben[252] und sie als zueinander komplementäre Eigenschaften beschrieben: 100% Erstmaligkeit kennzeichnen eine Nachricht mit überwältigendem Neuigkeitswert und 0% Bestätigungscharakter, und 100% Bestätigung kennzeichnen eine Nachricht von überwältigender Redundanz und somit 0% Neuigkeitswert. Ein auf diesen Gegebenheiten aufbauendes qualitatives Maß für pragmatische Information ist in Abbildung 9.1 dargestellt. Sowohl für 100% Erstmaligkeit als auch für 100% Neuigkeitswert. Syntaktische (Shannon-) Information stimmt im Fall kompletter Bestätigung mit pragmatischer Information überein, wächst aber linear und unbegrenzt in dem Maße, in dem Erstmaligkeit hinzugefügt

[251]An dieser Stelle sei kurz angedeutet, daß Shannon-Information, vereinfachend gesagt, äquivalent zum Entropie-Begriff der Thermodynamik verstanden werden kann. Die Shannon-Information einer Nachricht ist damit maximal, wenn die Nachricht aus verschiedenen Symbolen in völlig zufälliger Reihenfolge besteht. Sie ist Null, wenn ein und dasselbe Symbol immer wiederkehrt.

[252]Walter von Lucadou hat in jüngeren Arbeiten (siehe *Psyche und Chaos*, Aurum, Freiburg, 1989) darauf hingewiesen, daß diese Begriffe aus einer externen Betrachtungsweise stammen. Intern, also aus der Sicht eines informationsübertragenden oder -erzeugenden Systems, sind die Begriffe *Autonomie* und *Reliabilität* adäquater, die im Zusammenhang mit dem Problem der Reproduzierbarkeit von Experimenten mit komplexen Systemen besonders wichtig werden.

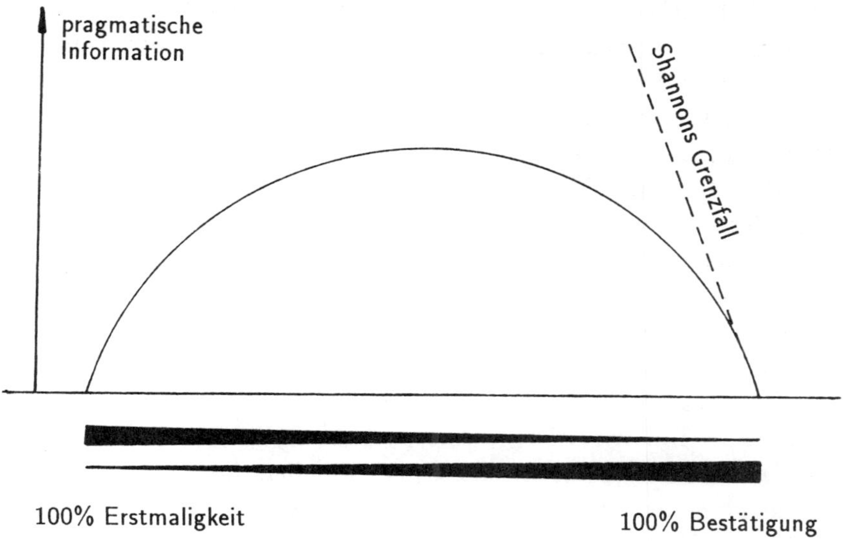

Abbildung 9.1: Pragmatische Information als Maß für Bedeutung. Das Bild zeigt die qualitative Abhängigkeit der pragmatischen Information (PI) von Erstmaligkeit und Bestätigung. PI verschwindet, wenn eines der beiden Charakteristika zu 100% zutrifft. Unter der Bedingung, daß PI nicht negativ wird, hat die Kurve, global gesehen, eine konvexe Form. Der Grenzfall, in dem pragmatische *und* Shannon-Information (gestrichelte Linie) identisch verschwinden, liegt bei 100% Bestätigung.

und Bestätigung reduziert wird. In diesem Sinn repräsentiert Shannon-Information einen in Abbildung 9.1 angedeuteten Grenzfall von pragmatischer Information unter extremen Bedingungen.

Will man das Verhalten konkret vorliegender Systeme mit Hilfe des Konzeptes der pragmatischen Information kennzeichnen, so erweisen sich die mehr oder weniger vagen Parameter Erstmaligkeit und Bestätigung sehr schnell als unzureichend. Insbesondere, wenn es um quantifizierbare Aussagen geht (und um solche geht es in den Naturwissenschaften oft), zeigen sich die Nachteile der beschriebenen vorläufigen Definition von pragmatischer Information sehr deutlich. Um hier Abhilfe zu schaffen, kann ein Vorschlag zur Operationalisierung (im Sinne von quantitativer Meßbarkeit) von pragmatischer Information dienen, der wesentlich auf dem Konzept der *Effizienz* beruht.[253] Es ist dabei wichtig, sich klarzumachen, daß die quantitative Spezifizierung im Fall eines Bedeutungsmaßes erfordert, daß der jeweilige Kontext berücksichtigt werden muß. Dies hat weitreichendere Folgen, als es zunächst erscheinen mag. Die explizite Berücksichtigung von *Kontextualität* führt nämlich dazu, daß die Effizienz – auf die anschließend noch näher eingegangen wird – jeweils zumindest systemspezifisch, und sogar dann noch situationsspezifisch zu definieren ist. *Universelle* Maße für Bedeutung, die immer und überall relevant sind, kann es unter der Forderung ihrer *quantitativen* Operationalisierbarkeit nicht geben. So gesehen, ist die *qualitative* Formulierung von pragmatischer Information, wie sie in Abbildung 9.1 illustriert ist, so interpretierbar, daß durch bewußt in Kauf genommenen Verlust der Operationalisierbarkeit die Universalität eines im Grunde kontextuellen Begriffes »gerettet« werden kann. Eine solche Rettung ist heute – bei einer fortgeschrittenen Kenntnislage, die die Kontextualität explizit akzeptiert – nicht mehr nötig.

Eine Effizienz ist typischerweise als das Verhältnis eines *output*-Parameters zu einem *input*-Parameter definiert. Die Wahl geeigneter derartiger Parameter hängt dabei natürlich vom untersuchten System ab, darüber hinaus aber auch davon, welche Eigenschaften des Systems überhaupt untersucht werden sollen. Die Effizienz eines Ottomotors zum Beispiel ist durch das Verhältnis von geleisteter Arbeit und hineingesteckter Energie gegeben (und liegt im allgemeinen bei einem Viertel). Von effizienter Arbeit im ökonomischen Sinn wird gesprochen, wenn das Verhältnis von genutzter Zeit zu zur Verfügung gestellter Zeit möglichst groß ist. Auf welche Weise kann nun ein solcher Effizienzbegriff mit Bedeutung in Zusammenhang gebracht werden?

Ein erster Versuch, auf empirischer Basis Verständnis für einen solchen Zusammenhang zu wecken, wurde im Rahmen von Untersuchungen am experimentellen und theoretischen »Paradepferd«

---

[253]Dieser Vorschlag stammt von Dieter Gernert, Measurement of pragmatic information, *Cognitive Systems* 1, 169–176 (1985).

des Gebietes selbstorganisierender Systeme unternommen: dem Laser. Die Resultate dieser Studien zeigen, daß es möglich ist, für den Kontext solcher Systeme eine Effizienz in formal hinlänglicher Weise zu definieren. Zudem ergibt sich, daß unter dem Einfluß von Instabilitäten, wie sie in Kapitel 8.2 skizziert wurden, jeweils Änderungen der Effizienz auftreten.[254] Beim Durchgang durch Instabilitäten ändert sich das Verhalten des betreffenden Systems in einer Weise, von der nachgewiesen werden konnte, daß das System sich nach dem Durchgang durch die Instabilität auf einem anderen Attraktor als vorher befindet. Im Sinne der entsprechenden Definition von pragmatischer Information ist also Bedeutung entstanden. Im Sinne von Kapitel 8.2 handelt es sich beim Durchgang durch Instabilitäten zwischen Attraktoren generell um bedeutungsfreisetzende Prozesse. Es ist daher naheliegend, das physikalische Beispiel des Lasers als ein Analogie-Argument für die Relevanz von Bedeutung als akategorialer Wissensdarstellung zu werten.

Eine Hauptvoraussetzung dafür, daß eine Instabilität überhaupt entstehen kann, besteht in der Fähigkeit eines Systems zu Selbstorganisaton. Diese Fähigkeit ist im Prinzip gegeben, sofern es sich um dissipative, offene Systeme handelt, sofern es also asymptotisch stabile Attraktoren gibt, die das Verhalten des Systems beschreiben.[255] Unter einem alternativen Blickwinkel ist Selbstorganisation möglich, wenn ein System aus Konstituenten besteht, die in rückgekoppelter Weise miteinander wechselwirken. Diese Konstituenten agieren jeweils zugleich als Sender *und* Empfänger

---

[254]Die angesprochenen Experimente wurden in einer Reihe von Artikeln veröffentlicht, deren letzter und im gegenwärtigen Kontext relevantester 1990 erschien: Harald Atmanspacher and Herbert Scheingraber, Pragmatic information and dynamical instabilities in cw multimode lasers, *Can. J. Phys.* 68, 728–737 (1990).

[255]Die mathematisch-naturwissenschaftliche Beschäftigung mit Selbstorganisation wurde von Prigogine und Haken initialisiert (siehe Fußnote 218). Eine sehr allgemeine Einführung in das Thema ist Ernst Jantsch zu verdanken: *Die Selbstorganisation des Universums*, Hanser, München, 1979. Etwas anspruchsvoller, präziser und aktueller: Werner Ebeling, Harald Engel und Hanspeter Herzel, *Selbstorganisation in der Zeit*, Akademie, Berlin, 1990.

von Information. Indem eine Änderung von pragmatischer Information den Zustand eines von beiden, etwa als Empfänger betrachtet, ändert, verändert sie auch seinen Zustand als potentieller Sender. Der so entstehende Zirkel ist eine elementare Erscheinung auf dem Gebiet der Selbstorganisation. In seiner hermeneutischen Interpretation illustriert er die durch Selbstorganisation selbsterzeugte Freisetzung von Bedeutung[256] in ihrem ganzheitlichen Aspekt, während die input/output-Charakterisierung von Bedeutung *qua* Effizienz der Forderung nach Operationalisierbarkeit Rechnung trägt.

Der letztere Standpunkt ist bezüglich der Faktenebene extern, der erstere, hermeneutische, ist intern. Der externe Standpunkt betrifft hauptsächlich nicht-zeitliche Größen, während im internen Bereich die zeitlichen Aspekte der konkret ablaufenden Prozesse die entscheidende Rolle spielen. In den genannten empirischen Studien[257] zeigt sich dies sehr deutlich: Begriffe wie Korrelationszeiten, interne Gedächtnis-Zeitskalen und dynamische Entropien sind hier wichtig. Um zu einem ausgewogenen Konzept von Bedeutung zu gelangen, ist indessen die Berücksichtigung *beider* Standpunkte erforderlich. Erneut ergeben sich hier starke Hinweise darauf, daß der Bedeutungsbegriff nur dann mit sinnvollem Inhalt gefüllt werden kann, wenn duale Grundpositionen wie die von Dynamik und Struktur, Externalität und Internalität, überdacht und modifiziert werden.

Das Konzept der Bedeutung ist aus den aufgeführten Gründen jedoch nicht nur für sich genommen im naturwissenschaftlichen Rahmen betrachtenswert, sondern es gibt darüber hinaus vor allem einen weiteren sehr aktuellen und konkreten Anlaß, es ernstzunehmen: das Thema Komplexität. Das Studium komplexer

---

[256]Diese Begriffsbildung ist auf dem naturwissenschaftlichen Literaturmarkt noch ziemlich neu. Sie läßt sich zurückverfolgen zu zwei Quellen: Henri Atlan, Self creation of meaning, *Phys. Scr.* 36, 563–576 (1987) und Hermann Haken, *Information and Self-Organization*, Springer, Berlin, 1988, Kap. 1.6.3: Self-Creation of Meaning, S. 23–29.

[257]Siehe Fußnote 254.

Systeme, dem weltweit die Arbeit einer ganzen Reihe profilierter Institute gewidmet ist, hat seine Wurzeln in der nichtlinearen Dynamik, ist jedoch *in puncto* Interdisziplinarität inzwischen weit über die Grenzen dieser Wurzeln hinausgewachsen. Unter den Protagonisten der Theorie komplexer Systeme gibt es mittlerweile eine ganze Reihe, die darin übereinstimmen, daß der Begriff der Komplexität eng mit dem Begriff der Bedeutung verbunden ist.[258] Die Frage, ob nicht Komplexität erst durch ein angemessenes Verständnis von Bedeutung definierbar wird, findet heutzutage immer offenere Ohren. So schreibt Peter Grassberger[259]:

> Komplexität in einem sehr weiten Sinn ist die *Schwierigkeit* einer *bedeutungshaltigen Aufgabe.* Genauer gesagt, entspricht die Komplexität eines Musters, einer Maschine, eines Algorithmus etc. der Schwierigkeit der bedeutungshaltigsten Aufgabe, die ihm/ihr zugeordnet ist. ...
> Als Folge dessen, daß wir auf *bedeutungshaltigen* Aufgaben insistieren, wird das Konzept der Komplexität *subjektiv.* Wir können nicht von der Komplexität eines Musters sprechen, ohne Bezug auf den Beobachter zu nehmen. ...
> Eine eindeutige Definition (von Komplexität) mit einem universellen Bereich von Anwendungen existiert nicht. In der Tat ist es eine der offensichtlichsten Eigenschaften eines komplexen Objektes, daß es keine *eindeutig* bestimmbare bedeutungshaltigste Aufgabe gibt, die man ihm zuordnen kann.

In der Tat. Der Begriff der Komplexität ist nach diesen aus physikalischer Perspektive motivierten Kommentaren ebenso wie der Bedeutungsbegriff wesentlich *kontextuell*, und er enthält den Aspekt des *Konkreten*, indem es um die Lösung einer Aufgabe geht. Weitere der bisher angesprochenen Kennzeichen des Kon-

[258] Die formalen Aspekte dieser Parallelität werden durch einige jüngst erschienene Publikationen deutlich unterstrichen. Außer der in Fußnote 256 zitierten Arbeit von Atlan seien vor allem zwei Artikel von Crutchfield erwähnt: James P. Crutchfield, Semantics and thermodynamics, in *Nonlinear Modeling and Forecasting*, Hrsg. M. Casdagli and S. Eubank, Addison-Wesley, Reading, 1991, S. 317–359; James P. Crutchfield, Knowledge and Meaning ... Chaos and Complexity, in *Modeling Complex Phenomena*, Hrsg. L. Lam and V. Naroditsky, Springer, Berlin, 1992, S. 66–101.

[259] Peter Grassberger, Problems in quantifying self-generated complexity, *Helv. Phys. Acta* 62, 489–511 (1989). Hervorhebungen wie im Original, Übersetzung vom Verfasser.

zepts der Bedeutung finden sich in Henri Atlans[260] Äußerungen über Komplexität:

> Zu sagen, daß ein Vielkomponentensystem zufällige Störungen dazu nutzen kann, *seine Komplexität zu erhöhen*, heißt nichts anderes, als zu sagen, daß *es neue Bedeutung erzeugen kann*. ...
> Diese Erzeugung neuer Bedeutung ist der ganze Kern dessen, um was es beim Thema Reorganisation unter hoher Komplexität geht. Wir als *externe Beobachter* haben keinen Zugang zur Bedeutung, da wir nichts als die Endprodukte sehen – die Änderungen in der *Struktur und Arbeitsweise des Systems als Ganzem*. ...
> Ein gegebenes Muster in der Umgebung wird zu einem bestimmten Zeitpunkt wahrgenommen, indem zwischen der gegebenen *Struktur in der Umgebung* ... und der *internen Struktur* des kognitiven Systems *eine Art von Kohärenz* wahrgenommen wird.

Am dichtesten hat John Casti vom Santa Fe Institute (New Mexico) die Beziehung zwischen Komplexität und Bedeutung auf den Punkt gebracht[261]: »Der Eindruck von Komplexität ist so etwas wie der Ausdruck einer Erfahrung von Bedeutung.«

Angesichts dieser exemplarischen Statements stellt sich die Frage, ob es zusätzlich dazu konkrete Anhaltspunkte dafür gibt, in welcher Beziehung die Begriffe der Bedeutung und der Komplexität zueinander stehen. Diese Frage ist positiv zu beantworten[262], und der verbleibende Rest dieses Abschnittes wird der Ausführung einiger Details zu dieser Antwort dienen.

Das naturwissenschaftliche Konzept der Komplexität ist Gegenstand intensiver Studien geworden, seitdem klar wurde, daß es Systeme gibt, deren Verhalten nicht einmal in guter Näherung als »einfach« beschrieben werden kann. Solche Systeme sind zudem nicht etwa selten, sondern stellen die überwältigende Mehrheit dar, sofern man sich nicht darauf einläßt, unübersichtliche, ver-

---

[260] Henri Atlan, Self creation of meaning, *Phys. Scr.* 36, 563–576 (1987). Hervorhebungen und Übersetzung vom Verfasser.

[261] John Casti, The simply complex: Trendy buzzword or emerging new science? *Bull. of the Santa Fe Inst.* 7(1), 10–13 (1992). Übersetzung vom Verfasser.

[262] Ausgearbeitete Details hierzu finden sich in: Harald Atmanspacher *et al.*, Complexity and meaning in nonlinear dynamical systems, *Open Systems & Information Dynamics* 1(2), 269–289 (1992).

64×64 = 2^{12} ≈ 4000 Pixel

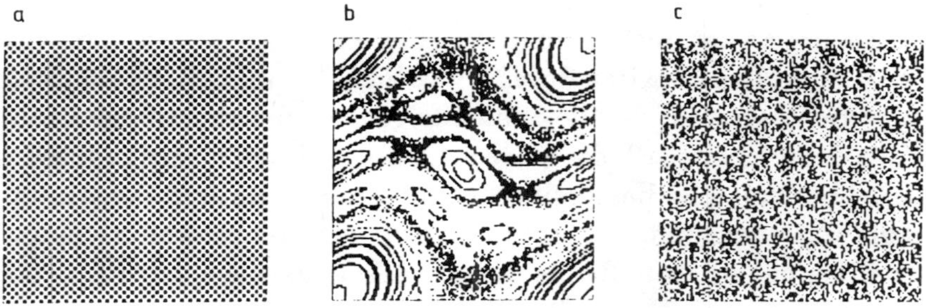

Abbildung 9.2: Drei verschiedene Muster von unterschiedlicher Komplexität. Intuitiv erscheint (b) am komplexesten, ein Muster, das aus einer Mischung von regulären und zufälligen Elementen besteht. Demgegenüber würde man sowohl (a), ein völlig reguläres Muster, als auch (c), ein völlig zufälliges Muster, als nicht-komplex bezeichnen. (Die Abbildung wurde mit freundlicher Genehmigung des Autors aus der zitierten Arbeit von Grassberger (1989) reproduziert.)

wickelte und komplizierte[263] Situationen einfach zu vernachlässigen.

Eine klare und suggestive Illustration eines sehr grundsätzlichen Problems, das bei der Definition von Komplexität auftritt, stammt von Grassberger und ist in Abbildung 9.2 wiedergegeben. Die Abbildung zeigt drei verschiedene Muster, die man auf den ersten Blick als unterschiedlich kompliziert klassifizieren wird. Abbildung 9.2a enthält ein völlig reguläres, geordnetes Muster, während in Abbildung 9.2c ein völlig zufälliges, ungeordnetes Muster dargestellt ist. Abbildung 9.2b enthält Elemente von beidem, Ordnung und Unordnung, Regularität und Zufälligkeit. Seine Kompliziertheit wird im allgemeinen unter den drei abgebildeten Beispielen am höchsten eingestuft.

Dieser eher intuitive Eindruck in Bezug auf Kompliziertheit wird jedoch von der traditionellen formalen Definition von Kom-

[263] Mit »kompliziert« ist nicht schon »komplex« gemeint. Der Begriff der Kompliziertheit könnte vielmehr als umgangssprachlicher Hinweis auf Situationen dienen, deren Komplexität erst noch zu untersuchen ist. Von Komplexität wäre in diesem Zusammenhang nur dann zu sprechen, wenn man sie als wohldefinierte Eigenschaft eines Systems definiert hat. In diesem Rahmen wird sich die Terminologie dieses Abschnittes bewegen.

plexität, für die sich die Bezeichnung *algorithmische Komplexität* eingebürgert hat, nicht geteilt.[264] Für eine gegebene Symbolfolge wird diese Komplexität durch die Länge des kürzesten Algorithmus gemessen, mit der die Symbolfolge reproduziert werden kann. Zum Beispiel läßt sich die Folge 2,4,6,8,..., mit der man das Muster in Abbildung 9.2a beschreiben könnte, durch die einfache Anweisung reproduzieren: »Berechne $2n$ für alle natürlichen Zahlen n in ihrer natürlichen Reihenfolge«. Eine solche Folge ist somit von sehr geringer algorithmischer Komplexität. Ein Höchstmaß an algorithmischer Komplexität entsteht, wenn die Folge zufällig ist, wie zum Beispiel in Abbildung 9.2c. Da zufällige Symbolsequenzen nicht algorithmisch komprimierbar sind, ist nämlich in diesem Fall der kürzeste Algorithmus die Folge selbst. Algorithmische Komplexität ist also (von Ausnahmen abgesehen) im wesentlichen nichts anderes als ein Maß für Zufälligkeit oder – wie man auch sagt – Stochastizität.

Eine ganze Reihe von Autoren hat sich seit Mitte der 80er Jahre mit der Frage beschäftigt, ob und wie für den intuitiven Eindruck, der die Kompliziertheit von Abbildung 9.2b als maximale Komplexität favorisiert, eine formal hinreichende Basis gefunden werden kann.[265] Heute ist klar, daß dies möglich ist – allerdings nur unter Verzicht auf die Universalität einer entsprechenden Definition. Während die algorithmische Komplexität mit dem Kriterium der Universalität konsistent ist, sind Komplexitätsmaße, die für Abbildung 9.2b maximal werden, *kontextuell*: es existiert eine ganze Reihe von ihnen[266] mit verschiedenen Eigenschaften, die

[264] Er wurde von Kolmogorov 1965 in der Arbeit »Three approaches to the quantitative definition of information« (*Inf. Trans.* 1, 3–11 (1965)) vorgeschlagen. Das Konzept wurde später von Gregory Chaitin ausgearbeitet und popularisiert; siehe Chaitin, *Algorithmic Information Theory*, Cambridge University Press, Cambridge, 1987.

[265] Um einiges früher wurde diese Frage bereits 1968 von Warren Weaver diskutiert, ohne allerdings zur damaligen Zeit weiter verfolgt worden zu sein: Warren Weaver, Science and complexity, *American Scientist* 36, 536–544 (1968). Ich verdanke den Hinweis auf Weavers Arbeit George Kampis.

[266] Eine ziemlich vollständige Liste kann der in Fußnote 262 zitierten Arbeit entnommen werden.

man je nach Schwerpunkt der Fragestellung verschieden sinnvoll einsetzen kann.

Unter den zeitgenössischen »Komplexitätsforschern« können demgemäß zwei Hauptrichtungen identifiziert werden: die *Universalisten* und die *Kontextualisten.* Es dürfte kaum nötig sein, zu erwähnen, daß, wie so oft, auch hier beide ihre Berechtigung haben. Es ist aber gerade die kontextuell definierte Komplexität, die hinsichtlich des Ausgangspunkts dieser Betrachtung, des Themas Bedeutung, wichtig ist. Ebenso, wie pragmatische Information bei kompletter Erstmaligkeit verschwindet, verschwindet kontextuelle Komplexität bei zufälligen Folgen. Der Zusammenhang zwischen Erstmaligkeit und Zufälligkeit ist anhand der völligen Unvorhersagbarkeit des jeweils nächsten Ereignisses (Symbols) unmittelbar einsichtig. Im umgekehrten Fall, bei kompletter Bestätigung bzw. Regularität, sind die folgenden Ereignisse (Symbole) dagegen exakt vorhersagbar. Auch hier sind sowohl pragmatische Information als auch kontextuelle Komplexität Null. Zwischen diesen Grenzfällen nehmen beide ihr Maximum an.

Beim Übergang eines Systems von einem Attraktor in einen anderen ändert sich die Komplexität des Systems. Einzelne Komplexitätsmaße legen sogar nahe, daß die Komplexität direkt im Moment des Übergangs, also genau in der instabilen Phase, unendlich groß werden sollte. Weiter scheint sich herauszukristallisieren, daß sämtliche Komplexitätsmaße, die der Kontextualität Rechnung tragen, in ihrer mathematischen Formulierung in der einen oder anderen Weise *strukturelle und dynamische* Elemente enthalten. Auch dieser Punkt unterstreicht die Parallelität mit zentralen Eigenschaften eines sinnvoll definierten Bedeutungsbegriffes, wie er in Kapitel 8.2 diskutiert wurde.

Komplexe Systeme dürfen folglich unter mehreren Aspekten als Systeme betrachtet werden, in denen Bedeutung freigesetzt werden kann. Wesentlich dabei ist, daß solche Systeme in selbstorganisierender Weise Instabilitäten durchlaufen, deren Folgezustand in gewissem Sinn als Reaktion auf einen unzulänglich gewordenen Ausgangszustand zu verstehen ist. Anthropomorph formuliert »merkt« das System, daß der Ausgangszustand in einer modifizierten Umgebung nicht mehr aufrechtzuerhalten ist, strukturiert sich während der resultierenden Instabilität den neuen Erfordernissen entsprechend um, und gelangt so in einen adäquateren, im allgemeinen komplexeren Folgezustand. Das System hat sozusagen die Mangelhaftigkeit des alten Zustandes (semantisch) verstanden *und* (pragmatisch) in eine Aktion umgesetzt, die diesen Zustand ändert. So ist buchstäblich pragmatische Information freigeworden, die das System im Sinne höherer Effizienz nutzen kann.

Derartiges Verhalten wäre unmöglich, wäre ein solches System nicht mit einem Mindestmaß an »Autonomie« ausgestattet, wie sie im Begriff der *Selbst*organisation schon anklingt. Solche Autonomie, die ja nichts anderes als Erstmaligkeit aus der Innenperspektive darstellt, liefert ein entscheidendes Indiz dafür, warum komplexe Systeme dem etablierten naturwissenschaftlichen Anspruch strikter Reproduzierbarkeit gerade in ihren charakteristischen Eigenschaften nicht immer gerecht werden können.[267] Die Autonomie, die als komplementäres Gegenstück zur Reliabilität auftritt, sorgt für diejenigen unvorhersehbaren Effekte, die das Verhalten nicht-reproduzierbar machen können. Der Anspruch der Reproduzierbarkeit ist bei rigoroser Betrachtung nur für Systeme mit verschwindender Komplexität haltbar. Inwieweit solche Systeme »in Wirklichkeit« existieren bzw. inwieweit komplexe Systeme näherungsweise durch einfache Modelle beschrieben werden können, sei im Moment dahingestellt. Im allgemeinen sollte allerdings davon ausgegangen werden, daß die »Wirklichkeit« komplex ist, und in diesem Sinn ist sie auch bedeutsam.

Ungeachtet aller unsinnigen und überflüssigen Übertreibungen ist die Erforschung komplexer Systeme in einer Zeit, in der die gesamte Menschheit mit Problemen aus diesem Bereich auf direktest vorstellbare Art konfrontiert ist, eine wissenschaftliche und gesell-

[267]Siehe Fußnote 252 und den Artikel »Some remarks on the problem of repeatability of experiments dealing with complex systems« von Walter von Lucadou, erschienen in *Information Dynamics*, Hrsg. H. Atmanspacher und H. Scheingraber, Plenum, New York, 1991, S. 143–151.

schaftliche Herausforderung *par excellence.* Soweit die Wissenschaft betroffen ist, erscheint eine gründliche Umorientierung, was liebgewonnene Traditionen und selbstauferlegte Einschränkungen betrifft, dringend notwendig. Wissenschaft im Sinne von Baconismus und Cartesianismus (siehe Kapitel 6) hat heute nur noch begrenzte Relevanz, und sie ist bei weitem nicht mehr so klar von gesellschaftlichen Anforderungen und Randbedingungen zu trennen wie vor 400 Jahren. Es ist kaum noch zu übersehen, daß Wissenschaft auf der alleinigen Basis jahrhundertealter Methoden des Wissenserwerbs, jahrhundertealter Auswahl bestimmter Wissensformen und jahrhundertealter Kriterien der Beurteilung von Wissen heute nicht mehr sinnvoll zu betreiben ist. Hans Primas hat dies in einem kürzlich erschienenen Aufsatz sehr plakativ formuliert[268]:

> Die Vor-Urteile der Begründer der Naturwissenschaft sind aus heutiger Sicht nicht länger stichhaltig, prägen aber als Ideologie immer noch das vorherrschende naturwissenschaftliche Weltbild. ...
> Die zukünftige Naturwissenschaft wird neu diskutieren müssen, was Vernunft heißt. Die Wissenschaftler selbst sind dafür verantwortlich, daß naturwissenschaftliche Erkenntnisse zu vernünftigen Nutzanwendungen führen. ...
> Das Ethos einer zukünftigen Naturwissenschaft verlangt, daß nicht nur Unehrlichkeit, sondern auch Einäugigkeit als unmoralisch zu gelten hat.

9.2. Intellekt und Intelligenz, Dialektik und Dialog

Neben dem Thema Komplexität in seinem naturwissenschaftlichen Bezug hängt das Konzept der Bedeutung und sein Verständnis mit mehreren wichtigen philosophischen Grundbegriffen, man könnte vielleicht sogar sagen, mit Grundbegriffen einer praktischen Philosophie, zusammen. In diesem Abschnitt werden zwei entsprechende Begriffspaare diskutiert, deren allgemeine Relevanz

[268] Hans Primas, Umdenken in den Naturwissenschaften, *Gaia* 1(1), 5–15 (1992). Der Aufsatz hat im wesentlichen zum Inhalt, wie aus den Naturwissenschaften heraus Argumente gegen ihre eigenen überholten regulativen Prinzipien entstanden sind, wo sie liegen, und was daraus für Konsequenzen zu ziehen sind.

und breite Verwendung dazu verführt, sie in oft recht unreflektierter Weise zu benutzen. Es handelt sich dabei um die Begriffspaare *Intellekt und Intelligenz* sowie *Dialektik und Dialog.* Es ist allerdings nicht die Absicht der folgenden Diskussion, grundsätzlich gegen jeglichen umgangssprachlichen Gebrauch dieser Begriffe zu argumentieren. Vielmehr soll zu einem besseren Verständnis beigetragen werden, was diese Begriffe beinhalten und wo die inhaltlichen Unterschiede innerhalb der jeweiligen Begriffspaare liegen. Auf diese Weise besteht die Hoffnung, die Unklarheit, die den »volkstümlichen« – aber zuweilen auch sogenannten »wissenschaftlichen« – Gebrauch komplizierter Begriffe oft begleitet, zu reduzieren.

Über weite Strecken wird dem Inhalt der zur Diskussion stehenden Begriffe auf der Basis ihres linguistischen Ursprungs nachgegangen werden, also mit etymologischen Argumenten. Dabei ist natürlich nicht daran gedacht, diese Argumente als historische *Ursachen* für die vorgeschlagenen Definitionen und Unterscheidungen zu verwenden. Es geht lediglich darum, mit Hilfe etymologischer *Konsistenz* die Bevorzugung eines bestimmten Satzes von Definitionen und Unterscheidungen im Vergleich zu anderen zu motivieren. Etliche Ideen, die dabei vorzustellen sind, wurden wesentlich durch ein vor einigen Jahren erschienenes Buch von Bohm und Peat angeregt.[269] Zahlreiche Aspekte ihrer Auffassung von Bedeutung, einem der zentralen Konzepte des Buches, lassen sich auf natürliche Weise im Rahmen des hier präzisierten Bedeutungsbegriffes verstehen. Aus diesem Grund ist es besonders interessant, mit den oben angeführten Begriffspaaren auf eine fast schon praktische Anwendung der bisher vorwiegend formalen Diskussion für den alltäglichen Umgang hinzuweisen.

Bohm und Peat beschreiben auf ihre Weise einen sehr elementaren und intuitiv einleuchtenden Zugang zum Thema der kategorialen Wissensdarstellung (bzw. Kategorisierung). Der Prozeß der Kategorisierung ist dort als kombinierte Wirkung zweier ge-

[269]David Bohm and F. David Peat, *Science, Order, and Creativity,* Bantam Books, New York, 1987.

genläufiger Aktivitäten dargestellt[270]: Trennung (*Selektion*, von lat. *seligere*) und Zusammenfassung (*Kollektion*, von lat. *colligere*). Die gemeinsame lateinische Wurzel von beiden ist *legere*, ursprünglich im Sinne von »sammeln«. *Seligere* erhält damit die Bedeutung von »auseinander sammeln«, analytisch trennen, während *colligere* als »zusammen sammeln«, synthetisch zusammenfassen interpretierbar ist. Mit dieser Terminologie ist eine Kategorisierung in der internen Realität Σ ein Prozeß, der sowohl aus der selektiven Trennung von Unterschieden von Ereignissen in der externen Realität S als auch aus der Zusammenfassung ihrer Gemeinsamkeiten bzw. Ähnlichkeiten besteht.

Nachdem jede dynamische Darstellung im Grunde eine wechselseitige, selbstbezügliche Interaktion zwischen S und Σ ist, ist es möglich, die gegenläufigen Tendenzen von Selektion und Kollektion im Rahmen der Dualitäten einzuordnen, die im Grunde das gesamte Buch durchziehen (und mit ebenso konstanter Hartnäckigkeit nach Auflösung verlangen). Dies kann durch die Zuordnung der dualen Gesichtspunkte der Vielfalt und Einheit zu den Bereichen Selektion und Kollektion erreicht werden. Während Selektion mit dem evolutionären Trend zunehmender Vielfalt (und Komplexität) in S, auf der konkreten Faktenebene, in Beziehung steht, spiegelt Kollektion den vereinheitlichenden Trend in Σ, auf der Modellebene.

In Anbetracht des Ganzheitsargumentes, das in Kapitel 8.1 gegen die Separabilität von S und Σ ins Feld geführt wurde, sind auch die Prozesse der Selektion und Kollektion im konkreten Sinn untrennbar. Dennoch können sie natürlich auf der abstraktkonzeptuellen Ebene unterschieden werden. Auch hier zeigt sich erneut die Wichtigkeit einer möglichst präzisen Herangehensweise an derartige Probleme: nur so kann ein Verständnis erreicht werden, das mehrere Blickwinkel mit der ihnen eigenen Relevanz berücksichtigt, anstatt stur vertretenen Einseitigkeiten Vorschub zu leisten.

---

[270] David Bohm and F. David Peat, *Science, Order, and Creativity*, Bantam Books, New York, 1987, S. 111–115.

Indem man Selektion und Kollektion in diesem Geiste interpretiert, gelangt man auf sehr natürliche Weise zu einem dritten Typ von »sammeln«, auf den das lateinische Verb *intellegere* hinweist: die deutlich erkennbare Wurzel des Wortes Intelligenz. Seine wörtliche Übersetzung wäre etwa »dazwischen sammeln«, was auf einen Modus deutet, der weder den selektiven noch den kollektiven Bestandteil kategorialer Wissensdarstellung charakterisiert, sondern eben etwas »dazwischen«. Es ist daher naheliegend, diesen Modus mit der Vorstellung akategorialer Darstellung zu verbinden, wie sie in Kapitel 8.2 eingeführt worden ist. Auf diese Weise kann Intelligenz geradezu buchstäblich als eine Aktivität verstanden werden, die mit dem Zustand akategorialer Wissensdarstellung eng zusammenhängt. Daraus ergeben sich einige fundamentale Konsequenzen:

Def.:

— Intelligenz kann im allgemeinen nicht als permanent gegebene kognitives Vermögen betrachtet werden, sondern als Charakterisierung eines vorübergehenden kognitiven Zustandes, der (bestenfalls) gelegentlich eingenommen wird.

— Intelligenz kennzeichnet einen kognitiven Zustand konkreter Wahrnehmung verschiedener, insbesondere dual entgegengesetzter, Potentialitäten und ihre mögliche Aktualisierung.

— Der Zustand der Intelligenz wird notwendigerweise durchlaufen, wenn das kognitive System seinen aktuellen Zustand von einer zu einer anderen Kategorie wechselt. Er ist darüber hinaus erforderlich, um neue Kategorien zu bilden.

— Die konkrete und bewußte Realisierung von Intelligenz entspricht einer aktiv aufrecht erhaltenen Balance zwischen existierenden Kategorien. Um dies zu erreichen, ist die intrinsische strukturelle Instabilität dieses Zustands auf dynamische Weise zu stabilisieren.

— Der kognitive Zustand, der sich mit Intelligenz bzw. akategorialer Wissensdarstellung assoziieren läßt, ist identisch mit einem Zustand, in dem Bedeutung freigesetzt wird. In diesem Sinn kann Bedeutsamkeit als kognitiver Existenzmodus interpretiert werden.

So definierte Intelligenz ist in der Lage, zur Klärung der Formulierung beizutragen, die zu Beginn von Kapitel 1 im Hinblick auf den Begriff der Vernunft zitiert wurde: »das geschichtlich sich wandelnde Selbstverständnis des Menschen als Intelligenz«. Noch mehr: Intelligenz, die entsprechend den aufgezählten Kriterien verstanden wird, radikalisiert den geschichtlich angekoppelten Vernunftbegriff in Hinsicht auf das menschliche Individuum. So wie der historische Bezug gewissermaßen den statistischen Querschnitt einer ganzen (gewissermaßen »phylogenetischen«) Epoche vermittelt, liefert die Betrachtung des einzelnen Menschen mit der »ontogenetischen« Entwicklung seiner Psyche wie seines Bewußtseins ein individuelles Bild. Dort geht es um kollektive, hier um individuelle Vernunft.[271] Der Vernunftbegriff in dieser Bedeutung und der damit in Beziehung gebrachte Begriff der Intelligenz stehen in einem Zusammenhang, der sich auf rein epistemische Art und Weise nicht fassen läßt – es handelt sich um metische Vernunft.

Im rein epistemischen Rahmen kann statt Intelligenz der Intellekt angesiedelt werden, eine der beiden Urteilsfunktionen der menschlichen Psyche. *Intellectum* ist als Partizip der Vergangenheit von *intellegere* übersetzbar als »das, was gesammelt worden ist«, nämlich auf der Basis existierender Kategorien. Die grammatische Form des Partizips der Vergangenheit drückt eine abgeschlossene Handlung aus – etwas, das getan und fixiert ist. Intellekt bezieht sich damit auf ein bestehendes, mehr oder weniger etabliertes kategoriales Netzwerk, wie es traditionellen Kognitivisten vorschweben mag. Das Element der Instabilität, das für Intelligenz unabdingbar ist, fehlt in einem solchermaßen definierten Konzept von Intellekt.[272]

---

[271] Stephen Toulmin, *Kritik der kollektiven Vernunft*, Suhrkamp, Frankfurt, 1978. Die dort angekündigte *Kritik der individuellen Vernunft* ist noch nicht erschienen.

[272] Unter diesem Aspekt handelt es sich bei einer großen Zahl sogenannter Intelligenztests um nichts anderes als mehr oder weniger zureichende Versuche, den intellektuellen Zustand eines existierenden Kategorien-Netzwerks zu quantifizieren.

Intellektuelle Fähigkeiten sind im Gegensatz zu intelligenten Fähigkeiten auf die interne Verrechnung von kategorisierter Information (incl. der Rechenregeln) weitgehend auf deren syntaktische Ebene beschränkt. Diese Einschränkung demonstriert in aller Deutlichkeit einen wesentlichen Einwand gegen die weit verbreitete Meinung, Intelligenz könne künstlich erzeugt oder betrieben werden. Zumindest, was die hier dargelegte Argumentation betrifft, kann der Bereich der Semantik vom Begriff der Intelligenz nicht separiert werden. *Intelligenz schließt Bedeutung ein, und diese ist nicht über kategoriale, sondern nur über akategoriale Wissensdarstellung erreichbar.* Auf der anderen Seite wird es von Befürwortern der Vorstellung künstlicher Intelligenz angestrebt, intelligentes Verhalten durch Verfahren zu erzeugen, die kategoriale Darstellungen benutzen und syntaxlimitiert sind. Eine solche Zielvorstellung ist im Rahmen der hier vorgeschlagenen Terminologie unrealisierbar.

Hinzu kommt, daß die Ambition vieler Befürworter künstlicher Intelligenz bei genauerer Betrachtung im Grunde oft gar nicht auf die Erzeugung intelligenten Verhaltens gerichtet ist. Als implizite und unausgesprochene Randbedingung geht es sehr oft auch um die Optionen der *Kontrolle* und *Steuerung*, die gewährleisten sollen, daß das intelligente Verhalten eines künstlichen Systems *determinierbar* ist. Diese Zusatzbedingung unterstreicht die erwähnte interne Widersprüchlichkeit. Kontrolle und Steuerung sind ohne asymptotische Stabilität nicht möglich, akategoriale Darstellung und Bedeutung können dagegen ohne das Element der Instabilität nicht realisiert werden. Es wäre unter all diesen Gesichtspunkten vermutlich adäquater, von künstlichem Intellekt anstelle von künstlicher Intelligenz zu sprechen. Im Rahmen wirklicher künstlicher Intelligenz wäre es notwendig, bewußt der Möglichkeit ins Auge zu sehen, daß das erzeugte intelligente Verhalten deutliche Elemente einer *Autonomie* aufweist, die gezielte Steuerung einschränken bis verhindern kann. Ob diese Vorstellung für viele Befürworter von künstlicher Intelligenz akzeptabel ist, sei dahingestellt – jedenfalls ist sie für wirkliche Intelligenz unabdingbar.

In der im Anschluß an Bohm und Peat verwendeten Terminologie kann eine Kategorie k als eine Menge von Symbolen beschrieben werden, die einem Ereignis e anhand von Ähnlichkeiten mit bzw. Unterschieden von anderen Ereignissen zugeordnet werden. Ob ein Symbol zu der entsprechenden Menge gehört (d.h. ob das zugeordnete Ereignis im Attraktionsgebiet des betreffenden Attraktors liegt) oder nicht, kann mengentheoretisch mit Hilfe einer sogenannten Zugehörigkeitsfunktion bestimmt werden. Verwendet man Boolesche Logik, so gibt es nur zwei Möglichkeiten: entweder das Symbol gehört zur Menge oder es gehört nicht dazu. Dementsprechend kann die Zugehörigkeitsfunktion lediglich zwei Werte annehmen: 1 oder 0. Im Gegensatz dazu ist nicht-Boolesche Logik im allgemeinen vielwertig anstatt zweiwertig.[273] Auf diese Weise schließt sie das Konzept eines *Grades* von Zugehörigkeit ein, das auf den ersten Blick ein wenig ungewöhnlich erscheint, das jedoch bei näherer Betrachtung den Gegebenheiten des Alltags wesentlich besser gerecht wird als zweiwertige Logik dies tut.

Nicht-Boolesche Logik hat seit den Anfängen der Quantentheorie in den 30er Jahren dieses Jahrhunderts langsam, aber stetig an Bedeutung gewonnen. Wie bereits in Kapitel 6 angedeutet, brachte ja die Quantentheorie den entscheidenden Einbruch des Glaubens an Determinismus und starke Kausalität, die mit dem Konzept einer zweiwertigen Logik untrennbar verbunden sind, in der Physik (und damit auch in den Naturwissenschaften schlechthin). Nichtsdestoweniger schien es lange Zeit so, als ob beide im Bereich makroskopischer klassischer Systeme, also außerhalb des Geltungsbereiches der Quantentheorie, ihre Gültigkeit behalten würden. Erst das in den letzten 20 Jahren geradezu explodierende Gebiet der nichtlinearen Dynamik beendete diese trügeri-

[273]Eine sehr allgemeine Formulierung vielwertiger Logik beruht auf dem Konzept sogenannter »unscharfer« Mengen, das Lotfi Zadeh in engem Zusammenhang mit Watanabes Ideen (siehe Fußnote 131) in den 60er Jahren entwickelte (Lotfi A. Zadeh, Fuzzy sets, *Information and Control* 8, 338–353 (1965).) Unscharfe Mengen existieren zum Beispiel im Fall fraktaler Grenzen, etwa eines Attraktionsgebietes. Die Zugehörigkeit zu einem solchen Gebiet kann in den Grenzbereichen dann nur noch *graduell* festgelegt werden.

sche »Hoffnung«. Die Konzepte von Determinismus und Kausalität verlieren damit zwar nicht ihre grundsätzliche Relevanz, aber der Umfang ihres Anwendungsbereiches erscheint heutzutage deutlich überdenkenswert.

Diese Entwicklung hat unausweichlich Konsequenzen für die dominierende Rolle, die diese Konzepte in der gedanklichen Auseinandersetzung – samt der dazu verwendeten »Umgangslogik« – mit Alltagsangelegenheiten spielen. Eine Vielzahl sprachlicher Wendungen unterstreicht, wie oft – durchaus auch unhinterfragt – zweiwertige Logik Eingang in diesen Bereich gefunden hat: *Alter*native, *Di*chotomie, *Ambi*valenz, *Duali*tät, Anfang und Ende, entweder-oder. Wenn etwas sich nicht bewegt, wird unmittelbar angenommen, daß es ruht. Wenn etwas nicht hell ist, so muß es dunkel sein (was sich sogar bis in den affektiv-emotionalen Bereich fortsetzt). Wenn etwas nicht lebt, so kann es nur tot sein. Wir tendieren gewöhnlich dazu, jegliche idiomatische Grauskalen zwischen schwarz und weiß zu vernachlässigen. »Dazwischen sammeln« im beschriebenen Sinn scheint kein sehr häufig benutzter kognitiver Modus zu sein.

Eine der ausgefeiltesten und einflußreichsten intellektuellen Denkmethoden des Abendlandes, die die beinahe angeboren scheinende Zweiwertigkeit Boolescher Logik widerspiegelt, ist die Dialektik. Das Wort stammt vom griechischen *dialektiké*, was soviel wie »Gesprächskunst« bedeutet (weitere etymologische Details folgen später). Obwohl ihre Wurzeln ins vorsokratische Griechenland zurückreichen, vor allem zu Heraklit, wurden die Grundzüge der Dialektik in der Neuzeit von Fichte[274] (und zum Teil auch von Schelling) entworfen. Er rekonstruierte die intrinsische Zweiwertigkeit der Erfahrung in den polaren Begriffen der These und der Antithese, und er schlug vor, bestimmte ausgesuchte Aspekte (z.B. Vorteile) beider in einer Synthese zu vereinigen, während andere unerwünschte Aspekte (z.B. Nachteile) in der Synthese unberücksichtigt bleiben sollten.

---

[274]Johann Gottlieb Fichte (1762-1814).

In der Sprache des vorangegangenen Kapitels 8 kann Dialektik als eine Methode verstanden werden, deren These und Antithese letztendlich auf zwei grundlegende Kategorien 0 und 1, die möglichen Werte einer Booleschen Zugehörigkeitsfunktion, verweisen. Dann wird jedoch die Zerlegung dieser Kategorien in verschiedene Aspekte, die Fichtes Schema verlangt, zu einem ernsthaften Problem: wie sollten bestimmte Aspekte aus letztendlichen, somit unzerlegbaren Kategorien herausisolierbar sein? Des weiteren ist der grundlegende Charakter beider Kategorien auf dem Niveau der Synthese nach wie vor gegeben. Jede Synthese steht damit als These auf höherer Ebene zur Verfügung, zu der *qua* Negation eine Antithese existiert. Das dialektische Denkschema läuft so auf einen unendlichen Regreß hinaus, so lange der Rahmen letztendlicher, grundlegender Kategorien beibehalten wird.

Die frühe Version der Dialektik nach Fichte ist jedoch noch mit einem zusätzlichen wesentlichen Defekt behaftet. Er läßt sich leicht erkennen, indem man die Methode auf sich selbst als Gegenstand anwendet – was durch keine sinnvollen Gründe ausgeschlossen werden kann. Man nimmt dann etwa das Verfahren der Dialektik als These und setzt ihm als Antithese seine Negation, eine »Nicht-Dialektik« gegenüber (was immer man hierfür einsetzen mag, ist im Moment zweitrangig). Hegel, ein Zeitgenosse Fichtes, dessen Name fast ein Synonym für die dialektische Methode geworden ist, war sich der Unmöglichkeit einer Synthese (im Booleschen Sinn) für diesen Fall wohl bewußt.[275] Er interpretierte diese Unmöglichkeit als die Art und Weise, wie sich Dialektik schließlich selbst »transzendiert«. Zum Beispiel[276]:

[275]Roland Simon-Schaefer, *Dialektik* (Frommann-Holzboog, Stuttgart, 1973) hat zu der Kontroverse, die sich zwischen einer solchermaßen hegelianisch aufgefaßten Dialektik und einer logisch-analytischen Dialektik entwickelt hat, umfangreiches Material gesichtet und ausgewogen kommentiert.

[276]Georg Wilhelm Friedrich Hegel (1770-1831), *Wissenschaft der Logik*, Hrsg. G. Lasson, Hamburg, 1963, Band 1, S. 75f. Man beachte, daß dieses Hegel-Zitat sehr eng mit der vermeintlichen Widersprüchlichkeit einer Dualität in der Einheit korrespondiert, die in dem in Abschnitt 5.3 vorgestellten verbandstheoretischen Ansatz ihr formales Gegenstück findet.

> Insofern nun der Satz: Sein und Nichts ist dasselbe, die Identität dieser Bestimmungen ausspricht, aber in der Tat ebenso sie beide als unterschieden enthält, widerspricht er sich in sich selbst und löst sich auf. Halten wir dies näher fest, so ist also hier ein Satz gesetzt, der, näher betrachtet, die Bewegung hat, durch sich selbst zu verschwinden. Damit aber geschieht an ihm selbst das, was seinen eigentlichen Inhalt ausmachen soll, nämlich das Werden.

Hegels mystische und verwickelte Argumentationsweise, die sich hier bei der Erweiterung von Fichtes rein kategorialem Schema zeigt, kann womöglich mit Hilfe der präsentierten verschiedenen Typen von Wissensdarstellung um einiges besser an ein zeitgenössisches Verständnis angepaßt werden. Nehmen wir als These das Konzept kategorialer Wissensdarstellung, wie es ja in der populären Form der Dialektik tatsächlich verwendet wird. Als seine Antithese ergibt sich dann nicht-kategoriale Wissensdarstellung. Beide Typen von Darstellung sind nach Abschnitt 8.2 wohldefiniert, und es ist klar, daß das Ergebnis ihrer Synthese im Bereich akategorialer Wissensdarstellung liegt. Die Synthese sollte indessen *nicht* vorschnell mit akategorialer Wissensdarstellung *identifiziert* werden: als solche würde sie nämlich in ein intellektuelles, kategoriales Schema zurückfallen. Der Schritt von einer intellektuellen Wissensdarstellung (und -verarbeitung) zu einer intelligenten ist immens. Er kann in direkter verbaler Weise nicht vollständig spezifiziert werden, da so die konkrete Komponente nicht adäquat vertreten ist. Was bestenfalls möglich ist, sind instruktive Hinweise in Form von Bildern oder Metaphern. Jungs *abyssos* ist eines dieser Bilder, Wittgensteins Leiter ist ein anderes, und ein drittes stammt von Whitehead[277]:

> Eine Kette von Fakten ist wie ein Barriereriff. Auf der einen Seite lauern Gefahr und Schiffbruch, die andere Seite gewährt Schutz und Sicherheit. Die Kategorien, die die Dinge bestimmen, sind der Grund, warum es das Böse gibt; und sie sind ebenso der Grund, warum im Lauf der Entwicklung bestimmte Aspekte dieses Bösen jeweils transzendiert werden.

Nach all den vorangegangenen Überlegungen ist klar, daß die *Konkretheit des Prozesses* (Whiteheads *concrescence*) dasjenige

[277] Alfred N. Whitehead, *Process and Reality*, Free Press, Chicago, verbesserte Auflage 1979, S. 223. Übersetzung vom Verfasser.

Element darstellt, das für solche Transzendenz erforderlich ist und das zugleich in der populären, abstrakt-analytischen Auffassung von Dialektik fehlt. In anderen Worten: konkrete und aktive Erfahrung ist als Ergänzung zum abstrakten Denken notwendig, sofern der Schritt in die Akategorialität gelingen soll. Es gibt einige philosophische Ansätze, die in diese Richtung zielen.[278] Was ihre Bedeutung für die Problematik des Bewußtseins betrifft, ist der am weitesten und explizitesten ausgeführte unter ihnen derjenige von Jean Gebser[279], dessen Ausführungen zum integralen Bewußtsein genau die Transzendierung der mental-intellektuellen Zweiwertigkeit zum zentralen Thema haben. Daß diese Transzendierung nach Gebser sowohl *via* Instabilität (Bewußtseins*sprung*) abläuft als auch auf einen instabilen, aber dynamisch stabilisierbaren Zustand (»integrales Bewußtsein«) hinausläuft, läßt sich im Rahmen der vorgestellten Konzepte konsistent verstehen. Integrales Bewußtsein in Gebsers Sinn wäre unter diesem Aspekt ein Zustand, in dem die Freisetzung, das ephemere »Werden« von Bedeutung in ihr persistentes »Sein« übergegangen ist.[280]

---

[278] Aus historischen Gründen möchte ich unter ihnen denjenigen von George Herbert Mead (1863-1931), Schüler von William James, besonders herausstellen. Meads zunächst psychologische Interessen galten nicht zuletzt dem Thema Bedeutung. Von dort aus gelangte er in seiner *Philosophy of the Act* (Hrsg. Charles W. Morris, University of Chicago Press, Chicago, 1938) zur Einsicht der Wichtigkeit des »kommunikativen Handelns «, lange bevor das Element der Handlung auf breiterer Basis seine Relevanz erhielt.
Mein Interesse wurde durch Horst Jürgen Helle auf Meads Arbeiten gelenkt. In seinem Band *Verstehende Soziologie und Theorie der Symbolischen Interaktion* (Teubner, Stuttgart, 1977) gibt Helle einen sehr lesenswerten kompakten Abriß der Wurzeln, des Inhalts und der Wirkungen von Meads Philosophie.

[279] Zu Fragen der Akategorialität äußert sich Gebser im Zusammenhang mit seinen Konzepten von Systase und Synairese, siehe *Ursprung und Gegenwart*, S. 383 und 419f, sowie die Gebser-Zitate in Abschnitt 7.2.

[280] Dieser Übergang ist das Thema des Buches *Vom Werden zum Sein* (Barth, Weilheim, 1987), das eine Sammlung von Gesprächen enthält, die der amerikanische Physiker David Bohm und Jiddu Krishnamurti, ein indischer »Sokrates der Moderne«, im Jahre 1980 miteinander führten. Die Lektüre dieses Buches ist ohne Einschränkungen zu empfehlen, auch und gerade im Hinblick auf praktische Aspekte von Gebsers integralem Bewußtsein.

Die praktische Relevanz dieses Ansatzes, auch wenn sie hier unmöglich in ihrem Gesamtumfang behandelt werden kann, ist enorm. Sie ist es aus zwei Gründen: einmal, weil das Milieu des Bewußtseins den Rahmen für Wahrnehmung, Urteilen und Handeln setzt und somit die natürliche Basis der Orientierung in diesem Dreigespann ist. Zu diesem generellen Punkt kommt zweitens die Relevanz bezüglich einer unabsehbaren Menge von speziellen »Anwendungen«. Als Beispiel sei das uralte und doch immer wieder aktuelle pädagogische Problem der Vermittlung von Einsicht genannt. Hierbei geht es ja um den Transfer von semantischer Information, also darum, wie der dazu nötige akategoriale (Übergangs-) Zustand hergestellt werden kann. Ein solcher Zustand erfordert neben dem abstrakten Verständnis die Beteiligung konkreten Erlebens. Ein guter Pädagoge wird daher bemüht sein, während der Vermittlung von bedeutungstragenden Inhalten diese Inhalte *selbst von neuem zu verstehen*, sich also *konkret* dem gleichen Prozeß auszusetzen, den er hervorrufen möchte.[281]

Eine sehr geradlinige und einsichtige Illustration einiger weiterer Punkte in diesem praktischen Zusammenhang findet sich erneut bei Bohm und Peat. Ihnen geht es um die Praxis intelligenter Dialektik: den *Dialog*. Wie im Fall der Dialektik, liegt der linguistische Ursprung von Dialog im Griechischen. Das griechische *dia* enthält die Bedeutung von »durch« wie von »zwischen«, so daß es mit dem lateinischen *inter* verglichen werden kann. *Légein*, die Wurzel von *lógos* und von *légesthai* (der Basis des Substantives *dialektiké*) ist gleichbedeutend mit dem lateinischen *legere*, »sammeln«. Wenn der Grad der etymologischen Verwandtschaft zwischen *légein* und *legere* in unterschiedlichen Wörterbüchern auch verschieden angegeben wird, so impliziert die vorhandene Korrespondenz doch, daß die Diskussion von Intellekt und In-

[281]Auch das Aufzeigen von Beispielen vermittelt einen gewissen Konkretheitscharakter, der mir jedoch bei weitem nicht so nah am Zentrum des Problems zu liegen scheint wie der bezeichnete Vorgang. Angesichts des notorischen Übergewichtes der Abstraktion in der Pädagogik muß allerdings schon die Besinnung auf konkrete Beispiele als Positivum gewürdigt werden.

telligenz (*intellegere*) auch für die Begriffe der Dialektik und des Dialogs relevant sind.

Genau in diesem Sinn wird bei Bohm und Peat argumentiert[282]: »Dialog kann als freier Fluß von Bedeutung zwischen Menschen betrachtet werden, die miteinander kommunizieren.« Derartiger Dialog unterscheidet sich von gewöhnlicher intellektueller Diskussion, in der »Menschen üblicherweise feste Positionen vertreten und zugunsten ihrer Sicht argumentieren, um andere von ihrer Meinung zu überzeugen«. *Intellektuelle* Diskussion wird oft davon beeinflußt, »daß die Durchsetzung einer Ansicht wichtige Konsequenzen für Status, Prestige, soziale Position und materielle Vorteile haben kann«. Dialog verlangt demgegenüber eine ausgeprägte und gut ausgebildete Fähigkeit, sich im Zustand der Intelligenz zu halten und ein Zuviel an intellektueller Kategorisierung und Unbeweglichkeit zu vermeiden. Wahrhaft *intelligenter* Dialog enthält die Konkretheit, die das abstrakte Verstehen als Ergänzung braucht, um Bedeutung freizusetzen.

Von Wilhelm Dilthey, dem Begründer der philosophischen Hermeneutik, stammt das in diesem Zusammenhang bemerkenswerte Zitat[283]:

> Es ist der Vorgang des Verstehens, durch den Leben über sich selbst in seinen Tiefen aufgeklärt wird, und andererseits verstehen wir uns selber und andere nur, indem wir unser erlebtes Leben hineintragen in jede Art von Ausdruck eigenen und fremden Lebens. So ist überall der Zusammenhang von *Erleben, Ausdruck und Verstehen* das eigene Verfahren, durch das die Menschheit als geisteswissenschaftlicher Gegenstand für uns da ist.

[282]David Bohm and F. David Peat, *Science, Order, and Creativity*, Bantam Books, New York, 1987, S. 240–247, Übersetzung vom Verfasser.

[283]Wilhelm Dilthey, Der Aufbruch der geschichtlichen Welt in den Geisteswissenschaften, in *Gesammelte Schriften, Band VII*, Stuttgart, 1965, S. 87. Hervorhebungen vom Verfasser.

10. Was also ist metische Vernunft?

Eine solche Frage zu stellen, ist in diesem abschließenden Kapitel ebenso unumgänglich wie riskant. Unumgänglich ist es deshalb, weil das, was mit metischer Vernunft gemeint ist, bisher keineswegs klar und explizit charakterisiert worden ist. Das Risiko, das indessen mit einer derartigen Charakterisierung verbunden ist, besteht darin, daß eine Antwort auf Fragen vom Typ »Was ist ...?« implizit die Existenz einer *strukturellen* Beschreibung annimmt. Somit handelt es sich um eine Frage nach dem *abstrakten Verständnis objektiver Gegebenheiten aus der Außenperspektive*. Dem – so viel ist aus den vorangegangenen Erörterungen deutlich geworden – ist die *konkrete Erfahrung subjektiver Teilnahme aus der Innenperspektive* ergänzend zur Seite zu stellen, wenn eine umfassende Charakterisierung angestrebt werden soll.

Eine Frageform, die in diesem Sinn komplementäre Züge aufweist, wäre zum Beispiel »Wie zeigt sich ...?« oder »Wie geschieht ...?« – wobei betont werden muß, daß auch hier der möglichen Antwort ihre prinzipiell denotative Natur nicht erspart bleibt. Nach wie vor geht es um strukturelles Verständnis, wenn auch nunmehr von »höherer« Warte aus: nämlich um strukturelles Verständnis von *Dynamik*. Die Dynamik selbst ist damit zwar beschrieben, aber doch noch lange nicht erlebt. Es ist ein abstraktes Exomodell eines konkreten Endoprozesses entstanden. Soweit sprachliche Kommunikation betroffen ist, liegt die Essenz des Endoprozesses nicht in der Antwort auf eine Frage (und seien beide noch so gescheit), sondern sie liegt im *Prozeß* des Fragens und Antwortens, im Dialog, im »Sprechakt«.

Auf der Ebene des Exomodells geht zwar die konkrete Evidenz der Dynamik verloren, doch es bleibt die Möglichkeit des Hinweises auf sie. Diese instruktive Option ist eine der methodischen Grundfiguren des vorliegenden Buches. Sie verdankt ihre Bedeutung der Unmöglichkeit, im abstrakten Medium konkret zu sein, und stellt unter dieser Randbedingung den Versuch einer semantischen Annäherung dar. Eine zweite methodische Grundfigur ist die der »Umkreisung«, das Abschreiten eines hermeneutischen Zirkels. Beide Vorgehensweisen, der instruktive Hinweis aus der Metaebene und das hermeneutische Umkreisen, stehen wiederum in einem dual-komplementären Verhältnis zueinander. Sie repräsentieren lineare bzw. zirkulare, mental-rationale bzw. mythisch-seelische, außen- bzw. innenbetonte Modi, die erlauben, dazu Stellung zu beziehen, »wovon man nicht sprechen kann«.[284] Beide haben, sobald sie die Schlagseite einäugiger Überbetonung bekommen, ihre Defizienzen: die Linearität führt in den infiniten Regreß, der sich dialektisch aus der Dualität speist, und die Zirkularität zur »ewigen Wiederkehr des Gleichen«, zum Verschwimmen der Details im undifferenzierten Einen. Botho Strauss hat dies jüngst – linear oder zirkular? – so formuliert[285]:

> Der Fleck und die Linie.
> *Er* ist alles seelisch Gemeinte, nicht konturierbar, in mehrdeutiger Gestalt sich verlaufend.
> *Sie* ist gebündelte Helle, und ihr Mysterium ist ihr offenes Ende, ihre Unabsehbarkeit.

Linearität und Zirkularität sind als zwei verschiedene Perspektiven auf ein zugrundeliegendes Ganzes vorstellbar. Eine spiralförmige Bewegung etwa wird, aus einiger Entfernung von der Seite betrachtet, im Mittel als lineare Bewegung wahrgenommen, während der Blick in Längsrichtung den zirkularen Aspekt zutage fördert. Natürlich ist diese Vorstellung streng genommen unzulänglich, indem sie die entscheidende Rolle der Dynamik vernachlässigt und die Situation ganz und gar statisch-strukturell analogisiert. Eine Metapher, die diesen Mangel vermeidet, aber zugegebenermaßen um einiges schwieriger zu verstehen ist, wurde in Abschnitt 8.2 diskutiert. Es handelt sich um das Konzept akategorialer Wissensdarstellung, die sowohl die kategorial-begriffliche Linearität als auch das nichtkategorial Zirkulare transzendiert.

---

[284] Ludwig Wittgenstein, *Traciatus logico-philosophicus* (Suhrkamp, Frankfurt, 1963), Satz 7: »Wovon man nicht sprechen kann, darüber muß man schweigen.«

[285] Botho Strauss, *Beginnlosigkeit*, Hanser, München, 1992, S. 70. Hervorhebungen im Original.

Die tragende Funktion der Dynamik, die einem strukturell instabilen Zustand Stabilität verleihen kann wie die Bewegung dem Radfahrer, der ohne sie umkippt, kommt im Modus der Akategorialität voll zur Geltung. Akategorialität transzendiert Dualismen und bleibt dennoch nicht im »Unkonturierbaren, Mehrdeutigen« stecken.

Obwohl schon die abstrakte Metapher akategorialer Wissensdarstellung nicht leicht greifbar ist und ihr Verständnis einigen intellektuellen Aufwand erfordert, ist ihre Realisierung als kognitiver Zustand noch weit anspruchsvoller. Es geht dabei um nicht weniger als um einen geistigen Balanceakt zwischen der Verwendung existierender Kategorien und ihrer permanenten Hinterfragung, zwischen dem Errichten neuer Bewußtseinsschemata und dem Auflösen alter, zwischen Stabilität und Krise.

Die natürlich gegebene Fähigkeit zur Akategorialität zeigt sich – wenn überhaupt – als Übergangsphänomen: nämlich in jenem ephemeren Zustand, den wir als »aha«- Erlebnis kennen und der uns in die Lage versetzt zu verstehen. Es ist ein Zustand, den man demzufolge als *Freisetzung von Bedeutung* interpretieren kann, und er ist im allgemeinen instabil.[286] Seine Stabilisierung – die im metaphorischen Rahmen der gewählten Darstellung immerhin als denkbar erscheint – würde der Stabilisierung eines Zustandes zugleich *erlebter und verstandener* Bedeutung entsprechen. Dies wäre allein schon angesichts der Sinnproblematik, die in zunehmendem Maße auf weiten Teilen der sogenannten zivilisierten Bevölkerung unserer Erde lastet, eine Kulturleistung allerersten Ranges. Unter dem Aspekt eines nach Gebser so bezeichneten integralen Bewußtseins, einer integralen Wirklichkeit, sollte man im Modus akategorialer Wissensdarstellung, so unsensationell er auch verbal klingen mag, eine kognitive Option von heute noch weithin unabsehbaren Konsequenzen sehen.

---

[286]Dies wurde in den Kapiteln 8 und 9 im Detail behandelt. Nicht angesprochen wurde dort, daß in diesem Zustand eine ganze Reihe weiterer uralter und doch immer wieder neuer Themen verborgen sind, die sich einer rein kategorialen Behandlung entziehen, wie zum Beispiel Kreativität, Ästhetik, Mystik.

Der Titel des Buches, das auf diesen Seiten seinem Ende zugeht, stellt eine Mixtur von mythologischer und geisteswissenschaftlicher Metapher dar, deren semantischer Gehalt mit demjenigen der naturwissenschaftlichen Metapher akategorialer Wissensdarstellung identisch ist. In Bezug auf den hier wieder verschränkt auftretenden Mittelpunkt/Zielpunkt einer zirkularen/linearen Darstellungsweise gilt: *akategoriale Wissensdarstellung ist metische Vernunft.* Diese Identität darf jedoch nicht darüber hinwegtäuschen, daß in der Darstellungsweise selbst, also gewissermaßen in der syntaktischen Hülle des semantischen Kerns, große und wesentliche Unterschiede bestehen. Diese Unterschiede im Äußeren sind ebenso wie die Einheit im Inneren Bestandteil des *Ganzen.* Genau in diesem Sinne ist *Ganzheit*, wie sie hier gemeint ist, zu verstehen: als Integration von Einheit und Vielfalt, von Universalität und Kontextualität. Aus der Perspektive des mental-rationalen Bewußtseins bewegt sich ein solches Verständnis weitgehend im Bereich des Paradoxen, fordert es doch eine Integration, die das Prinzip der Differenzierung als Gegenstück zu sich selbst mitzuenthalten hat.

Man kann versuchen, dieses Paradoxon aus der Welt zu schaffen, indem man aus seiner Existenz schließt, daß eine derartige Integration nicht möglich ist – so der naheliegende Versuch des mentalen Bewußtseins, seinen Machtanspruch zu retten. Eine weitere Scheinlösung besteht im Rückzug auf tiefere Bewußtseinsstrukturen, zum Beispiel die mythische, innerhalb derer jegliche Einheit nicht nur möglich ist, sondern geradezu als Pauschalgrundlage der Weltanschauung gilt. Eine *echte* Lösung hingegen könnte sich in Gebsers Prognose einer integralen Bewußtseinsstruktur abzeichnen, welche mentale und mythische (wie magische und archaische) Elemente vereinigt. Die entscheidende, wirklich substantielle Komponente dieser Lösung besteht darin, daß sie sowohl die Beliebigkeit der rationalen Differenzierung als auch diejenige der mythischen Einheit reduziert und Kriterien angibt, unter denen beide zur Koexistenz fähig sind. Diese Kriterien sind im allgemeinen sehr subtiler Natur: sie sind beileibe nicht von vornherein gegeben, und sie sind auch nicht so nebenbei zu realisieren, wie es vielleicht manchem wünschenswert erschiene. Indem sie die Vieldeutigkeiten einschränken, die im mentalen bzw. mythischen Bewußtsein, je für sich genommen, entstehen können, ermöglichen sie eine sonst nicht erreichbare Präzision. Dies darf als ein Hauptargument dafür betrachtet werden, eine integrale Bewußtseinsstruktur im Vergleich mit ihren Vorläufern als fortschrittlich einzustufen.

In der Metapher der Akategorialität sind die angesprochenen Kriterien in den Bedingungen zu finden, unter denen strukturelle Instabilität vorübergehend in einen Zustand marginaler Stabilität gelangen bzw. sogar dynamisch stabilisiert werden kann. In der Metapher der Metis äußern sich diese Bedingungen in einer der beiden fundamentalen Instabilitäten menschlicher Existenz: in der Geburt, hier in der Geburt der Athene bzw. in der Wiedergeburt der Kinder des Kronos.[287]

Im zweiten Kapitel dieses Buches wurde darauf eingegangen, welche Punkte diese beiden Ereignisse in ihrer mythologischen Verarbeitung verbinden und auszeichnen. Die Themen der darauf folgenden Kapitel 3 bis 9 sind im Grunde nichts anderes als Variationen dieser Punkte aus dem Blickwinkel mental-rationaler Beschäftigung. Dementsprechend findet sich das Grundschema solcher Beschäftigung, nämlich das der Dualität, in zahllosen Beispielen vorgeführt: Begründungskontext – Entstehungskontext, Realismus – Relativismus, Fakten – Modelle, Außen – Innen, Raum – Zeit, Abstraktion – Konkretion. Doch auch die dazugehörige Einheitstendenz kommt, gewissermaßen im Kontrapunkt, immer wieder zum Tragen: in den Konzepten der Zweistufigkeit, des mathematischen Verbandes, in der Einheit dualer Geometrien, bis hin zur intrinsischen Wechselwirkung von Physik und Psychologie. Diese (mythische) Einheitsvorstellung ist, wie mehrfach betont, jedoch nicht mit Ganzheit zu verwechseln, wie sie hier verstanden wird: als Akategorialität. *Hinreichend* für

[287]Die zweite der angesprochenen fundamentalen »Instabilitäten« wäre die des Todes. Von den weitgehenden Ähnlichkeiten der Eigenschaften und Lebensformen der Götter in der griechischen Mythologie mit denjenigen der Menschen bleibt der Tod ausgeschlossen: Götter sind »unsterblich«.

Ganzheit im Sinne von Akategorialität als kognitivem Existenzmodus ist erst die konkrete Realisierung all der abstrakten Konzepte, die in Dualität oder Einheit auftauchen. Nirgends macht sich die Relevanz von *Handlung* deutlicher und dringender bemerkbar als in dieser Tatsache.

Aus abstrakter Sicht ist es dennoch möglich, eine ganze Reihe von *notwendigen* Bedingungen für derartige Ganzheit anzugeben. Dies brauche ich hier nicht im einzelnen zu wiederholen. Im Mythos der Metis, wie er in Kapitel 2 beschrieben wurde, sind einige dieser Bedingungen, ich möchte sogar sagen die wichtigsten, vorzufinden. Sie wurden dort in drei Punkten mit modernen Konzepten der Naturwissenschaften in Verbindung gebracht[288], die sich unter anderem Blickwinkel in der Diskussion von Abschnitt 6.1 wiederfinden: Emergenz, Nicht-Determinierbarkeit, Finalität. Eine weitere, besonders wichtige Beobachtung im Zusammenhang mit dem Mythos der Metis liegt in dem, was in Kapitel 2 als »distanzierte Involviertheit« bezeichnet wurde.[289] Sie steht in enger Verbindung zu der Problematik, die sich ergibt, will man ein ausgewogenes Verhältnis von Exo- und Endoperspektive erzielen. Sie kann sowohl als psychologisches (so geschehen in Kapitel 2) als auch als physikalisches Thema (wie in Kapitel 6 und 7) betrachtet werden. Die Diskussion im Umfeld des Begriffes der Bedeutung hat gezeigt, wie beide Betrachtungsweisen letztlich ineinandergreifen.

Es bleibt die Frage: rechtfertigen die aufgeführten Parallelen zwischen mythologischer Metis und ihrer modernen wissenschaftlichen Variation die Wahl eines Buchtitels, der so schwergewichtig klingt, wie es nun einmal für jede verbale Konfiguration zutrifft, die den Begriff der »Vernunft« enthält? Hätte nicht eine moderatere Konstruktion ausgereicht, die sich etwa auf die Bereiche der

[288] Siehe dazu auch die Fußnoten 25–29.

[289] In Manfred Sommers *Lebenswelt und Zeitbewußtsein* (Suhrkamp, Frankfurt, 1990) wird dieses Thema unter dem Titel »Präsenz und Distanz« behandelt. Sommer gibt hier eine Interpretation der Husserlschen Philosophie, die an zahlreichen Stellen enge Zusammenhänge mit den Beiträgen des vorliegenden Buches aufweist.

Bedeutung und der Wissensdarstellung oder auf die erkenntnistheoretischen und kognitiven Konsequenzen neuerer naturwissenschaftlicher Entwicklungen beschränkt? Gibt es eine ausreichende Motivation, akategoriale Wissensdarstellung einfach mit metischer Vernunft zu identifizieren? Eine Antwort auf diese berechtigten Fragen ergibt sich meines Erachtens aus der *konkreten* Relevanz, die ein Mythos haben kann, aus seinem Erlebnischarakter, der zum abstrakten wissenschaftlichen Verständnis komplementär zu sehen ist. So betrachtet ist auch in der Bewältigung des im vorliegenden Buch dargestellten Stoffes der Mythos zur Vollständigkeit erforderlich. Die Behandlung des Themas wird durch Beteiligung mythologischer Inhalte, nämlich Inhalte der Erfahrung und des Erlebens, so konsistent wie überhaupt möglich mit dem Thema selbst.[290]

Und dennoch ist der erzählte Mythos letztlich nur Ersatz für das in der Abstraktion verlorene Konkrete, das in Äußerlichkeiten verlorene Innen, die in ihrer Verräumlichung verlorene Zeit.[291] Wenn auch der Mythos Inhalte des Erlebens vermittelt, so ist das Erleben der entsprechenden Inhalte doch noch etwas ganz anderes. Ließe sich zu Letzterem Näheres sagen, so wäre – wieder einmal – die Möglichkeit der instruktiven, hinweisenden Option entstanden. Darauf werde ich nun eingehen und hoffe, daß das Resultat dieser abschließenden Ausführungen ausreichende Helligkeit auf eine Bedeutungsebene der *Metis* wirft, die bisher genauso verborgen geblieben ist, wie die Metis als mythologische Figur in Vergessenheit geraten ist.

Soweit die griechische Mythologie betroffen ist, können wir aus der zeitlichen Distanz heraus heute wenig darüber sagen, wie etwa das konkrete Erlebnis beschaffen war, das die Griechen der damaligen Zeit mit dem Mythos der Metis verbunden haben. Was wir

---

[290]In Kapitel 3, Metis und Episteme, ist dieses komplizierte Wechselspiel exemplarisch dargestellt und analysiert worden.

[291]Gebser (*Ursprung und Gegenwart*, S. 652–654) empfiehlt in diesem Kontext, wie kaum anders zu erwarten, die Lektüre von Marcel Prousts Werk *Auf der Suche nach der verlorenen Zeit*, das – optimistisch – mit dem Band »Die wiedergefundene Zeit« schließt.

jedoch tun können, ist, nach Parallelen zu diesem Mythos in anderen Kulturkreisen zu suchen, die möglicherweise direkteren Zugang erlauben. In der Tat ist das bei den Griechen durch die Metis angesprochene Thema in einem kulturellen Kontext repräsentiert, der auf den ersten Blick nicht als sehr naheliegend anmuten mag: es handelt sich um den Kontext des indischen Tantrismus samt den dazugehörigen »mythologischen« Vorstellungen.[292] Die damit angesprochene Parallele wird im folgenden dazu verwendet werden, eine semantische Umdeutung des Mythos der Metis im Rahmen des ihm entsprechenden indischen Kontextes vorzunehmen. Im Gesamtablauf des vorliegenden Buches führt diese Umwertung zunächst *zurück* zum Mythos – in diesem Sinn trägt sie zirkularen Charakter. Sie führt jedoch darüber hinaus auch *weiter* zu einer zusätzlichen Komponente der Interpretation, die in Richtung Konkretheit weist – in diesem Sinn ist sie linear.

Im indischen Tantrismus verbinden sich in einer für die europäische Geschichte ungewöhnlichen Weise das abstrakte Element des erzählten Mythos mit einer konkret auszuübenden Praxis. Während für den abstrakten Teil die uns gewohnte Charakterisierung als Mythologie durchaus verwendbar ist, gibt es zum konkreten Teil in unserer Gegenwartsnomenklatur kein adäquates Gegenstück.[293] Im indischen Verständnis wird dieser konkrete

---

[292] Wie nicht weiter verwunderlich, ist das Metis-Thema der »großen Göttin des subtilen Bereiches« (siehe Ken Wilber, *Halbzeit der Evolution*, Scherz, München, 1981, S. 173) auch in der ägyptischen Mythologie und Symbolik zu finden. (Die griechische Mythologie – ebenso wie die griechische Naturphilosophie – hat in vielen Details ihren Ursprung im alten Ägypten.) Darauf kann ich hier nicht näher eingehen und verweise auf das genannte Buch von Wilber.

[293] Mircea Eliade hat in seinem Buch *Schmiede und Alchemisten* (Klett, Stuttgart, 1980) auf wichtige Beziehungen zum Praxisbezug der mitteleuropäischen Alchemie hingewiesen. Auf der Ebene ihrer psychologischen Interpretation können sowohl die Praktiken des indischen Tantrismus als auch diejenigen des chinesichen Taoismus als »alchemistische« Verfahren betrachtet werden. Die entsprechenden Analogien wurden in ihrer psychologischen Bedeutung insbesondere von Jung untersucht. Siehe: Carl Gustav Jung, *Psychological Commentary on Kundalini Yoga*, Spring Publ., New York, 1975; Richard Wilhelm und Carl Gustav Jung, *Das Geheimnis der Goldenen Blüte*, Diederichs, München, 1990.

Teil durch die Praxis des Yoga realisiert. Bezüglich beider Bereiche, dem der Theorie und dem der Praxis, gibt es eine ganze Reihe verschiedener Erscheinungsformen, die in besonders umfassender und für den »westlich-wissenschaftlichen« Zugang aufbereiteter Weise von Eliade dargestellt worden sind.[294] Im Zusammenhang mit dem hier zur Debatte stehenden Thema sind insbesondere die tantrischen Richtungen des Shivaismus (zum Teil auch als Shaivismus bezeichnet) bzw. Shaktismus von Bedeutung. Sie gehen auf den Gott Shiva bzw. auf die Große Göttin Shakti, seine Gemahlin, bis ins dritte vorchristliche Jahrtausend zurück.[295]

Die zentralen Gottheiten, die im indischen Kulturkreis vorkommen, sind der »Erhalter« Vishnu, der »Schöpfer« Brahma und der »Zerstörer« Shiva.[296] Sie symbolisieren als Dreieinigkeit (trimurti) von Sein, Werden und Vergehen die verschiedenen Ausdrucksformen des Ablaufs des natürlichen Geschehens in der Zeit. Allen dreien liegt eine Ganzheit zugrunde, in der die Welt der Erscheinungen (die Außenwelt) und deren zeitlicher Ablauf transzendiert ist. Diese Ganzheit als existentiellen Zustand zu erreichen, ist das erklärte Ziel aller indischen Religionsausübung.

---

[294] Mircea Eliade (1907-1986), ungarischer Religionswissenschaftler und Lehrstuhlinhaber für Religionsgeschichte an der Universität Chicago. Das angesprochene Buch trägt den Titel *Yoga* und ist bei Suhrkamp (Frankfurt, 1985) erhältlich. Es behandelt das Thema (wie im einleitenden Kommentar zutreffend festgestellt wird) »ohne jede Neigung zu primitiver Mystik, zu falsch verstandenem Schamanismus oder wie immer gearteten Mißverständnissen religiös-magischen Verhaltens«. Ich betone dies, um damit klarzustellen, daß Yoga ebenso wie andere Bereiche indischer Religiosität durchaus auch aus der Sicht des europäisch-nordamerikanischen Kulturkreises als ganz und gar »seriöse« Unternehmen zu gelten haben, sofern man sie nur präzise von modischen oder sonstwie fehlgeleiteten Tendenzen differenziert. Gezeigt zu haben, daß dies möglich ist, ist eines der großen Verdienste Eliades.

[295] Walter Schwery gibt in den Abschnitten II.2 und II.3 seines Buches *Im Strom des Erwachens* (Ansata, Interlaken, 1988) einen guten Überblick sowie Hinweise auf weiterführende Spezialliteratur.

[296] Ich beziehe mich, was die folgende Darstellung der Mythologie betrifft, auf *Die indische Götterwelt und ihre Symbolik* von Anneliese und Peter Keilhauer (DuMont, Köln, 1990, S. 112ff). Weitere Literaturhinweise sind dort (S. 252f) zu finden.

Die drei genannten Gottheiten waren ursprünglich als Grundkräfte des Universums doppelgeschlechtlich, androgyn. Ihre männliche Seite wurde jeweils durch ein weibliches Gegenstück, das summarisch als Shakti bezeichnet wurde, ergänzt. Von der Geburt dieser Shakti als der »Großen Göttin« berichtet ein Mythos, den Eliade folgendermaßen wiedergibt[297]:

> Ein monströser Dämon, Mahisha, bedrohte das Universum und sogar die Existenz der Götter. Brahma und das ganze Pantheon wandten sich um Hilfe an Vishnu und Shiva. Von Zorn geschwellt gaben alle Götter ihre Kraft von sich in Gestalt eines Feuers, das aus ihrem Munde austrat. Diese Feuer bildeten zusammen eine feurige Wolke, welche schließlich die Form einer Göttin mit achtzehn Armen annahm. Und dieser Göttin, der Shakti, gelang es, das Monstrum Mahisha zu zerschmettern, womit die Welt gerettet war.

Erst in der Vereinigung der männlichen und der weiblichen Aspekte, also im Zusammenspiel der damit verbundenen polaren Kräfte, konnte göttlicher Einfluß auf die Natur entfaltet werden. Aus der allgemeinen weiblichen Shakti entstanden die drei Göttinnen Lakshmi, Sarasvati und Kali als Verkörperung der weiblichen Seite von Vishnu, Brahma und Shiva. Kali und Shiva sind unter den aufgeführten Götterpaaren diejenigen, um die es in den tantrischen Vorstellungen vor allem geht. Kali ist dabei – abhängig von dem jeweils gemeinten Aspekt ihrer schillernden Persönlichkeit – unter einer Vielzahl verschiedener Namen bekannt: sie wird oft als Shakti in engerem Sinn bezeichnet, aber auch als Durga, Gauri, Uma, Annapurna, Parvati, Ishvara oder (darauf wird noch zurückzukommen sein, wenn es um die praktische Seite geht) als Kundalini. Sie ist im Gegensatz zu Sarasvati und Lakshmi *nicht* in ständiger Einheit mit ihrem Gemahl befindlich, sondern führt eine weitgehend selbständige Existenz.[298]

---

[297] Mircea Eliade, *Yoga*, Suhrkamp, Frankfurt, 1985, S. 212.

[298] Sie besitzt als höchste Gottheit etlicher indischer Sekten sogar eigenständige kultische Bedeutung als schwarze Kali, allmächtige Herrin von Nacht, Welt und Materie. Bei allen diesen Sekten steht die Verehrung der »Großen Mutter« im Vordergrund, der Aspekt der »Großen Göttin« geht dabei zunehmend verloren (siehe zum Beispiel Wilber, *Halbzeit der Evolution*, Scherz, München, 1981, Kapitel 6 und 7).

Die Rätselhaftigkeit, Widersprüchlichkeit, Unnahbarkeit, fast möchte man sagen »Unmenschlichkeit« Shivas ist unter den indischen Göttern einzigartig[299]:

> Er thront am Berg Kailash im tibetischen Himalaya, der als Abbild des mythischen Weltberges Meru gilt, ist in der Waldeinsamkeit in tiefe Meditation versunken, schaut als Asket und großer Lehrer zu seinen Anhängern nach Süden, zieht als Wanderbettler und Brahmanenmörder durch die Lande, erregt die Frauen der Rishis zu sinnlichem Verlangen, tändelt mit Parvati, bleibt aber doch keusch, übergibt seinen Samen dem Feuer, zeugt nur geistgeborene Söhne, tanzt den rasenden Tandava-Tanz, gewährt seinen Anhängern Gnade, vernichtet äußerst aggressiv Götter, Weise und Dämonen, die seine Oberhoheit nicht anerkennen wollen, und verschlingt am Ende einer Weltperiode die ganze Schöpfung, um sie nach einer Ruhepause erneut aus sich zu entfalten.

Shiva ist zwar der Zerstörer, doch er zerstört auch die Zerstörung. Seine Themen sind somit Tod *und* Auferstehung (Geburt?), kurz: die Transformation der Natur (damit auch des Menschen) zur Vervollkommnung. Sowohl Überbewertung als auch Verachtung der Welt sind für ihn einseitig und unzureichend. Er ist der Meister des Weges zum inneren und äußeren Gleichgewicht, und er gilt als der Gott der indischen Alchemie wie der magischen Wissenschaften der Tantras.[300] Shiva und seine Gemahlin Kali stehen in enger Beziehung zu etlichen Tieren von überschäumender Lebenskraft (Tiger, Stier, Löwe, Schlange), die ihre intime Kenntnis im Umgang mit Trieben, Leidenschaften und Sinnlichkeit andeuten. Dem Tantrismus, dessen zentrale Gottheiten Shiva und Kali sind, entspricht schon von daher eine prinzipiell antiasketische und antiabstrakte Grundhaltung.

Auf der konkret-praktischen Seite, die damit angesprochen ist, geht es um die Ausübung bestimmter Formen von Yoga, die vor allem in den Versionen des Hatha- und Kundalini-Yoga be-

---

[299]Keilhauer, *Die indische Götterwelt und ihre Symbolik*, DuMont, Köln, 1990, S. 137.

[300]Eliade (*Yoga*, Suhrkamp, Frankfurt, 1986, S. 209) übersetzt *tantra* als »das, was die Erkenntnis ausdehnt«. Im weitesten Sinn könnte man also von einer gnostischen Tendenz sprechen, die aber – wie sich sofort zeigen wird – als deutlichsten Unterschied zum europäischen Gnostizismus das Element der praktischen Ausübung wesentlich betont.

kannt geworden sind. Die Vorstellungen, die mit diesen Yogaformen verbunden sind, bestehen in einer Mischung aus mythologischen und physiologischen Elementen, die darauf hindeuten, daß die Ausübenden bestimmte Phänomene intern zu lokalisieren in der Lage sind. Physiologisches Kernstück der berichteten Phänomenologie ist die Wirbelsäule samt der ihr entlang verlaufenden Nervenbahnen (nadis). Die Nadis durchlaufen von unten nach oben sieben sogenannte Chakren, die als statische Zentren psychischer Energie verstanden werden. (Soweit mir bekannt ist, konnten tatsächlich stattfindende physiologische Veränderungen bzw. entsprechende Tatbestände in diesem Zusammenhang bisher weder eindeutig beobachtet noch nachgewiesen werden.)

Am unteren Ende der Wirbelsäule, im sogenannten Wurzelchakra (muladhara), befindet sich die (symbolisch) als schlafende Schlange zusammengerollte Kundalini.[301] Am oberen Ende, im sogenannten Scheitelchakra (sahasrara), ist der Sitz Shivas. Kundalini und Shiva repräsentieren voneinander getrennte männliche und weibliche Polaritäten. Shiva steht dabei für den männlichen Geist (purusha), der an sich unschöpferisch, statisch unbeweglich und kontemplativ ist. In der Kundalini ist die weibliche Kraft (prakriti) symbolisiert, die arbeitet, zeugt und ernährt.[302] Auf der metaphorischen Ebene ist es das Ziel des Yoga, die Kundalini zu erwecken und durch die verschiedenen Chakren zur Vereinigung mit Shiva zu bewegen. Der dazu erforderliche Aufstieg der Kundalini längs der Nadis wird in vorhandenen Berichten übereinstimmend als Strömen von Lebensenergie (prana), einer dynamischen Form psychischer Energie, beschrieben.

---

[301]Sie wird demzufolge auch als Schlangenkraft bezeichnet. Das Symbol der Schlange findet sich in analoger Bedeutung in den verschiedensten Kulturkreisen: z.B. als Kopfschmuck ägyptischer Pharaonen, im Caduceus (Stab) des griechischen Gottes Hermes, als gefiederte Schlange Quetzalcóatl der Tolteken, Azteken und Mayas.

[302]Mircea Eliade, *Yoga*, Suhrkamp, Frankfurt, 1986, S. 211f. In der Antinomie von *Krafthalter* Shiva und Kundalini*kraft* äußert sich in eindrucksvoller Weise die Antinomie von Struktur und Dynamik, auf die Arthur Avalon in seinem Klassiker *Die Schlangenkraft* (Barth Verlag, Weilheim, 1988, siehe zum Beispiel S. 26, 178ff.) immer wieder hinweist.

Die Erweckung der Kundalini und ihr Aufstieg sind in einer bemerkenswerten Anzahl von Einzelfällen glaubhaft dokumentiert – eines der bekanntesten Beispiele hierzu stellt die Autobiographie des Inders Gopi Krishna dar.[303] Das übereinstimmend berichtete Hauptresultat einer gelungenen Vereinigung von Shiva mit seiner Shakti ist eine fundamentale Transformation der Persönlichkeit des Yogin. Man sollte die Originalliteratur lesen, um einen Eindruck davon zu bekommen, was das heißt. Die Begleiterscheinungen des Prozesses, der dahin führt, sind oft von großer Intensität und dürfen, was das mit ihnen verbundene Risiko körperlicher und seelischer Schäden betrifft, nicht unterschätzt werden. Im allgemeinen wird von der Ausübung des Kundalini-Yoga ohne geeignete Anleitung abgeraten.

Ein aus der Sicht westlicher Wissenschaft als solches akzeptables zusammenhängendes Verständnis der neurophysiologischen Prozesse, die die Erweckung und den Aufstieg der Kundalini bis hin zum obersten Chakra begleiten, steckt noch völlig in den Anfängen. Mit der zunehmenden Anzahl authentischer Dokumente über die Phänomenologie des Kundalini-Yoga scheint es jedoch Tendenzen zu geben, ihrer biologischen Erforschung größeres Augenmerk zu widmen. Kein geringerer als Carl Friedrich von Weizsäcker hat sich (bereits im Jahre 1970) in einem gemeinsam mit Gopi Krishna verfaßten Buch sehr für diesbezügliche Anstrengungen eingesetzt.[304]

Insbesondere weist von Weizsäcker darauf hin, daß dazu ein adäquates Verständnis der Grundkonzepte des Kundalini-Yoga im Licht westlicher Wissenschaft unumgänglich ist. Was beispielweise den Begriff des *prana* betrifft, könnte es sich – so von Weizsäcker – um die Ausbreitung von Information entlang von Nervenbahnen handeln. Die Wahrnehmung eines solchen Informationsstromes

[303] Gopi Krishna, *Kundalini*, Barth Verlag, Weilheim, 1988. Siehe auch Pupul Jayakar, *Krishnamurti*, Bauer, Freiburg, 1988; und Paramahamsa Muktananda, *Spiel des Bewußtseins*, Aurum, Freiburg, 1979.

[304] Carl Friedrich von Weizsäcker/Gopi Krishna, *Die biologische Basis der religiösen Erfahrung*, Suhrkamp, Frankfurt, 1988; vor allem S. 28ff, 44ff.

wäre tatsächlich wörtlich genommene Innenwahrnehmung, und sie würde zweifellos ein überaus sensibles Bewußtsein der internen körperlichen Vorgänge erfordern. Es darf gemutmaßt werden, daß derjenige Typus von Information, der auf diese Weise erfahrbar sein könnte, *bedeutungstragende* Information ist. Unter dem Aspekt, unter welchem der Begriff der *Bedeutung* hier erneut auftaucht, kann das Konzept der akategorialen Wissensdarstellung als moderne Wissenschaftsmetapher für das Ziel des gleichen Prozesses gelten, der im Kundalini-Yoga angestrebt wird.

Nach diesem Exkurs in den indischen Tantrismus dürfte deutlich geworden sein, wie erstaunlich weit die Parallelen zwischen Metis und Kundalini gehen. Metis befindet sich als »Bewirkerin aller rechten Dinge« im Inneren des griechischen Göttervaters Zeus. Schließlich wird Athene, die Göttin der Weisheit, aus dem Kopf des Zeus geboren. Kundalini, so die indische Yoga-Version, schläft verborgen im Inneren der Menschen; ihre Erweckung kann zu ihrem Aufstieg zum direkt unter der Schädeldecke befindlichen obersten Chakra führen, und schließlich findet in der Vereinigung mit dem dort ruhenden Shiva die rätselhafte Verwandlung des Ausübenden statt. Ich halte es für höchst vielversprechend, diese Parallelen aus mehreren Perspektiven (Mythologie, Religionswissenschaft, Philosophie, Geschichte des Bewußtseins, bis hin zur modernen Naturwissenschaft) in weit größerem Detail zu studieren, als dies bisher geschehen ist.

Ein Punkt in Bezug auf die Unterschiede zwischen der griechischen und der indischen Version ist jedoch schon auf den ersten Blick offensichtlich. In der expliziten Berücksichtigung der konkreten Praxis, wie sie im Yoga erscheint, äußert sich zugleich auch die Möglichkeit, den Prozeß der vereinigenden Integration aus der abstrakten göttlichen Sphäre der Griechen in den Bereich des Menschlichen zu transportieren: als *menschliches Vermögen zu metischer Vernunft.* In der Terminologie von Jean Gebser ist metische Vernunft eine Fähigkeit und zugleich eine Charakterisierung des (durch den Begriff der Synairese umschriebenen) integralen Bewußtseins. Bei Jung entspricht dies – *cum grano salis* – dem Zustand des *Selbst,* das sich aus einem psychisch fragmentierten

Ego entwickeln kann. Die Kenntnis darüber, wie ein möglicher Weg solcher Entwicklung aussieht, ist durch abstrakte, rationale Tätigkeit des Intellektes allein nicht zu erlangen[305]:

> Der Mensch sammelt so viele Dinge, um glücklich zu werden, aber er weiß nicht, was wahres Glück ist. Er will eines anderen Seele heilen, weiß aber nicht, wie die eigene in Ordnung bringen. Er erfindet wunderbare neue Dinge, aber er weiß nicht, wie die Schätze in seinem Inneren entdecken. Er fliegt auf den Mond, aber den Weg in seine innere Welt kennt er nicht. Er kennt alles – außer sich selbst.

Der Weg zum *Selbst* in der Psychologie Jungscher Prägung ist dem Weg des Kundalini-Yoga in wesentlichen Zügen sehr ähnlich.[306] Der Aufstieg der Kundalini, zumindest was die unteren Chakren angeht, teilt seine Hauptmerkmale mit dem psychischen Prozeß der Individuation, der nichts anderes zum Ziel hat als die Integration der psychischen Grundfunktionen. (Im Rahmen der Jungschen Psychologie existiert im Archetyp der Anima sogar ein Analogon zur personifizierten Kundalini.[307]) Bei ihnen handelt es sich, wie mehrfach erwähnt, um das Gefühl, den Intellekt, die Außenwahrnehmung (Empfinden) und die Innenwahrnehmung (Intuition). Jung selbst bezeichnet den *modus operandi* ihrer Integration als die »transzendente Funktion«, gewissermaßen eine alchemistische *Quintessenz* der vier Grundfunktionen.

Über die Alchemie, die ja sowohl chinesische, indische wie europäische Zeiterscheinung gewesen ist, könnten sich möglicher-

[305]Swami Muktananda, zitiert nach Walter Schwery, *Im Strom des Erwachens*, Ansata, Interlaken, 1988, S. 60.

[306]Die Parallelen wurden im Detail von Jung selbst studiert in Carl Gustav Jung, *Psychological Commentary on Kundalini Yoga*, Spring Publ., New York, 1975. (Dabei handelt es sich um die englische Übersetzung unveröffentlichter Notizen eines Tantra-Seminars im Psychologischen Club in Zürich aus dem Jahr 1932.) Eine übersichtliche Darstellung ist in Walter Schwery, *Im Strom des Erwachens* (Ansata, Interlaken, 1988), enthalten.

[307]In diesem Zusammenhang stellt sich allerdings ein erhebliches Interpretationsproblem im Hinblick auf die Praxis des Kundalini-Yoga, sofern sie weibliche Ausübende betrifft. Im weiblichen Fall ist es ja nicht eine Anima, sondern ein Animus, der für die subdominanten Anteile der Psyche steht. Der gesamte mythologische Apparat des Kundalini-Yoga scheint in dieser Situation für die Jungsche Psychologie nicht ohne größere Uminterpretationen verwendbar zu sein.

weise begriffliche wie inhaltliche Schwierigkeiten im Transfer zwischen den verschiedenen Kulturkreisen besser klären lassen[308] als beispielsweise auf direktem Weg zwischen östlichem Yoga und westlicher Wissenschaft. Überhaupt ist vor übereifrigen Übernahmen fremden Kulturgutes auf der Basis vorschneller Analogieschlüsse zu warnen. Jung etwa hat zwar Zeit seines Lebens die Begegnung von östlicher und westlicher Kultur für außerordentlich wichtig und fruchtbar gehalten, er hat aber auch starke Zweifel daran gehegt, ob durch bloßes Nachahmen östlicher Einstellung und Praktiken der westliche Mensch seine Probleme lösen kann[309]:

> Werden wir fertige Symbole, gewachsen auf exotischem Boden, durchtränkt mit fremdem Blut, gesprochen von fremden Zungen, genährt von fremder Kultur, gewandelt in fremder Geschichte, anziehen können wie ein neues Kleid, ein Bettler, der sich in ein königliches Gewand hüllt; ein König, der sich als Bettler verkleidet? ... Oder gibt es in uns irgendwo einen Befehl, keinen Mummenschanz zu treiben, sondern vielleicht sogar unser Gewand selber zu nähen?

Exakt unter diesem Blickwinkel ist mit metischer Vernunft eine spezifisch europäische Art und Weise der Auseinandersetzung mit den Themen Integration, integrale Wirklichkeit bzw. integrales Bewußtsein gemeint. Sie *muß* über das mentale Bewußtsein, über rationale Objektivität, über die analytische Differenzierung führen, und sie darf die positiven Aspekte dieser abendländischen Formen der Erkenntnissuche nicht einfach im Überschwang der Erwartung eines »neuen Zeitalters« über Bord werfen. Was zu leisten ist, ist eine umsichtige und ausgewogene Bewertung dieser Formen sowie ihre Integration mit den zu ihrer Ergänzung nötigen Gegenstücken. Letztendlich ist damit auch die Integration der für das mentale Bewußtsein so charakteristischen *Dualismen* mit dem *Einheits*streben des Mythos angesprochen. Ganzheit ist Vielfalt *und* Einheit, und sie schließt abstraktes Verständnis *und* konkretes Erleben ein.

[308] Im Zusammenhang hiermit verweise ich auf meine Arbeit *Wolfgang Pauli und die Alchemie*, vergleiche Fußnote 196.

[309] Carl Gustav Jung, Über die Archetypen des kollektiven Unbewußten, in *Grundwerk Band 2*, Walter, Olten, 1990, S. 87.

Diese Forderung ist unter mental-rationalem Blickwinkel paradox. Die mit ihr verbundene Gegensatzspannung ist für viele oft nur schwer erträglich. Was Ganzheit in Wirklichkeit bedeutet, läßt sich nur durch das Erleben der Wirklichkeit verstehen. Es läßt sich aber auch nur durch das Verstehen der Wirklichkeit erleben. Für das, worum es geht, gibt es daher letztlich weder Kategorien, Begriffe noch Worte.[310]

Wie kann ich je
das Geheime Wort aussprechen?
Wie kann ich sagen,
er ist nicht dies,
sondern das?
Wenn ich sage, er ist in mir,
dann ist das All beschämt.
Wenn ich sage,
er ist außer mir,
dann ist es Lüge.

Er vereint
die inneren und die äußeren Welten
zu einer einzigen unteilbaren.
Das Bewußte und das Unbewußte
sind beides Schemel seiner Füße.
Er ist weder offenbar noch verborgen,
nicht enthüllt, noch verhüllt:
Es gibt keine Worte,
die aussprechen könnten,
was er ist.

[310] Zitat des folgenden Gedichtes von Kabir nach Walter Schwery, *Im Strom des Erwachens*, Ansata, Interlaken, 1988, S. 170.
Kabir, einer der bekanntesten religiösen Dichter Nord- und Mittelindiens, lebte von 1440-1518. Als Versuch einer Synthese von Islam und Hinduismus stellt seine Lehre eine Vereinigung von sufischen und vedantischen Ideen dar.
Das zitierte Gedicht ist in seiner Bedeutung nahezu identisch mit dem ersten »Kapitel« von LaoTses *Tao-te-king*. Die ersten beiden der zehn Gebote (2. Moses 20, 2-4) können als imperative Kurzform gleichen Inhalts aufgefaßt werden.

Bibliographie

In der folgenden Aufstellung ist sämtliche Literatur, die im vorliegenden Buch erwähnt oder verwendet worden ist, alphabetisch nach Autoren bzw. Herausgebern zusammengefaßt. Mehrfache Eintragungen unter einem Autor sind nach dem Erscheinungsdatum der jeweiligen Publikation bzw. in alphabetischer Reihenfolge der Zweitautoren geordnet.

Um den Zugang zu erleichtern, habe ich versucht (soweit dies möglich war), nach neueren Auflagen zu zitieren, die auf dem Buchmarkt erhältlich sind. Sofern Zitate oder Hinweise aus anderer als deutschsprachiger Literatur verwendet wurden, habe ich mir Mühe gegeben, dieselben auch in deutschen Übersetzungen zu verifizieren. Das ist nicht immer gelungen. Insbesondere existieren von englischer naturwissenschaftlicher Fachliteratur selten deutsche Versionen.

Die folgenden Angaben unterscheiden sich in ihrer Form nach vier verschiedenen Typen von Literaturstellen: Artikel in Büchern, Artikel in Zeitschriften, Bücher eines Autors (bzw. mehrerer Autoren), Sammelbände eines Herausgebers (bzw. mehrerer Herausgeber). Herausgeber von Büchern sind durch den Zusatz (Hrsg.) gekennzeichnet. Herausgeber von Zeitschriften bleiben, wie allgemein üblich, unerwähnt. Buchtitel wie Zeitschriftentitel sind prinzipiell »*kursiv*« gesetzt. Titel von Artikeln, sowohl in Büchern als auch in Zeitschriften, stehen ebenso wie alle weiteren Angaben im gewöhnlichen Schrifttyp »roman«.

Zeitschriftenzitate enthalten den (die) Namen ihres Autors (bzw. ihrer Autoren), den Titel des betreffenden Artikels, Titel und Nummer der Zeitschrift, Anfangs- und Endseitenzahl des Artikels sowie das Erscheinungsjahr. Für Bücher ist darüber hinaus jeweils der Name des Verlages und der Erscheinungsort angegeben.

Abbott, Edwin A.: *Flatland*, Dover, New York, 1952. Deutsch: *Flächenland*, Klett-Cotta, Stuttgart, 1982.

Adorno, Theodor W.: *Negative Dialektik*, Suhrkamp, Frankfurt, 1982.

Aicardi, Francesca; Borsellino, A.: Statistical properties of flip-flop processes associated to the chaotic behavior of systems with strange attractors, in *Biological Cybernetics* 55, 377–385 (1987).

Aichelburg, Peter C. (Hrsg.): *Zeit im Wandel der Zeit*, Vieweg, Braunschweig, 1988.

Anacker, Ulrich: Vernunft, in *Handbuch philosophischer Grundbegriffe (Band 6)*, Kösel, München, 1974, S. 1597–1612.

Antoniou, Ioannis: Internal time and irreversibility of relativistic dynamical systems, Thesis, Université Libre de Bruxelles, Brüssel, 1988.

Aristoteles: *Hauptwerke*, Hrsg. W. Nestle, Kröner, Stuttgart, 1977.

Aspect, Alain; Dalibard, Jean; Roger, Gérard: Experimental test of Bell's inequalities using time-varying analyzers, in *Physical Review Letters* 49, 1804–1807 (1982).

Atlan, Henri: Self creation of meaning, in *Physica Scripta* 36, 563–576 (1987).

Atmanspacher, Harald: Incommensurability of Liouvillean dynamics and information dynamics, in *Parallelism, Learning, Evolution*, Hrsg. J.D. Becker, I. Eisele, F.W. Mündemann, Springer, Berlin, 1991, S. 482–499.

Atmanspacher, Harald: A propositional lattice for the logic of temporal predictions, in *Solitons and Chaos*, Hrsg. I. Antoniou und F.J. Lambert, Springer, Berlin, 1991, S. 58–70.

Atmanspacher, Harald: Complementarity of structure and dynamics, in *Information Dynamics*, Hrsg. H. Atmanspacher und H. Scheingraber, Plenum, New York, 1991, S. 205–220.

Atmanspacher, Harald: Categoreal and acategoreal representation of knowledge, in *Cognitive Systems* 3, 259–288 (1992).

Atmanspacher, Harald: Intensive Zeit – Gebsers Idee der Integration im Weltbild der Physik, in *Beiträge zur integralen Weltsicht, Vol. VIII*, Hrsg. Internationale Jean-Gebser-Gesellschaft, Novalis, Schaffhausen, 1992.

Atmanspacher, Harald: Wolfgang Pauli und die Alchemie, in *Zeitschrift für Grenzgebiete der Psychologie* 34 (1992), 35 (1993). Die entsprechenden Nummern waren bei Drucklegung des Buches noch nicht erschienen.

Atmanspacher, Harald; Krueger, Franz R.; Scheingraber, Herbert: A modal propositional calculus for quantum facts and dynamical theories, in *Parallelism, Learning, Evolution*, Hrsg. J.D. Becker, I. Eisele, F.W. Mündemann, Springer, Berlin, 1991, S. 304–314.

Atmanspacher, Harald; Kurths, Jürgen; Scheingraber, Herbert; Wackerbauer, Renate; Witt, Annette: Complexity and meaning in nonlinear dynamical systems, in *Open Systems & Information Dynamics* 1, 269–289 (1992).

Atmanspacher, Harald; Scheingraber, Herbert: A fundamental link between system theory and statistical mechanics, in *Foundations of Physics* 17, 939–963 (1987).

Atmanspacher, Harald; Scheingraber, Herbert: Pragmatic information and dynamical instabilities in multimode cw dye lasers, in *Canadian Journal of Physics* 68, 728–737 (1990).

Atmanspacher, Harald; Scheingraber, Herbert (Hrsg.): *Information Dynamics*, Plenum, New York, 1991.

Augustinus: Was ist die Zeit? In *Zeit im Wandel der Zeit*, Hrsg. P.C. Aichelburg, Vieweg, Braunschweig, 1988, S. 41–57.
Avalon, Arthur: *Die Schlangenkraft*, Barth, Weilheim, 1988.

Bacon, Francis: *Weisheit der Alten*, Hrsg. P. Rippel, Fischer, Frankfurt, 1990.
Bar Hillel, Yehoshua; Carnap, Rudolf: Semantic information, in *British Journal for the Philosophy of Science* 4, 147–157 (1953).
Bar Hillel, Yehoshua; Carnap, Rudolf: An outline of a theory of semantic information, in *Language and Information*, Hrsg. Y. Bar Hillel, Reading, Massachusetts, 1964, S. 221–275.
Barrow, John D.; Tipler, Frank: *The Anthropic Cosmological Principle*, Oxford University Press, Oxford, 1986.
Bateson, Gregory: *Geist und Natur*, Suhrkamp, Frankfurt, 1982.
Bauer, Wolfgang; Dümotz, Irmgard; Golowin, Sergius: *Lexikon der Symbole*, Fourier, Wiesbaden, 1991.
Baumgartner, Hans Michael: Wandlungen des Vernunftbegriffes in der Geschichte des europäischen Denkens, in *Rationalität – Ihre Entwicklung und ihre Grenzen (Grenzfragen Band 16)*, Hrsg. L. Scheffczyk, Alber, Freiburg, 1989, S. 167–203.
Bell, John S.: On the Einstein Podolsky Rosen paradox, in *Physics* 1, 195–200 (1964).
Benjamin, Walter: Was ist episches Theater? (I), in *Gesammelte Schriften, Band II/2*, Suhrkamp, Frankfurt, 1977.
Berendt, Joachim-Ernst: *Das dritte Ohr*, Rowohlt, Hamburg, 1985.
Bernstein, Richard: *Beyond Objectivism and Relativism*, University of Pennsylvania Press, Philadelphia, 1983.
Bieri, Peter: Was macht Bewußtsein zu einem Rätsel? In *Spektrum der Wissenschaft*, Oktober 1992, S. 48–56.
Birkhoff, Garret; Neumann, John von: The logic of quantum mechanics, in *Annals of Mathematics* 37, 823–843 (1936).
Bohm, David: *Wholeness and the Implicate Order*, Routledge and Kegan Paul, London, 1980. Deutsch: *Die implizite Ordnung*, Dianus-Trikont, München, 1985.
Bohm, David; Peat, F. David: *Science, Order, and Creativity*, Bantam Books, New York, 1987.
Boltzmann, Ludwig: *Populäre Schriften*, Vieweg, Braunschweig, 1979.
Borsellino, A.; Marco, A. de; Alazetta, A.; Rinesi, S.; Bartolini, R.: Reversal time distribution in the perception of visual ambiguous stimuli, in *Kybernetik* 10, 139–144 (1972).
Brecht, Bertolt: Me-ti/Buch der Wendungen, in *Gesammelte Werke, Band 12*, Suhrkamp, Frankfurt, 1967, S. 417–621.
Brüggen, Michael: Wissen, in *Handbuch philosophischer Grundbegriffe, Band 6*, Kösel, München, 1974, S. 1723–1739.

Capelle, Wilhelm (Hrsg.): *Die Vorsokratiker*, Kröner, Stuttgart, 1968.
Cassirer, Ernst: *Philosophie der symbolischen Formen (3 Bände)*, Darmstadt, 1953/54.
Casti, John: The simply complex: trendy buzzword or emerging new science? In *Bulletin of the Santa Fe Institute* 7, 10–13 (1992).

Chaitin, Gregory: *Algorithmic Information Theory*, Cambridge University Press, Cambridge, 1987.
Ciompi, Luc: *Außenwelt – Innenwelt (Die Entstehung von Zeit, Raum und psychischen Strukturen)*, Vandenhoeck & Ruprecht, Göttingen, 1988.
Creuzer, Friedrich: *Symbolik und Mythologie der alten Völker*, Leske, Darmstadt, 1819.
Crutchfield, James P.; Farmer, J. Doyne; Packard, Norman H.; Shaw, Rob: Chaos, in *Scientific American* 255, 38–49 (1986).
Crutchfield, James P.: Semantics and thermodynamics, in *Nonlinear Modeling and Forecasting*, Hrsg. M. Casdagli und S. Eubank, Addison-Wesley, Reading, 1991, S. 317–359.
Crutchfield, James P.: Knowledge and meaning ... chaos and complexity, in *Modeling Complex Phenomena*, Hrsg. L. Lam und V. Naroditsky, Springer, Berlin, 1992, S. 66–101.

Dalenoort, Gerhard J.: Toward a general theory of representations, in *Psychological Research* 52, 229–237 (1990).
Davidson, Donald: On the very idea of a conceptual scheme, in *Inquiries into Truth and Interpretation*, Clarendon, Oxford, 1984.
Destexhe, A.; Sepulchre, J.A.; Babloyantz, A.: A comparative study of the experimental quantification of deterministic chaos, in *Physics Letters A* 132, 101–106 (1988).
Detienne, Marcel; Vernant, Jean-Pierre: *Cunning Intelligence in Greek Culture and Society*, Harvester Press, Sussex, 1978.
Dilthey, Wilhelm: Der Aufbruch der geschichtlichen Welt in den Geisteswissenschaften, in *Gesammelte Werke, Band 7*, Stuttgart, 1965.
Douglas, Mary: *Implicit Meanings*, Routledge and Kegan Paul, London, 1975.
Dürrenmatt, Friedrich: *Der Auftrag. Vom Beobachten des Beobachters der Beobachter*, Diogenes, Zürich, 1986.

Ebeling, Werner; Engel, Harald; Herzel, Hanspeter: *Selbstorganisation in der Zeit*, Akademie Verlag, Berlin, 1990.
Eco, Umberto: *Über Spiegel*, Hanser, München, 1988.
Edinger, Edward F.: *Anatomy of the Psyche*, Open Court, LaSalle, Illinois, 1985. Deutsch: *Der Weg der Seele*, Kösel, München, 1990.
Einstein, Albert: *Lettres à Maurice Solovine*, Gauthier-Villars, Paris, 1956.
Einstein, Albert: Autobiographical Notes, in *Albert Einstein: Philosopher-Scientist*, Hrsg. P.A. Schilpp, Open Court, LaSalle, Illinois, 1970, S. 2–94. Deutsche Übersetzung an der gleichen Stelle.
Einstein, Albert: *Mein Weltbild*, Hrsg. C. Seelig, Ullstein, Berlin, 1977.
Einstein, Albert; Podolsky, Boris; Rosen, Nathan: Can quantum-mechanical description of physical reality be considered complete? In *Physical Review* 47, 777–780 (1935).
Eliade, Mircea: *Schmiede und Alchemisten*, Klett-Cotta, Stuttgart, 1980.
Eliade, Mircea: *Yoga*, Suhrkamp, Frankfurt, 1985.
Elkana, Yehuda: *Anthropologie der Erkenntnis*, Suhrkamp, Frankfurt, 1986.
Elkana, Yehuda: Boltzmanns wissenschaftliches Forschungsprogramm und seine Alternativen, in Yehuda Elkana, *Anthropologie der Erkenntnis*, Suhrkamp, Frankfurt, 1986, S. 183–216.

Elkana, Yehuda: Wandlungen in der realistischen Wissenschaftsphilosophie vom viktorianischen Baconismus bis heute, in Yehuda Elkana, *Anthropologie der Erkenntnis*, Suhrkamp, Frankfurt, 1986, S. 217–249.
Elkana, Yehuda: Die Entstehung des Denkens zweiter Ordnung im klassichen Griechendland, in Yehuda Elkana, *Anthropologie der Erkenntnis*, Suhrkamp, Frankfurt, 1986, S. 344–375.
Emrich, Hinderk M.: *Psychiatrische Anthropologie*, Pfeiffer, München, 1990.

Février, P. (Hrsg.): Emile Borel – Philosophe et Homme d'Action, in *Les Grandes Problèmes des Sciences, Vol. XIX*, Gauthier–Villars, Paris, 1967.
Feyerabend, Paul: *Against Method*, New Left Books, London, 1975. Deutsch: *Wider den Methodenzwang*, Suhrkamp, Frankfurt, 1986.
Finkelstein, David: Finite Physics, in *The Universal Turing Machine*, Hrsg. R. Herken, Kammerer & Unverzagt, Hamburg, 1988, S. 349–376.
Finkelstein, David; Hallidy, W.H.: Q – an algebraic language for quantum spacetime topology, in *International Journal of Theoretical Physics* 30, 463–486 (1991).
Finkelstein, David; Jauch, Josef M.; Schiminovich, Samuel; Speiser, David: Foundations of quaternion quantum mechanics, in *Journal of Mathematical Physics* 2, 207–220 (1962).
Fraser, Julian T.: *The Genesis and Evolution of Time*, University of Massachusetts Press, Amherst, 1982.
Freeman, Kathleen: *Ancilla to the Pre-Socratic Philosophers*, Blackwell, Oxford, 1948.

Gadamer, Hans–Georg: *Wahrheit und Methode (2 Bände)*, Mohr, Tübingen, 1986.
Gamov, George: *One Two Three ... Infinity*, Viking, New York, 1961.
Gamov, George: *Thirty Years That Shook Physics*, Dover, New York, 1985.
Gardner, Howard: *The Mind's New Science: A History of the Cognitive Revolution*, Basic Books, New York, 1988.
Gebser, Jean: *Ursprung und Gegenwart (3 Bände)*, dtv, München, 1988; in Form einer identisch paginierten, gebundenen Ausgabe erschienen im Rahmen der Gebser-Gesamtausgabe, Bände II–IV, Hrsg. R. v. Hämmerli, Novalis, Schaffhausen, 1978/79.
Gelephitis, Petros A.M.: Survey of theories of meaning, in *Cognitive Systems* 2, 141–162 (1988).
Gerbel, Karl; Weibel, Peter: *Die Welt von innen – endo & nano*, Landesverlag Druckservice, Linz, 1992.
Gernert, Dieter: Measurement of pragmatic information, in *Cognitive Systems* 1, 169–176 (1985).
Gibbs, Josiah Willard: *Elementary Principles in Statistical Mechanics*, Ox Bow, Woodbridge, 1981.
Gödel, Kurt: Über formal unentscheidbare Sätze der Principia Mathematica und verwandter Systeme, in *Monatshefte für Mathematik und Physik* 38, 173–198 (1931).
Grassberger, Peter: Problems in quantifying self-generated complexity, in *Helvetica Physica Acta* 62, 489–511 (1989).

Gustafson, Karl; Misra, Baydyanath: Canonical commutation relations of quantum mechanics and stochastic regularity, in *Letters in Mathematical Physics* 1, 275–280 (1976).

Habermas, Jürgen: *Theorie des kommunikativen Handelns (2 Bände)*, Suhrkamp, Frankfurt, 1988.
Hadamard, Jacques: *The Psychology of Invention in the Mathematical Field*, Dover, New York, 1954.
Haken, Hermann: *Synergetik*, Springer, Berlin, 1981.
Haken, Hermann: *Erfolgsgeheimnisse der Natur*, Ullstein, Berlin, 1984.
Haken, Hermann: *Information and Self-Organization*, Springer, Berlin, 1988.
Harpe, J. de la: *Genèse et Mesure de Temps*, Neuchatel, 1941.
Hausdorff, Felix: Dimension und äußeres Maß, in *Mathematische Annalen* 79, 157–179 (1919).
Hegel, Georg Wilhelm Friedrich: *Wissenschaft der Logik*, Hrsg. G. Lasson, Hamburg, 1963.
Heidegger, Martin: *Der Satz vom Grund*, Neske, Pfullingen, 1978.
Heisenberg, Martin: Über Universalien der Wahrnehmung und ihre genetischen Grundlagen, in *Mannheimer Forum 1989/90*, Piper, München, 1990, S. 11–69.
Heisenberg, Werner: Über den anschaulichen Inhalt der quantentheoretischen Kinematik und Mechanik, in *Zeitschrift für Physik* 43, 172–198 (1927).
Heisenberg, Werner: Wolfgang Paulis philosophische Auffassungen, in *Die Naturwissenschaften* 24, 661 (1959).
Heisenberg, Werner: *Der Teil und das Ganze*, Piper, München, 1969.
Helle, Horst Jürgen: *Verstehende Soziologie und Theorie der Symbolischen Interaktion*, Teubner, Stuttgart, 1977.
Hemminger, Hansjörg: Das New Age in den Naturwissenschaften, in *Die Rückkehr der Zauberer*, Hrsg. H. Hemminger, Rowohlt, Hamburg, 1987, S. 115–185.
Heyms, S.: *John von Neumann and Norbert Wiener*, MIT Press, Cambridge, 1980.
Hodges, Andrew: *Alan Turing – The Enigma*, Simon & Schuster, New York, 1983.
Hofstadter, Douglas: *Gödel, Escher, Bach*, Basic Books, New York, 1979. Deutsch: *Gödel, Escher, Bach*, Klett-Cotta, Stuttgart, 1985.
Holton, Gerald: *The Advancement of Science, and Its Burdens*, Cambridge University Press, Cambridge, 1986.
Horkheimer, Max: *Kritik der instrumentellen Vernunft*, Fischer, Frankfurt, 1967.
Hoyle, Fred; Narlikar, J.V.: *Action at a Distance in Physics and Cosmology*, Freeman, San Francisco, 1974.
Hübner, Kurt: *Kritik der wissenschaftlichen Vernunft*, Alber, Freiburg, 1986.
Husserl, Edmund: *Logische Untersuchungen*, Halle, 1900/01.

Jammer, Max: *The Philosophy of Quantum Mechanics*, Wiley, New York, 1974.
Jantsch, Erich: *Die Selbstorganisation des Universums*, Hanser, München, 1979.

Janussis, Asterios: A Lie-admissible complex time model and relativity theorem, in *Hadronic Journal* 13, 425–434 (1990).
Jaspers, Karl: *Vom Ursprung und Ziel der Geschichte*, Piper, München, 1966.
Jaspers, Karl: *Die großen Philosophen*, Piper, München, 1988.
Jayakar, Pupul: *Krishnamurti*, Bauer, Freiburg, 1988.
Jung, Carl Gustav: Synchronizität als ein Prinzip akausaler Zusammenhänge, in C.G. Jung und W. Pauli, *Naturerklärung und Psyche*, Rascher, Zürich, 1952, S. 1–108.
Jung, Carl Gustav: Briefe zur Parapsychologie I, in *Zeitschrift für Grenzgebiete der Psychologie* 15, 94–128 (1973).
Jung, Carl Gustav: *Psychological Commentary on Kundalini Yoga*, Spring Publ., New York, 1975.
Jung, Carl Gustav: Allgemeine Beschreibung der Typen, in *Grundwerk, Band 1*, Walter, Olten, 1988, S. 199–282.
Jung, Carl Gustav: Theoretische Überlegungen zum Wesen des Psychischen, in *Grundwerk, Band 2*, Walter, Olten, 1990, S. 7–76.
Jung, Carl Gustav: Über die Archetypen des kollektiven Unbewußten, in *Grundwerk, Band 2*, Walter, Olten, 1990, S. 77–113.

Kanitscheider, Bernulf: Das anthropische Prinzip – ein neues Erklärungsschema der Physik? In *Physikalische Blätter* 45, 471–476 (1989).
Kant, Immanuel: *Kritik der reinen Vernunft*, Hrsg. K. Vorländer, Meiner, Hamburg, 1990.
Kant, Immanuel: *Kritik der praktischen Vernunft*, Hrsg. K. Vorländer, Meiner, Hamburg, 1985.
Kant, Immanuel: *Kritik der Urteilskraft*, Hrsg. K. Vorländer, Meiner, Hamburg, 1990.
Kauer, Sigrid: *Die Geburt der Athena im altgriechischen Epos*, Triltsch, Würzburg, 1959.
Keilhauer, Anneliese und Peter: *Die Bildsprache des Hinduismus (Indische Götterwelt und ihre Symbolik)*, DuMont, Köln, 1990.
Kerényi, Karl: *Mythologie der Griechen (2 Bände)*, dtv, München, 1988.
Kolmogorov, Andrei N.: Eine neue metrische Invariante transitiver dynamischer Systeme und Automorphismen von Lebesgue-Räumen (in russisch), in *Dokl. Akad. Nauk SSSR* 119, 861 (1958). Die Zeitschrift wird regelmäßig ins Englische übersetzt.
Kolmogorov, Andrei N.: Über die Entropie zur Zeit Eins als metrische Invariante von Automorphismen (in russisch), in *Dokl. Akad. Nauk SSSR* 124, 754 (1959).
Kolmogorov, Andrei N.: Three approaches to the quantitative definition of complexity, in *Information Transmission* 1, 3–11 (1965).
Kornwachs, Klaus; Lucadou, Walter von: Pragmatic information in nonclassical systems, in *Cybernetics and Systems Research*, Hrsg. R. Trappl, North Holland, Amsterdam, 1982, S. 191–197.
Kornwachs, Klaus; Lucadou, Walter von: Pragmatic information as a nonclassical concept to describe cognitive processes, in *Cognitive Systems* 1, 79–94 (1985).
Krings, Hermann: Vernunft, in *Staatslexikon der Görresgesellschaft (Band 5)*, Alber, Freiburg, 1989, Sp. 699–703.

Krishna, Gopi: *Kundalini*, Barth, Weilheim, 1988.
Krishnamurti, Jiddu; Bohm, David: *The Ending of Time*, Krishnamurti Foundation, Madras, 1985. Deutsch: *Vom Werden zum Sein*, Barth, Weilheim, 1987.
Krueger, Franz R.: *Physik und Evolution*, Parey, Berlin, 1984.
Krylov, Nikolai S.: *Works on the Foundations of Statistical Physics*, Princeton University Press, Princeton, 1979.
Küppers, Bernd-Olaf: *Der Ursprung biologischer Information*, Piper, München, 1986.
Kuhn, Thomas S.: *The Structure of Scientific Revolutions*, University Press, Chicago, 1970. Deutsch: *Die Struktur wissenschaftlicher Revolutionen*, Suhrkamp, Frankfurt, 1989.

LaoTse: *Tao-Te-King*, aus dem Chinesischen übersetzt und kommentiert von Victor von Strauss, Hrsg. W.Y. Tonn, Manesse, Zürich, 1959.
Laplace, Pierre Simon de: Philosophischer Versuch über die Wahrscheinlichkeit, in *Ostwalds Klassiker, Band 233*, Akademische Verlagsgesellschaft, Leipzig, 1932.
Laurikainen, Kalervo V.: *Beyond the Atom. The Philosophical Thought of Wolfgang Pauli*, Springer, Berlin, 1988.
Lewen, Ronald W.; Koch, Bernd-Peter; Pompe, Bernd: *Chaos in dissipativen Systemen*, Akademie Verlag, Berlin, 1989.
Littrow, J.J. von: *Die Wunder des Himmels*, Hempel, Berlin, 1878.
Lorenz, Konrad: *Die Rückseite des Spiegels*, Piper, München, 1973.
Lucadou, Walter von: *Psyche und Chaos*, Aurum, Freiburg, 1989.
Lucadou, Walter von: Some remarks on the problem of repeatability of experiments dealing with complex systems, in *Information Dynamics*, Hrsg. H. Atmanspacher und H. Scheingraber, Plenum, New York, 1991, S. 143–151.

Mandelbrot, Benoit B.: *The Fractal Geometry of Nature*, Freeman, San Francisco, 1983.
Margolis, Joseph: *Pragmatism Without Foundations*, Blackwell, Oxford, 1986.
Margolis, Joseph: *Science Without Unity*, Blackwell, Oxford, 1987.
Margolis, Joseph: *Texts Without Referents*, Blackwell, Oxford, 1989.
Matson, Dennis L.; Veeder, Glenn J.; Tedesco, Edward F.; Lebofsky, Larry A.: The IRAS asteroid and comet survey, in *Asteroids II*, Hrsg. R.P. Binzel, T. Gehrels, M.S. Matthews, University of Arizona Press, Tucson, 1989.
Mead, George Herbert: *Philosophy of the Act*, Hrsg. C.W. Morris, University of Chicago Press, Chicago, 1938.
Meyenn, Karl von; Stolzenburg, Klaus; Sexl, Roman U. (Hrsg.): *Niels Bohr – Der Kopenhagener Geist in der Physik*, Vieweg, Braunschweig, 1985.
Minkowski, Hermann: Space and time, in *The Principle of Relativity*, Dover, New York, 1952, S. 73–91. Deutsch: Raum und Zeit, in *Das Relativitätsprinzip*, Teubner, Leipzig, 1915, S. 56–68.
Misra, Baydyanath: Nonequilibrium entropy, Lyapounov variables, and ergodic properties of classical systems, in *Proceedings of the National Academy of Sciences of the USA* 75, 1627–1631 (1978).
Mittelstaedt, Peter: Über die Gültigkeit der Logik in der Natur, in *Die Naturwissenschaften* 47, 385–391 (1960).

Mittelstaedt, Peter: *Sprache und Realität in der modernen Physik*, BI Verlag, Mannheim, 1986.
Morfill, Gregor; Scheingraber, Herbert: *Chaos ist überall ... und es funktioniert*, Ullstein, Berlin, 1991.
Muktananda, Paramahamsa: *Spiel des Bewußtseins*, Aurum, Freiburg, 1979.

Nagarjuna: *Die mittlere Lehre*, nach der tibetischen Version übertragen von M. Walleser, Heidelberg, 1911.
Nagel, Ernest; Newman, James R.: *Der Gödelsche Beweis*, Oldenbourg, München, 1987.
Nicolis, John S.: Chaotic dynamics applied to information processing, in *Reports on Progress in Physics* 49, 1109–1196 (1986).
Nicolis, John S.: *Chaos and Information Processing*, World Scientific, Singapur, 1990.

Olivier, Reinhard: *Das mentale System*, Vorabdruck 1992.

Pauli, Wolfgang: Die allgemeinen Prinzipien der Wellenmechanik, in *Handbuch der Physik, Band 24*, Hrsg. H. Geiger und K. Scheel, Springer, Berlin, 1933.
Pauli, Wolfgang: Naturwissenschaftliche und erkenntnistheoretische Aspekte der Ideen vom Unbewußten, in *Dialectica* 8, 283–301 (1954).
Peisl, Anton; Mohler, Armin (Hrsg.): *Die Zeit*, Oldenbourg, München, 1983.
Penrose, Roger: *The Emperor's New Mind*, Vintage, London, 1990. Deutsch: *Computerdenken*, Spektrum Verlagsgesellschaft, Heidelberg, 1991.
Piaget, Jean: *Die Bildung des Zeitbegriffs beim Kinde*, Suhrkamp, Frankfurt, 1974.
Pierce, Charles Sanders: *Collected Papers*, Harvard University Press, Cambridge, 1931–1958.
Platon: Das Gastmahl, in *Hauptwerke*, Hrsg. W. Nestle, Kröner, Stuttgart, 1973, S. 113–142.
Plaum, Ernst: Bohrs quantentheoretische Naturbeschreibung und die Psychologie, in *Psychologie und Geschichte* 3, 94–101 (1992).
Poincaré, Henri: *Science and Hypothesis*, Dover, New York, 1952.
Poser, Hans (Hrsg.): *Wandel des Vernunftbegriffs*, Alber, Freiburg, 1981.
Prauss, Gerold: *Die Welt und wir, Band I/1*, Metzler, Stuttgart, 1990.
Prigogine, Ilya: *Non-Equilibrium Statistical Mechanics*, Wiley, New York, 1962.
Prigogine, Ilya: *From Being to Becoming*, Freeman, San Francisco, 1980. Deutsch: *Vom Sein zum Werden*, Piper, München, 1985.
Primas, Hans: *Chemistry, Quantum Mechanics, and Reductionism*, Springer, Berlin, 1983.
Primas, Hans: Mathematical and philosophical questions in the theory of open and macroscopic quantum systems, in *Sixty-Two Years of Uncertainty*, Hrsg. A.I. Miller, Plenum, New York, 1990, S. 233–257.
Primas, Hans: Zur Quantenmechanik makroskopischer Systeme, in *Wieviele Leben hat Schrödingers Katze?*, Hrsg. J. Audretsch und K. Mainzer, BI Verlag, Mannheim, 1990, S. 209–243.
Primas, Hans: Umdenken in den Naturwissenschaften, in *Gaia* 1, 5–15 (1992).
Primas, Hans: Ein Ganzes, das nicht aus Teilen besteht, in *Mannheimer Forum 1992/93*, Piper, München, 1993, S. 81–113.

Proust, Marcel: *Auf der Suche nach der verlorenen Zeit (7 Bände)*, Suhrkamp, Frankfurt, 1962.
Putnam, Hilary: *Reason, Truth, and History*, Harvard University Press, Cambridge, 1981. Deutsch: *Vernunft, Wahrheit und Geschichte*, Suhrkamp, Frankfurt, 1990.
Putnam, Hilary: *Representation and Reality*, MIT Press, Cambridge, 1988. Deutsch: *Repräsentation und Realität*, Suhrkamp, Frankfurt, 1991.

Ranke-Graves, Robert von: *Griechische Mythologie – Quellen und Deutung (2 Bände)*, Rowohlt, Hamburg, 1960.
Riedl, Rupert: *Evolution und Erkenntnis*, Piper, München, 1983.
Rössler, Otto: Endophysics, in *Real Brains – Artificial Minds*, Hrsg. J.L. Casti und A. Karlqvist, North Holland, Amsterdam, 1987, S. 25–46.
Rössler, Otto: *Endophysik*, Merwe, Berlin, 1992.
Rötzer, Florian (Hrsg.): Vilém Flusser, in *Philosophen – Gespräche zur Kunst*, Boer, München, 1991, S. 140–170.
Rudhyar, Dane: *Culture, Crisis, and Creativity*, Quest Books, Wheaton, Illinois, 1977.

Sartre, Jean Paul: *Kritik der dialektischen Vernunft*, Rowohlt, Hamburg, 1967.
Schilpp, Paul Arthur (Hrsg.): *The Philosophy of Karl Popper (2 Bände)*, Open Court, LaSalle, Illinois, 1974.
Schumacher, H.C.: Schreiben des Herrn Edward Cooper an Conferenzrath Schumacher, in *Astronomische Nachrichten* 27, 191B (1848).
Schuster, Heinz Georg: *Deterministic Chaos*, Physik Verlag, Weinheim, 1987.
Schwery, Walter: *Im Strom des Erwachens*, Ansata, Interlaken, 1988.
Searle, John R.: *Intentionality*, Cambridge University Press, Cambridge, 1983. Deutsch: *Intentionalität*, Suhrkamp, Frankfurt, 1986.
Shannon, Claude; Weaver, Warren: *The Mathematical Theory of Communication*, University of Illinois Press, Urbana, 1949.
Shaw, Rob: Strange Attractors, Chaotic Behavior, and Information Flow, in *Zeitschrift für Naturforschung* 36a, 80–112 (1981).
Shea, William R.: *Magic of Numbers and Motion. The Scientific Career of René Descartes*, Science History Publications, Canton, 1991.
Simon-Schaefer, Roland: *Dialektik. Kritik eines Wortgebrauches*, Frommann-Holzboog, Stuttgart, 1973.
Sinai, Yakov G.: Zum Begriff der Entropie dynamischer Systeme (in russisch), in *Dokl. Akad. Nauk SSSR* 124, 768 (1959). Die Zeitschrift wird regelmäßig ins Englische übersetzt.
Skarda, Christine A.; Freeman, Walter J.: How brains make chaos in order to make sense of the world, in *Behavioral and Brain Sciences* 10, 161–195 (1987).
Sloterdijk, Peter: *Kritik der zynischen Vernunft (2 Bände)*, Suhrkamp, Frankfurt, 1983.
Sommer, Manfred: *Lebenswelt und Zeiterfahrung*, Suhrkamp, Frankfurt, 1990.
Spencer-Brown, George: *Laws of Form*, Julian Press, New York, 1972.
Stewart, Ian: *Does God Play Dice?*, Penguin Books, London, 1989. Deutsch: *Spielt Gott Roulette? Chaos in der Mathematik*, Spektrum Verlagsgesellschaft, Heidelberg, 1990.

Strauss, Botho: *Beginnlosigkeit*, Hanser, München, 1992.
Synnott, S.P.: 1979J3: Discovery of a previously unknown satellite of Jupiter, in *Science* 212, 1392 (1981).

Thomas, Christian (Hrsg.): *Auf der Suche nach dem ganzheitlichen Augenblick*, Verlag der Fachvereine, Zürich, 1992.
Tjostheim, Dag: A commutation relation for wide sense stationary processes, in *SIAM Journal of Applied Mathematics* 30, 115–122 (1976).
Toulmin, Stephen: *Kritik der kollektiven Vernunft*, Suhrkamp, Frankfurt, 1983.

Varela, Francisco: *Kognitionswissenschaft – Kognitionstechnik*, Suhrkamp, Frankfurt, 1990.

Watanabe, Satosi: *Knowing and Guessing*, Wiley, New York, 1969.
Watzlawick, Paul (Hrsg.): *Die erfundene Wirklichkeit*, Piper, München, 1985.
Watzlawick, Paul; Weakland, John H.; Fisch, Richard: *Change*, Norton, New York, 1974. Deutsch: *Lösungen*, Huber, Bern, 1988.
Weaver, Warren: Science and complexity, in *American Scientist* 36, 536–544 (1968).
Weizsäcker, Carl Friedrich von: *Aufbau der Physik*, Hanser, München, 1985.
Weizsäcker, Carl Friedrich von; Krishna, Gopi: *Die biologische Basis der religiösen Erfahrung*, Suhrkamp, Frankfurt, 1988.
Weizsäcker, Ernst von: Erstmaligkeit und Bestätigung als Komponenten der pragmatischen Information, in *Offene Systeme I*, Hrsg. E. v. Weizsäcker, Klett-Cotta, Stuttgart, 1974, S. 83–113.
Whitehead, Alfred North: *Process and Reality*, Free Press, New York, 1979. Deutsch: *Prozeß und Realität*, Suhrkamp, Frankfurt, 1987.
Whittaker, Edmund Taylor: Chance, freewill, and necessity in the scientific conception of the universe, in *Proceedings of the Physical Society (London)* 55, 459–471 (1943).
Wiener, Norbert: The homogeneous chaos, in *American Journal of Mathematics* 60, 897–936 (1938).
Wilber, Ken: *The Atman Project*, Quest Books, Wheaton, Illinois, 1980.
Wilber, Ken: *Up from Eden*, Doubleday, New York, 1981. Deutsch: *Halbzeit der Evolution*, Scherz, München, 1990.
Wilhelm, Richard; Jung, Carl Gustav: *Das Geheimnis der Goldenen Blüte*, Diederichs, München, 1990.
Wing-Tsit, Chan: The story of Chinese philosophy, in *Philosophy – East and West*, Hrsg. C.A. Moore, Princeton, 1946.
Wittgenstein, Ludwig: *Tractatus logico-philosophicus*, Suhrkamp, Frankfurt, 1963.
Woodward, James F.: Logic of discovery or psychology of invention? In *Foundations of Physics* 22, 187–203 (1992).

Zadeh, Lotfi A.: Fuzzy sets, in *Information and Control* 8, 338–353 (1965).
Zukav, Gary: *Die tanzenden WuLi Meister*, Rowohlt, Hamburg, 1979.
Zurek, Wojciech H. (Hrsg.): *Complexity, Entropy, and the Physics of Information*, Addison-Wesley, Reading, 1990.

Register

Das auf den nächsten Seiten folgende gemischte Sach- und Personenregisters bezieht sich auf den gesamten Text des Buches mit Ausnahme der Bibliographie und der in den Fußnoten aufgeführten Titel von Artikeln oder Büchern. Einige Bemerkungen, die für seinen effizienten Gebrauch nützlich sein können, sind ihm hier vorangestellt.

Es handelt sich um ein Verzeichnis von Substantiven (und Namen). In Fällen, in denen dies sinnvoll erschien, wurden Adjektive, Verbalkonstruktionen, Negationen etc. unter dem entsprechenden Substantiv mit aufgenommen. So stehen etwa unter dem Stichwort »Determinierbarkeit« auch Seitenangaben, die auf Information zum Thema »nicht-determinierbare Prozesse« verweisen, »konstruktivistische Vorgehensweise« findet sich beispielsweise unter dem Stichwort »Konstruktivismus«, Verben wie »erleben« und »verstehen« sind unter den Stichworten »Erlebnis« und »Verständnis« zu suchen.

Stichworte mit inhaltlichem Überlapp sind mit wechselseitigen Querverweisen (s.a. ...) versehen – wie zum Beispiel im Fall »Akategorialität« und »akategoriale Wissensdarstellung«. Untergliederte Stichworte wie »Wissensdarstellung« beziehen sich jeweils auf allgemeine Oberbegriffe bzw. auf nachgeordnete Inhalte (mit Strichaufzählung).

Seitenhinweise auf Stichworte, deren Behandlung im Text sich über zwei aufeinanderfolgende Seiten erstreckt, sind mit dem Zusatz »f« gekennzeichnet. Bei mehr als zwei Seiten wird der Zusatz »ff« verwendet, der jedoch in keinem Fall mehr als um die 10 Folgeseiten meint. Stichworte werden in umfangreicheren Kontexten auch inhaltlich mitgeführt, tauchen also nicht immer explizit auf jeder einzelnen der durch »ff« eingeschlossenen Seiten auf.